民國歷史與文化研究

初 編

第 **8** 冊

在政治與學術之間：
錢端升思想研究（1900～1949）（上）

潘惠祥 著

花木蘭文化出版社

國家圖書館出版品預行編目資料

在政治與學術之間：錢端升思想研究（1900～1949）（上）／
潘惠祥 著 -- 初版 -- 新北市：花木蘭文化出版社，2015〔民
104〕
序 4+ 目 6+190 面；19×26 公分
（民國歷史與文化研究 初編；第 8 冊）
ISBN 978-986-404-144-2（精裝）
1. 錢端升 2. 學術思想 3. 政治思想
628.08   103027661

ISBN-978-986-404-144-2

9 789864 041442

民國歷史與文化研究
初 編 第 八 冊
ISBN：978-986-404-144-2

在政治與學術之間：
錢端升思想研究（1900～1949）（上）

作　　　者	潘惠祥
總 編 輯	杜潔祥
副總編輯	楊嘉樂
編　　　輯	許郁翎
出　　　版	花木蘭文化出版社
社　　　長	高小娟
聯絡地址	235 新北市中和區中安街七二號十三樓
	電話：02-2923-1455／傳真：02-2923-1452
網　　　址	http://www.huamulan.tw 信箱 hml 810518@gmail.com
印　　　刷	普羅文化出版廣告事業
初　　　版	2015 年 3 月
定　　　價	初編 32 冊（精裝）台幣 56,000 元

在政治與學術之間：
錢端升思想研究（1900～1949）（上）

潘惠祥　著

作者簡介

潘惠祥，男，1975 年生。浙江人，12 歲移民香港。香港嶺南大學社會科學系（亞太研究）畢業，
北京大學歷史學系碩士、博士畢業。研究方向：中國近現代史、近現代思想文化史、憲政史、
知識分子史等。現爲澳門大學教育學院兼職講師。

提　　要

　　本文旨在通過研究錢端升前半生之學術與政治實踐，嘗試探討兩者之關係，及豐富近代中
國自由主義和知識分子譜系。

　　由於各種原因，一批頗爲重要和有影響力的民國自由主義知識分子，仍未獲深入研究。這
批人物大多集中在政法學界，如王世杰、周鯁生、周炳琳、陶孟和、張奚若、張慰慈、李劍農、
燕樹棠等。就知識分子分類而言，錢端升介乎「議政不參政型」與「參政型」之間。因此，研
究錢端升，有豐富近代中國自由主義和知識分子譜系之意義。

　　作爲政治學家，錢端升一生活躍於學術與政治舞臺，與政治和政治學結下不解之緣。在學
術領域，錢端升自 1924 年哈佛政府學系博士畢業後，歷任清華、北大、中央大學政治學教授。
在抗戰期間擔任北大政治學系主任和法學院院長。由於在學術領域的傑出貢獻，1948 年當選爲
第一屆中央研究院院士。

　　在政治領域，錢端升一生孜孜追求近代西方民主制度在中國的移植和生根，與其所學專長
高度一致。作爲中山先生的信徒，錢端升不僅積極參與現實政治，主張一黨專政，還加入國
民黨，希冀通過翼贊一個現代政黨，改變現代中國。但同時反對黨化教育，主張言論自由、教
育獨立和法治政府。

　　這三種思想，與上述民國時期學人相較，高度一致。不同之處，集以下各種矛盾思想於
一身，包括：亞里士多德的理想主義、中庸主義、馬基雅維利的現實主義。再加上美國式的樂
觀主義和自由主義。可以說，錢端升思想集上述各種思想之大成。

　　在民國自由主義知識分子當中，錢端升屬於另類分子。他集各種矛盾於一身，既提倡理想，
又主張現實；既主張專制，又贊成民主；既贊成中庸，又提倡極權。錢端升思想的矛盾性和複
雜性，反映了 20 世紀上半葉中國政治的波譎雲詭。他的思想既是一面棱鏡，又是一個坐標。它
折射出民國時期自由主義思想進程中的一個片段，同時又標示出其政治思想與其他學人之間的
位置和距離。

　　整體而言，1949 年前的錢端升，在政治與學術之間，始終堅守著知識分子立場：獨立於權
威和忠於自己的信仰。當現實政治與其學人立場相違背時，力持後者立場。

序　言

　　得悉潘惠祥的博士論文《在政治與學術之間：錢端升思想研究》將由花木蘭文化出版社出版，我感到頗為高興。在我指導的博士論文中，惠祥的博士論文篇幅較長，出版自然是一件不容易的事，我一直為它的出版擔心，當得知花木蘭出版社可以資助出版博士論文的消息，立即向該出版社推薦，惠祥與出版社正式簽訂出版合同後，我為此感到欣慰，算是了卻一件心事。惠祥的博士論文見諸於世，傳佈的範圍自然擴大，大家可以分享他的研究成果，這當然值得慶賀。

　　惠祥這篇博士論文有三個明顯可見的優點值得推介：一是選題具有創意。錢端升一生行走於政治與學術之間，社會活動積極、學術著述豐富，他在創建中國政治學這一學科所做的貢獻尤為引人注目，1948 年他榮膺中央研究院第一屆院士，即是因其「研究比較政治制度及現代中國政治制度」之成就而得，這是一位值得研究的歷史人物。過去對他的關注度較低，深度的研究更談不上，惠祥的這篇論文可以說彌補了這個缺憾。厚厚的上、中、下三大冊，讀者可以看到本書的份量，感受到惠祥為此所下的功夫和氣力。

　　二是論文引徵材料豐富。在搜集材料方面，惠祥可謂已極盡全力，利用一切可能找到的線索，對有關錢端升的原始材料和研究文獻，幾乎做了「地毯式」轟炸。從論文引據的材料，我們可以看到錢端升在國內報刊《留美學生季報》、《晨報副鐫》、《清華週刊》、《現代評論》、《益世報》、《獨立評論》、《今日評論》、《雲南日報》、《三民主義週刊》、《讀書通訊》、《觀察》等刊公開發表的文章，就是錢氏在美國《紐約時報》（New York Times）、《美國政治學評論》（The American Political Science Review）、《外交事務》（Foreign

Affairs）、《太平洋事務》（Pacific Affairs）等報刊發表的文章，較難搜集，也被作者收集無遺。錢端升家屬捐給北大的圖書、錢端升在清華、北大的檔案、錢端升未刊的日記，錢端升早年留學美國哈佛大學時聽課筆記、博士畢業論文、任教北京大學、清華大學、南京中央大學等高校的聘書、教案、考試試題、學生點名記分冊等，也在作者徵引或閱覽之列。有些來自國外的未刊檔案材料，如哈佛大學費正清研究中心收藏的錢端升書信、美國田納西州大學圖書館收藏的錢端升與美國前參議員、田納西州管理局局長波普之間的通信、芝加哥紐伯利圖書館收藏的錢端升致《芝加哥日報》駐外通訊處主管賓德的書信，顯是作者通過不同渠道尋找而來的珍貴材料。在寫作論文的過程中，惠祥爲對錢端升的生平事蹟有一清晰瞭解，曾據自己所搜材料編撰《錢端升年譜》，這本年譜可獨立成書。惠祥善於查找資料，在掌握學術文獻資源方面有他特殊的優長，這本博士論文可以說是他這一優長的體現。

三是論文架構比較合理。錢端升作爲一個腳踏政治與學術兩棲的歷史人物，一方面對政治學的學科創建表現了一個純粹專業學者的鑽研精神，一方面又有公共知識分子對社會政治事務異常的關心和強烈的批判精神。研究這樣一個人物，自然需要有相當的政治學專業素養。論文雖以錢端升爲研究對象，但敘事方式卻不限於討論錢本人，這樣論文就不是像通常的評傳那樣，只是順著錢本人的生命旅程，對其生平與思想作平面的、簡單的鋪陳，而是以錢端升爲線索或爲中心，展開對其所涉思想和事件的系統探討。例如，論文的第二章《學術思想之溯源及分析》在追溯錢端升學術思想的理論來源時，對與此相關的「比較政治學在近代美國政治學中的地位」、「近代中國比較政治學發展概述」和「中國現代政治學史上地位之估衡」這些學術史專題做了深入討論，顯示了作者在這方面的學術素養。從 1927 年到 1949 年國民黨統治的這二十多年間，社會劇烈動盪、政治風雲詭譎，置身其間的知識分子圍繞學術與政治的關係，顯得頗爲困惑和焦慮，論文的第三章《初試啼聲：躬行教育獨立與主張一黨專政（1924～1931）》、第四章《國勢杌陧：暫緩憲政與主張獨裁極權（1931～1937）》、第五章《書生報國（上）：議政國民參政會與創辦〈今日評論〉（1937～1945）》、第六章《書生報國（下）：參與戰時外交（1937～1945）》、第七章《書生論政：調和國共衝突與主張聯合政府（1945～1949）》根據自己發掘的材料，以相當大的篇幅對錢端升參與重大政治事件的來龍去脈，在《現代評論》、《益世報》、《今日評論》諸刊的言論主張及其

與其他同人的比較，在國民參政會的議政表現，與國民黨的合作關係及其矛盾糾葛，作了前所未有的深入論述，顯示了作者的廣闊視野，閱後人們可以發現其中蘊含有不少的精彩。

知識分子在公共領域的言論表現、學術與政治的緊張關係（特別是學人與國、共兩黨的關係）、思想啓蒙與民族救亡之間的張力，這是近二十年來知識界喜歡談及的熱門話題。但大多數的文章流於軼事、掌故、隨筆，缺乏深度的學術發掘。惠祥這篇論文應該說有不少值得我們借鑒之處，他對錢端升的思想定位、對錢端升與國民黨的關係之評述，也許有值得商榷之處，但他的一家之說確可喚起我們對這些問題的再思考。

惠祥 1999 年進入香港樹仁大學與北京大學合作開設的碩士研究生班學習，我就負責指導他的碩士論文。2006 年他考入北大攻讀博士學位。在北大與香港樹仁大學合作培養的碩士生中，他是第一位選擇來京繼續深造的香港學生。在充滿商業氣氛、極其務實功利的香港，作此選擇當然不易，顯示了他對學術追求的執著。燕園六年，他刻苦學習，生活儉樸，克服了家庭經濟困難等不利因素，一心向學；與內地學生和諧相處，常常為內地同學捎帶海外書籍，與大家共享他所掌握的外部學術資訊和純熟的電腦檢索技術。現在他雖回到港澳工作，仍保持一個學人的本色。我們期待他在未來的學術生涯中，繼續努力，再創新績，為中國近現代政治思想史研究拓展一片新的天地。

歐陽哲生

2014 年 12 月 10 日夜於香港寶馬山

目

次

緒　論

第一節　生平簡介

　　錢端升（1900 年 2 月 25 日~ 1990 年 1 月 21 日），字壽朋，別號｜愛青」。﹝註 1﹞中國著名的政治學家、法學家、教育家和社會活動家。筆名「德謨」、「立」、「山」、「青」、「端」、「朋」、「山木」、「文」、﹝註 2﹞「又青」﹝註 3﹞等。出生於江蘇省松江府，家中世代行醫。1905 年，中國科舉制廢除，新學興起。是年，錢端升的父親和伯父們開始教他讀書識字。接著在家鄉讀私塾，直到 1910 年夏。8 歲前，「只勉強能背誦《四書》、《史鑒節要》、《詩經》、《左傳》和《唐詩三百首》部分篇章」。後來同族延聘了一位聖約翰畢業的先生當塾師，兼授國文、數學、英文、史地等科目，使錢端升耳目一新，進步頗大。1910 年隨堂兄到上海就讀於敬業學堂。一年後轉入養正學堂，1912 年冬小學畢業。1913 年春考入松江（江蘇）省立三中，四年後畢業。1916 年轉入上海私立南洋中學，次年夏畢業，報考清華被錄取。1919 年獲官費赴美留學，第一年插入北達科他州立大學（University of North Dakota）四年級讀政治學。1920 年夏獲文學學士學位，暑期就讀於密執安大學（University of Michigan）政治學系。9 月進入哈佛大學。1922 年 1 月，完成碩士課業。同年 6 月，被授予文學碩士學位。1923 年 11 月，完成哲學博士所需課業並

﹝註 1﹞　《本校同學錄》，《清華週刊》（第五次臨時增刊），1919 年 6 月，第 6 頁。
﹝註 2﹞　筆名「文」是馬光裕據錢端升訪談而得出的結論。馬光裕整理：《錢端升談〈現代評論〉》，《中國現代文學研究叢刊》1990 年第 2 期，第 296 頁。
﹝註 3﹞　此筆名見錢端升遺稿。

通過各種考試，1924 年夏獲哲學博士學位。〔註 4〕

在哈佛期間，除 1921 年暑假在佛蒙特州立大學（University of Vermont）學習拉丁語和西班牙語外，1922 年春又赴華盛頓數周在國會圖書館查閱資料，並向參眾兩院書記長和若干委員會主席請教國會委員會的權力與工作的具體情況，以完成博士論文《議會委員會——比較政府研究》。結束哈佛學業後，藉校長洛厄爾的介紹函，漫遊了歐洲各國半載有餘。就教於英、法、奧某些憲法或政治學教授、學者，訪問了各國議會議員和工作人員，同時熟悉了某些大學圖書館的情況。1924 年 5 月，結束近五年留學生涯，東返祖國。〔註 5〕1924 年秋開始，在清華學校執教。〔註 6〕後歷任清華大學、北京大學、中央大學、西南聯合大學教授、北京大學政治學系主任、法學院院長、中國政法學院院長（中國政法大學前身）等職務。

錢端升一生著述甚豐，在任教同時，積極從事學術研究。先後撰寫了《法國的政治組織》（1930 年）、《德國的政府》（1934、1935 年）、《法國的政府》（1934 年）、《比較憲法》（與王世杰合著，1936 年）、《民國政制史（上、下）》（主編，1939、1946 年）、《建國途徑》（1942 年）、《戰後世界之改造》（1943 年）、《中國政府與政治，1912～1949》（*The Government and Politics of China, 1912-1949*）（1950 年）〔註 7〕等學術專著，譯有英國著名學者屈勒味林（G. M. Trevelyan, 1876-1962）《英國史》。在上述著譯中，其中五本被商務印書館列為大學叢書。《中國政府與政治》至今仍被美國大學列為研究近現代中國參考書目之一，學術影響力可見一斑。1948 年，與周鯁生、蕭公權當選為「中央研究院院士（Fellow of Academia Sinica）」，〔註 8〕同隸屬人文組政治學，其授予院士資格為「研究比較政治制度及現代中國政治制度」。〔註 9〕

〔註 4〕 錢端升：《我的自述》，《錢端升學術論著自選集》，北京師範學院出版社，1991 年 2 月，第 695 頁。下簡稱《自選集》。

〔註 5〕 錢端升說：「1924 年 5 月，結束了近五年的游學生涯，東返祖國，元月初抵達上海。1924 年秋，我開始任教於清華」。「元月初」應為「六月初」之誤。錢端升：《我的自述》，《自選集》，第 695 頁。

〔註 6〕 「1924 年 9 月，錢端升（歷史）到校任教」。《清華大學九十年》，清華大學出版社，2001 年 4 月，第 32 頁。

〔註 7〕 按：2011 年 12 月，商務印書館已將此書重刊。另據錢大都先生見示，商務印書館正翻譯中。

〔註 8〕 此為中研院評議會在 1944 年 3 月 16 日第二屆第二次年會討論後官方稱謂。黃麗安：《朱家驊與中央研究院》，臺北：「國史館」印行，2010 年 11 月，第 241 頁。

〔註 9〕 關國煊：《錢端升》（民國名人小傳），《傳記文學》（臺北），1992 年 1 月第 1

　　作爲政治學家、法學家、教育家和社會活動家，除教書外，錢端升一生的政治生活頗爲豐富多姿。曾參與 1919 年五四運動、1926 年「三・一八」抗議北洋執政府運動、1927 年主編《現代評論》、1927～1928 年應蔡元培先生之邀，參與大學院籌建。1928 年 4～10 月出任大學院「文化事業處處長」。後因蔣介石行個人專制，在失望之餘，退回書齋。「九・一八」事變後，再次從學術走向政治。1934 年，主筆天津《益世報》。1937 年抗日戰爭爆發，和胡適、張忠紱三人臨危受命，出使歐美，進行國民外交。1938 年回國後，歷任西南聯大教授、北京大學法學院院長、政治學系主任。1939 年創辦、主編抗戰期間最有影響力的知識分子政論刊物《今日評論》，並積極參與國民參政會。抗戰勝利前不久，在國民參政會主張成立「政治解決委員會」，解決國共紛爭。抗戰勝利前後，參與各種反內戰活動。1945 年 8 月 3 日，在西南聯大演講，主張「聯合政府式政權」。11 月 25 日，在西南聯大時事晚會上反對內戰，繼續主張聯合政府，引發「一二・一」慘案和運動。1948 年任《新路周刊》政治編輯，後應費正清之邀，赴哈佛講學，由樓邦彥代理。

　　新中國成立前後，錢端升積極參加新政權的建設。1949 年 10 月 1 日，登上天安門城樓，目睹新中國的誕生。1952 年，參與籌建北京政法學院，擔任第一任院長。〔註 10〕1954 年，參與中華人民共和國第一部憲法起草工作，任憲法起草委員會顧問。歷任中國人民政治協商會議第一屆會議代表、第二、三、四、五屆全國委員會委員、第二、五屆全國委員會常委、第一屆全國人民代表大會代表、法案委員會副主任委員、政務院文化教育委員會委員、中國人民外交學會副會長、中國教育工會全國委員會副主席、中國政治法律學會副會長、中國教育工會北京市委員會主席、歷任民盟第二屆中央常務委員會、第四、五屆中央常務委員等職。中國共產黨十一屆三中全會以後，擔任第六屆全國人民代表大會代表、常務委員會委員、法律委員會副主任委

期，第 144 頁。關於第一屆中研院院士選舉，已有相關研究，不贅。詳參黃麗安：《朱家驊與中央研究院》，臺北：「國史館」印行，2010 年 11 月。李來容：《院士制度與民國學術：1948 年院士制度的確立與運作》，〈第四章　首屆院士選舉的正式運作〉，南開大學歷史學院博士論文，2010 年 5 月，第 211～305 頁。

〔註 10〕　按：《中國共產黨北京市組織史資料》記載，錢端升在 1952 年 8 月～12 月、1953 年 1 月～1956 年 9 月期間爲代理院長；正式出任院長爲 1956 年 9 月～1957 年 6 月。《中國共產黨北京市組織史資料：普通高等學校卷（1949～2010）》，中央文獻出版社，2011 年 6 月，第 34、59 頁。

員、外交部法律顧問、中國民主同盟中央參議委員會常委、中國政治學會名
譽會長、中國法學會名譽會長、歐美同學會名譽會長、中國國際法學會顧問、
國際問題研究所顧問等職。此外，還擔任《中國大百科全書・政治學》編輯
委員會顧問、《中國大百科全書・法學》編輯委員會委員、政治學知識叢書
主編和編輯委員會委員等。

　　總覽錢端升一生的思想演變，大致可分為以下幾個階段：

一、求學時期（1916～1924）

　　此時期為錢端升思想萌芽和學人性格定型時期。在清華期間，他的「學
術救國」和「強有力政府」思想已見端倪。這兩種思想，如果用蔡元培先生
的話來說，即「讀書不忘救國」。在留美期間，這兩種思想繼續得到了長足的
發展，從而演變成「學術不忘政治」。一方面，哈佛大學的自由主義學術風氣
對錢端升造成了巨大的影響，是其學人性格養成之關鍵。一方面，他在《留
美學生季報》上，繼續提倡「強有力政府」論。

二、從事學術和政治理想實踐時期（1924～1931）

　　在學術理想實踐方面，最引人注目的是，錢端升在大學院時期與蔡元培
先生的關係。關於兩人關係，目前相關材料不多。從大學院期間，錢端升為
蔡元培代擬部分稿件來看，如《大學院組織法草案》和《大學院公報》發刊
詞等，兩人的關係，可能比我們想像的要更為密切。1935 年 4 月 7 日，錢端
升第二次婚姻，主持人為蔡元培。〔註11〕錢端升的第二任夫人陳公蕙，為李
拔可的甥女。李拔可擔任商務印書館董事多年，與蔡元培關係密切。錢端升
四次使美，三次經香港時，均曾拜訪蔡元培先生。此三次拜訪《蔡元培日記》
均有記載。〔註12〕蔡元培在錢端升最後一次拜訪 10 天後逝世。在《今日評
論》上，錢端升發表《悼蔡孑民先生》，高度讚揚蔡元培對學界的貢獻。尤

〔註11〕 4 月 6 日，蔡記載：「晚，端升招飲杏花樓，座有李拔可、釋戡昆弟及巽甫、
　　　　子競等，宴明日證婚及介紹諸人也」。4 月 7 日，又記：「五時往新亞，為端
　　　　升證婚，其新夫人名陳公蕙，拔可之甥女也」。《蔡元培全集》，第 16 卷，浙
　　　　江教育出版社，1998 年，第 396、397 頁。
〔註12〕 分別為：1938 年 9 月 9～13 日（補記）、1939 年 10 月 5 日、1940 年 2 月 24
　　　　日。《蔡元培全集》，第 17 卷，浙江教育出版社，1998 年，第 359～360、409
　　　　頁。

其對士林風氣的凝聚，認爲「二十年來比較剛勁的士氣」，「實比整興北大一校更大」。〔註13〕

關於錢端升的學術思想，他在第一次全國教育會議上，提出的《提高學術文藝案》是一條重要的線索。這是一份非常值得重視卻還沒引起足夠關注的近代高等教育文獻。它的理念基本與朱家驊主持的中研院旨趣相近；它所包含的學術思想重要性可與陳寅恪先生的《吾國學術之現狀及清華之職責》相媲美。

在清華改制期間，錢端升曾指出，世界各國均有最高學府可尋，當時北大因政局關係，虛有最高學府之名。他不禁發出這樣的哀歎：「夫以中國之大，而無一最高學府，奈何其可？」這是他邀請胡適出任清華校長的主要原因，希望爲中國的高等教育立下一個不拔的基礎。他在致胡適函中說，要不是自己年輕，也想一試當校長這份苦差的滋味。他在 1952 年參與中國政法學院的建設，應該說，在很大程度上含有上述理想。

在政治方面，錢端升表面上主張一黨專政，實際上從未放過憲政的理想。他一生孜孜追求的是西方憲政民主在中國的生根。與孫中山一樣，他懸掛一憲政目標，利用一黨專政作爲實現憲政的途徑。他在爲《政治學》所寫的《編者導言》中認爲，理想是亞里士多德政治的目的，中庸是他實現的方法，一則由於「內心的信仰」，一則由於「實際的觀察」。他主張一黨專政，基本符合上述所言——基於內心對三民主義的信仰和對當時中國國情的觀察。出於對西方憲政史的瞭解，錢端升清楚知道，憲政不能一蹴而就。因此，懸掛一憲政理想，根據現實的情況再作處理。

如果按照錢端升在美所接受的教育而言，在國家常態和國際形勢和平時期，他的憲政主張將會更加純正。限於近現代中國不僅政治需要現代化，經濟和社會均需現代化。而後二者的現代化又離不開前者的現代化。因此，他主張走的是一條中庸的道路。在錢端升看來，這條道路既非激進（不是獨裁極權）又非和緩（不是民主政治），而是兼程並進的中間道路。這是他中庸思想的表現，經各種衡量後，執其中而行，然後再政治制度化（法治），以達成憲政之目標。

〔註13〕　錢端升（端）：《悼蔡孑民先生》，《今日評論》，第 3 卷第 10 期（合刊），1940年 3 月 10 日，第 146 頁。

三、國難時期（1931～1937）

在 30 年代，隨著國際形勢的丕變，錢端升的政論主張亦隨現實政治而變化。極權理想暫時取代了憲政理想。1934 年 1 月，錢端升發表《民主政治乎？極權國家乎》；1935 年 2 月，發表《極權主義》一文，分別主張獨裁和極權論。但在現實政治層面，錢端升在評述 1934 年憲草時，為保持政局穩定，卻主張責任內閣制，以便維持汪蔣合作和照顧西南。在 1935 年論及中央政改時，提出建立一個以蔣介石為核心，但又非個人獨裁的強有力法治政府。如何理解這兩種不同的政論主張？這須得從錢端升的理想、現實和中庸三種主義中去理解。

錢端升在 1934～1935 年間提倡獨裁和極權，只是作為一種向前進的方向或目標。他提出上述兩種政論主張，旨在調和理想與現實之間的差距。從 1934 年責任內閣制到 1935 年以蔣為核心而又非獨裁的政論演變，可知錢端升正逐漸朝著他的極權理想邁進。另外，錢端升在 1935 年提倡極權主義，表面上比 1934 年的獨裁論「進步」。實際上可能是倒退了，或者說，進一步完善了他的獨裁論。他在 1934 年曾表示，「無論是一人，或一群，或一黨」，只要有理想和能力，為民眾謀利，就可獨裁。但在 1935 年，則須先「極權」（全國有共識），後才能行一黨獨裁，再個人獨裁。

總之，錢端升在 20 年代採取的是一條既非自由又非極權的道路。如果將漸進主義和激進主義視為兩極的話，則錢端升處於這兩者之間。這是中國的國情和錢端升個人的思想（理想、現實和中庸主義）限制了他的選擇路向。如果 30 年代仍大致能維持 20 年代的國際形勢，他的這種取向，應該說是不會驟然更改的。

錢端升與胡適、傅斯年等人在 20、30 年代，儘管有聯繫，但相對 40 年代，沒有那麼密切。如在《現代評論》上，錢端升主張理想的一黨專政，與胡適在《新月》上與國民黨當局發生人權論戰，有明顯的距離。1934 年，錢端升主張獨裁極權論，更與胡適主張的政府無為論，成為自由主義知識分子光譜的兩極。從錢端升在《獨立評論》上只發表了一篇文章，亦可窺見他與胡適、傅斯年等人的關係。

儘管如此，錢端升與胡適、傅斯年等人在對中日關係和國際形勢的判斷上，是頗為一致的。他們認為，中日是零和關係和二戰的格局正在形成中。中國須為將來參加二戰，建立一個合理的外交政策。他們認為，不應斷絕與

國聯和美俄之聯繫。若過度妥協或「親善」日本，有失中國外交立場，將來可能得不償失。錢端升主張的國聯和美俄外交，雖是一空洞路線，但這是他針對中國長遠的利益而言，與胡適的「苦撐待變」主張相近。可能因這個原因，錢端升與胡適等被國民政府派遣出使歐美。

在錢端升思想中，他對言論和思想自由十分重視。在哈佛期間，他撰寫了《言論自由》一文。在文中，他認為，即使在戰時，政府亦不能強迫一個公民認同政府認為正確的事情。在《今日評論》上，他重申舊義。除對國內輿論十分重視外，錢端升對國際輿論也十分關注。1928 年的「濟南慘案」教訓是深刻的，日本政府顛倒是非，中國外交陷入國際孤立困境。出於對國際輿論的重視，錢端升在 1936 年加入中國國際聯盟同志會，參與重建工作，曾一度擔任代理秘書。1937 年「蘆溝橋事變」後，國聯同志會第一時間通知各國，這是國內第一個將「蘆溝橋事變」告知世界的民間團體，在輿論上贏得了主動權。

王鐵崖先生曾在回憶錄中指出，錢端升不會盲從「一元論的國內法」或「一元論的國際法」，而是調和二者的二元論。但在國聯同志會期間，錢端升的主張恰好與王鐵崖所言相反。他在 1936 年主張建立的是一超國家的強有力世界政府。這一主張與他在《戰後世界之改造》（1943 年）中提倡戰後國際法一元論一致。

四、抗戰時期（1937～1945）

隨著抗日戰爭的爆發，錢端升、胡適與張忠紱三人出使歐美，進一步拉近了錢端升與胡適、傅斯年等人的距離。錢端升開始進入以胡適、傅斯年為首的學人群核心圈子。在國民參政會期間，錢端升與傅斯年成為「倒孔」的拍檔。胡適在駐美大使期間，接收不到任何來自國民政府的消息，也是通過錢端升轉達給傅斯年的。

錢端升參加國民參政會，原意為改善戰時國內政治和為戰後中國打下一憲政基礎（政治制度化）。據黃炎培日記記載，在國民參政會中，錢端升是其中一位「最肯賣力」的參政員。除錢端升外，他的兩位親密戰友，王世杰、周炳琳也在為賦予形式上的參政會實質權力而努力。除錢、王、周外，體制外的梁漱溟也在為相同的目標而努力。梁漱溟和王世杰等人的案例說明了體制內、外的改革勢力，均不能根本改變當時中國政治格局。

出於對參政會的失望，周炳琳在 1943 年 9 月辭去副秘書長一職。錢端升則在致函英美國政府官員時，希望督促中國實行民主政治，惟國民政府仍無動於衷。在抗戰勝利前最後一屆國民參政會上（1945 年 7 月），錢端升和周炳琳在召開國民大會問題上，與國民黨公開分裂了。這次分裂也包括錢端升、周炳琳與王世杰、傅斯年對國民黨看法上的分歧。這應是自由主義陣營的第一次分化。在這次參政會上，周炳琳認為國民黨是交了白卷的學生。錢端升則在接著 8 月份的一次演講中，用「四不像」來形容參政會。而胡適、傅斯年對國民黨的看法，據 1946 年 11 月王世杰記載，胡、傅對於國民黨過去之貢獻，本歷史學者之眼光，予以同情。可以說，四人的立場涇渭分明。

五、抗戰勝利後（1945～1949 年）

至於自由主義陣營的第二次分化，發生在抗戰勝利不久後的「一二・一」運動期間。這次分化比上一次更見嚴重。張熙若不惜以公害私，與傅斯年絕交，以表明自己的立場。這次分化的不僅西南聯大教授會，連兩大常委梅貽琦和傅斯年也產生了分歧。聯大教授會的分化結果是十分嚴重的。這對戰後中國需要一股中立和公正的力量，影響是頗為深遠的。

對於錢端升在「一二・一」運動中所扮演的角色，目前有兩種看法：一種認為，在慘案後錢與張奚若、聞一多對立。另一種認為，與張、聞站在一起。本文發現，錢端升是站在後者的立場的。他不僅將追究責任到底，還拒絕出席西南聯大校務會議和執行教授會復課決議，以示抗議。

在魏德邁使華前，錢端升在 1947 年 3 月《觀察》上發表了三篇文章。此三文均為反對內戰、主張聯合政府之言論。其中，錢端升認為，士大夫在過去是統治者的支持者、點綴者，最後才是參與者。在現代，知識分子是「社會利益的釀造者」。這是他認為現代知識分子與傳統士大夫之間的最大區別，也是他在 1949 年建國後積極參與新政權的建設，並與當局發生衝突的背後原因之一。

六、一九四九年以後（1949～1990）

1949 年後的錢端升，已逸出本文的研究範圍，因此不贅。

目前學界對錢端升的評價，以負面居多。但對他生平和思想，尤其是後者卻缺乏深入的挖掘。就筆者所見，各種評價是頗為片面的。關於這一點，

筆者以為，須從錢端升整體的思想角度和他所處的時代，以及同時代的人對他的看法去評價。在很大程度上，錢端升思想的複雜性和矛盾性，反映了 20 世紀中國政治的波譎雲詭。

在民國自由主義知識分子當中，應該說，錢端升是個另類分子。丁文江雖提出獨裁論，但未及極權主義。因此，將錢端升定位為自由主義知識分子引起的爭議性，可能不亞於他提倡獨裁極權。但從同時代人的標準去衡量，如羅常培先生，他是將錢端升看作為自由主義知識分子陣營的一員。何炳棣先生亦認為，錢端升對憲政持「一貫的民主信念」。從表面上看，錢端升主張一黨專政和獨裁極權，似不應將之歸類為自由主義陣營的。但從他主張言論自由、教育獨立、教授治校、法治政府等思想，以及人脈關係，如與蔡元培、胡適、張熙若、傅斯年、周鯁生等人的交往，還有創辦《今日評論》，為自由主義知識分子提供一個公開的論壇來看，則明顯又屬於自由主義陣營。

像孫中山先生一樣，錢端升一生追求的是西方民主在中國之實現。但在實踐上，卻主張採用專制手段。正如眾所周知，目標的純潔性不能證明手段的正當性。這可能是評價錢端升最具爭議的地方。就錢端升提倡的手段而言，其道德理想主義色彩是非常濃厚的。但同時，他又主張政治制度化，希冀通過法治制約權力的發展，使其納入正規。在他的思想中，可以說，既包含了憲政民主，同時又包含了專制的思想。這是評價他思想的為難之處。

「橫看成嶺側成峰，遠近高低各不同」。評價錢端升思想的爭議性，可能跟施特勞斯或其他學人評價馬基雅維利一樣。我們如果用錢端升評價馬基雅維利的標準來衡量他，或許對他比較公正。對於馬基雅維利的霸術，錢端升在「九・一八」事變前是極力反對的。但對他在不講國際信義、弱肉強食的國際無政府狀態中，為意大利鞠躬盡瘁，表示了最大的同情。錢端升的看法，頗近施特勞斯對馬基雅維利的評價。本文對錢端升的看法亦大致如此。

要理解民國時期的自由主義進程，錢端升或許是一個繞不開的話題。就自由主義的要素而言，約有兩個——一為健全的個人主義；一為漸進主義。不過，這兩個要素預設了國家為和平時期。在亂離之世，自由主義該如何自處或發展，這是一個十分值得探討的議題。丁文江曾自嘲為「治世之能臣，亂世之飯桶」，生動地道出了自由主義在中國所面臨的困境。本文以為，如同馬基雅維利一樣，錢端升將成為中國近現代自由主義思想史上一個十分重要和具有爭議性的研究標本。

第二節　文獻回顧及整理

一、研究現狀

　　就國外研究而言，1998 年史丹福大學出版社出版的易社強（John Israel）《戰爭與革命中的西南聯大》（「Lianda: A Chinese University in War and Revolution」）〔註14〕一書，是國外最早述及錢端升主編《今日評論》的專著。〔註15〕2004 年，國內學者楚德天第一次將易社強著作介紹給國內學者，其翻譯的《大學教授的論壇——西南聯大與中國知識分子》，是目前國內翻譯的第一篇專門介紹錢端升主編《今日評論》的文章。易社強指出，「從 1938 年至 1940 年，思想界之活躍是後期無可企及的」，「《今日評論》為各種各樣的觀點，包括編輯們討厭的評論開創了一個自由論壇，它是知識分子正直、自由表達意見，容忍異議的傑出代表，這些原則也是聯大精神的基礎」。〔註16〕此文為易氏專著《戰爭與革命中的西南聯大》其中一章而來。2010 年 4 月，《戰爭與革命中的西南聯大》一書由大陸學者饒佳榮翻譯、臺灣學者呂芳上作序，由傳記文學出版社在臺出版，簡體修訂版則由九州出版社在 2012 年出版。

　　另一美國學者約翰遜・查默斯（Chalmers A. Johnson）則通過錢端升個案分析，探討了 1949 年後國家知識分子政策的變更。他指出，1957 年後的錢端升，其專長與國家意識形態不符，儘管努力適應形勢及自我「改造非常成功」，但「錢在一九五七年的沒落是因為中共覺得已不再需要他的才能了……事實上，他被打為『右派分子』比『教師』對國家來得有用多了」。〔註17〕

〔註14〕John Israel, *Lianda: a Chinese University in War and Revolution*, Stanford, Calif.: Stanford University Press, 1998.

〔註15〕詳參〔美〕易社強著、饒佳榮譯：《戰爭與革命中的西南聯大》，臺北：傳記文學出版社，2010 年 4 月，第 323～332 頁。

〔註16〕謝慧：《知識分子的救亡努力——〈今日評論〉與抗戰時期中國政策的抉擇》，北京：社會科學文獻出版社，2010 年 5 月，第 25 頁。原載〔美〕易社強著、楚德天譯：《大學教授的論壇——西南聯大與中國知識分子》，《學海》，2004 年第 5 期，第 19、24 頁。

〔註17〕〔美〕約翰遜・查默斯著、黃得福譯、楊肅獻校訂：《社會主義花園中的思想毒草：以錢端升為例》，史革茲等著：《中國近代思想人物論——自由主義》，臺北：時報出版公司，1980 年 6 月，第 433 頁。按：錢端升的英文名字「Thomas S. Chien」有誤，應為「Thomson S. Chien」。同上，第 407 頁。原文見 Chalmers A. Johnson, *An Intellectual Weed in the Socialist Garden: The Case of Ch'ien*

就國內專著而言，最新研究成果為謝慧所著《知識分子的救亡努力——〈今日評論〉與抗戰時期中國政策的抉擇》（下簡稱《知識分子的救亡努力》）一書，該書在其博士論文基礎上修訂而成。《今日評論》（1939.1.1～1941.4.13）由錢端升等人所創辦和主編，共 5 卷 114 期。作者群以西南聯大教授為主，與《新青年》、《新月》、《獨立評論》和後來的《觀察》相較，由於各種原因，《今日評論》一直不太為人所知。事實上，它是抗戰期間最有影響力的知識分子政論刊物之一，與《獨立評論》和《觀察》媲美，並不為過。王力先生說：「胡適之先生所主編的《獨立評論》和錢端升先生所主編的《今日評論》都是不收稿費的，但是它們所載的文章卻不失為第一流」。〔註 18〕

不言而喻，這樣一份重要的刊物，對瞭解抗戰時期政治、經濟、外交動向和知識分子的動態有重要的參考價值。該書最令人印象深刻的是，不僅發掘了大量相關的材料，還參閱了大量同時期其他政論刊物，進行橫向比較。〔註 19〕作者通過對以西南聯大教授為主體的知識分子群體在抗戰期間的各種言論，從憲政、經濟、外交等各方面作出詳盡梳理和探討後認為，《今日評論》不僅繼承了《獨立評論》的獨立精神，同時還折射出抗戰期間中國政策的特點和動向。〔註 20〕

其他相關研究專著有孫宏雲《中國現代政治學的展開：清華政治學系的早期發展（1926～1937）》和王向民《民國政治與民國政治學——以 1930 年代為中心》。前著專門闢有一節探討錢端升與比較政府研究，對錢端升的與美國政治學的關係和治學途徑作出了初步研探。〔註 21〕然對於錢端升的美國政治學背景和淵源，及當時美國政治學的主流趨勢缺乏深入分析（詳參本文第二章第一節）。後著則從政治學角度出發，對民國政治學的國家理論、政府理論和政黨理論三個領域進行分析，歸納出「民權與集權」兩個理論，進而分

Tuan-sheng, The China Quarterly, No. 6, Apr.-Jun., 1961, pp.29-52.

〔註 18〕 王了一：《賣文章》，《龍蟲並雕齋瑣語》，中國社會科學出版社，1993 年 12 月，第 109 頁。亦見石言主編：《人語鬼話》，海南國際新聞出版中心，1994 年 10 月，第 23 頁。

〔註 19〕 歐陽哲生：《序言》，謝慧：《知識分子的救亡努力》，北京：社會科學文獻出版社，2010 年 5 月，第 2、3 頁。

〔註 20〕 謝慧：《知識分子的救亡努力》，北京：社會科學文獻出版社，2010 年 5 月，第 375 頁。

〔註 21〕 孫宏雲：《中國現代政治學的展開：清華政治學系的早期發展（1926～1937）》，北京：三聯書店，2005 年 5 月，第 191～199 頁。下簡稱《中國現代政治學的展開》。

析了民國政治學生成的社會原因。〔註 22〕該書爲政治學著作，部分史實和觀點雖值得商榷，但爲歷史研究者提供了新的視野和理論啓發。陳景良主編的《當代中國法律思想史》闢有專門章節論述錢端升的法律思想，認爲其「一生大部分時間從事憲法學，政治學的理論與實踐工作，致力於政治民主、國家富強，是我國當代政治法律界的奠基人之一」。〔註 23〕

就論文研究而言，清華大學法學院院長許章潤教授的《所戒者何——錢端升的憲政研究與人生歷程》一文，在國內研究者當中，是一篇頗爲重要文章。許氏高度評價錢端升在 1949 年前的學術成就，但對他在 1949 年後的政治活動則持判態度。他說：「證諸錢氏的一生論著，特別是前後撰著的有關憲政的論文，均秉持此種熱心腸說冷話的風格，外方內圓，謹嚴理性，堪稱行家的大手筆。不客氣地說，1949 年後中國大陸同業中出其右者，迄今尚未之見」。然而「讓我們這些後學感慨不已的是，這樣一位理性而冷峻的憲法學家，在『城頭換了大王旗』之後卻也不免於天眞，有過小小的熱鬧，跑龍套而樂得不自知」。〔註 24〕

杜鋼建先生的《錢端升的人權思想》一文則從人權角度，也對錢端升 1949 年前的學術成就作了高度評價：「目前，中國憲法學界雖然開始恢復對人權問題的系統研究，但其總體水平，特別是思想覺悟水平或人權意識水平並未超過三、四十年代錢端升、王世杰等人的研究水平」。同時，他對 1949 前錢端升主張獨裁極權提出非議，認爲原因在於「他在思想認識的深處早已接受了社會主義學說，特別是蘇聯極權抱有一種憧憬和幻想。另一方面，是抵擋不住功利的誘惑。無論是在舊中國提倡新式專制，還是在新中國樂於參加新專制的建議，渴求被御用和貪圖名利的心理始終沒有減弱」。〔註 25〕

杜剛建、范忠信兩先生在爲政法大學版《比較憲法》所作序言指出，由於意識形態和其他原因，1949 年後大陸法學界有意無意降低了王世杰在比較

〔註 22〕 王向民：《民國政治與民國政治學——以 1930 年代爲中心》，上海世紀出版集團，2008 年 8 月。

〔註 23〕 詳參陳景良主編：《當代中國法律思想史》，〈第三章第三節　民主黨派人士的法律思想〉，河南大學出版社，2004 年 4 月，第 116～124 頁。按：該章節只有兩位民主人士：沈鈞儒和錢端升。

〔註 24〕 許章潤：《所戒者何——錢端升的憲政研究與人生歷程》，《法學家的智慧》，清華大學出版社，2004 年 6 月，第 132～133 頁。

〔註 25〕 杜鋼建：《錢端升的人權思想》，《中國近百年人權思想》，香港：中文大學出版社，2004 年，第 181、196 頁。

憲法研究領域的開拓者地位，甚至誤使青年學者產生一種錯覺，以為王世杰沒有《比較憲法》個人專著。他們指出，「合著本《比較憲法》只是王世杰獨著《比較憲法》的修訂增擴本，這一事實長期被忽略了」。杜、范二氏認為，無論是合著版還是獨著本，在體例上均有一基本特點，就是對個人基本權利給予高度的重視。其次，他們認為，王、錢對國民黨和蔣介石持一種「可貴的現實批判態度」，不但「對於『黨治』或一黨專政，表達了強烈的否定態度」，也對「蔣介石個人獨裁、踐踏法律……多處間接、含蓄地表達了反感」。〔註 26〕這似是杜、范對《比較憲法》想當然的誤讀，以王世杰當時在國民政府中的地位，〔註 27〕這是不可想像的事情。〔註 28〕

〔註 26〕　「特別是在該書增訂第三、四版出版時作者之一王世杰正擔任國民黨政權高官的情形下，該書仍能直言不諱批評國民黨反民主行徑，甚至間接批評蔣介石的個人獨裁專制，實屬難能可貴」。此外，對「國民黨政權無視法制之其他弊端，作者也多有揭露批評」等。杜剛建、范忠信：《基本權利理論與學術批判態度——王世杰、錢端升與〈比較憲法〉》，王世杰、錢端升：《比較憲法》，中國政法大學出版社，1997 年 12 月，第 3、5、12～16 頁。

〔註 27〕　王世杰曾擔任的要職有：國防最高會議委員（1938.2～1939.1）、國防最高委員會委員（1939.2～1947.4）軍委會參事室主任（1938.4～1946.5）、中宣部部長（1939.12～1942.12）、中央黨政訓練班教育委員會主任（1939.4～1940.11）等。其他史多職務，詳參薛毅：《王世杰傳》，武漢大學出版社，2010 年 9 月，第 69 頁。

〔註 28〕　在初版序中，王世杰說：「本書的態度，是陳述的，不是批評的」。這是歷史比較法使然，理論上嚴守價值中立。嚴格來說，「陳述」與「批評」是兩個不同的概念，但在某些場合，兩者等同，尤其是陳述的對象是負面的，則無形中變成了批評。另一方面，儘管歷史比較法調價值中立，但在實際操作中，難免對不合理的地方有所評斷。這點從王序中表示「陳述而外，極少附以評斷，或己見」可見，評斷和己見有時難以避免，但序言亦同時顯示，已在盡力避免。可能因為上述原因，杜、范二先生認為王、錢在暗中批評蔣介石。王世杰：《初版序》，《比較憲法》（增訂本），上海：商務印書館，1937 年 6 月。在版本上，中國政法大學版比商務版更新。政大版《增訂四版序》寫於 1942 年 7 月，王世杰在該年 4 月 5 日記載：「今日為休□日，上午在家中改訂比較憲法稿」。5 月 21 日，又記：「今日午後增補比較憲法稿……（此次增訂部分之初稿係錢端升君所撰）」。可見修訂過程王氏是知情兼有參與的，以當時王氏所擔任之黨政要職而言，不應該出現對蔣介石的批判。《王世杰日記》，第 3 冊，臺北：「中研院」近代史研究所，1990 年 3 月，第 275、300 頁。（按：下簡稱《王世杰日記》。）此外，杜、范引還用了《比較憲法》中一段對極權主義的批評，認為這是王、錢在強調保障人權，但對錢端升在 20 年代提倡一黨專政和 30 年代主張極權主義，則無提及。最後，就蔣介石對國民黨的批評而言，比《比較憲法》所「陳述」的，有過之而無不及。

　　沈宗靈先生的《再看〈比較憲法〉一書》也指出，合著版《比較憲法》是王世杰獨著版《比較憲法》的修訂增補本。他也認為，該書是解放前，「比較憲法學或整個憲法學中，在學術上是較好的一本書」。〔註29〕

　　熊繼寧先生的《錢端升及其〈比較憲法〉》一文，其評價基本未超出前述杜、范二人，其中第一節更是襲取杜、范序言而來。就本文所見，獨著版於1928年、1929年、1930年均有再版。合著版最早出版於1936年12月，主要貢獻是將所有文字梳理了一遍。除文字更白話化外，增加了1928年國民政府的制憲活動及世界各國憲法最新更動，及後國民政府政制幾次變動，錢端升均有所刪增。熊氏對1928年後國民政府的制憲活動作了一番梳理後認為：「如果說《比較憲法》第1、2版主要是對世界各國憲法的橫向比較的話，那麼，《比較憲法》第3、4版的增修則是對中國短短12年制憲的縱向描述」。然而不幸犯了一個常識性的錯誤。熊氏認為：「在兩次增訂版序中，錢端升都名列於王世杰之前。由此可見，該書的兩次增訂工作，主要是由錢端升完成」。〔註30〕此一結論基本正確，但前提是錯誤和違反常識的。〔註31〕

　　張桂琳先生的《中國現代政治學的奠基人——錢端升》和劉劍君、劉京希先生的《錢端升與中國政治學的發展》對錢端升的評價和拙著《錢端升的美國政治學背景析論》對上述二文的商榷，為免重複，將在第三章第六節討論。

　　陳夏紅先生的《錢端升：「我大大地錯了」》也對1949年後的錢端升作了頗為詳盡的梳理，認為他參與改造出於自願多於被動，且清楚知道政治表態的後後果，〔註32〕所持批判態度頗為嚴厲。此文最初發表在海外，後經刪改，收錄在氏著《百年中國法律人剪影》中。〔註33〕陳氏還有其他相關研究散見各種報刊，不贅。

〔註29〕沈宗靈：《再看比較憲法一書——為紀念錢端升先生百歲冥誕而作》，《中外法學》，1999年第5期，第1、4頁。後此文收入趙寶熙等編：《錢端升先生紀念文集》，中國政法大學出版社，2002年2月，第71～80頁。

〔註30〕熊繼寧：《錢端升及其〈比較憲法〉》，《比較法研究》，2008年第2期，第2頁。

〔註31〕按：《比較憲法》中國政法大學版1997年版內頁，將兩者的名字倒置，導致了熊繼寧先生的誤讀。

〔註32〕陳夏紅：《錢端升：「我大大地錯了」》，《二十一世紀》網絡版，香港：中文大學中國文化研究所，總第46期，2006年1月27日。參閱日期：2009年7月9日。

〔註33〕陳夏紅：《百年中國法律人剪影》，中國法制出版社，2006年7月，第193～222頁；亦見陳夏紅：《1949年後的錢端升》，《讀書文摘》，2008年第5期。

　　汪子嵩先生在《政治學家的天眞》中則指出,「在經歷了長期磨難以後,直到晚年還保留著他的理想,想以政治學原理來改造國家,充滿了熱情……從現實政治的角度看,他的許多見解不免天眞,但從高瞻遠矚的政治科學的角度看……留下了一項很有價值的精神財富」。〔註34〕汪氏並非錢端升學生,不過,1949 年後曾擔任錢氏助教,接觸過三年,儘管帶有瞭解之同情,大致而言,評價是中肯而中的的。

　　其他相關研究還有:史雪梅《簡論錢端升的法律思想》(《鐵道部鄭州公安管理幹部學院學報》2001 年第 1 期);范亞伶《高懷無近趣、清抱多遠聞——記眞理的虔誠者錢端升》(《湖南科技學院學報》2006 年 7 期);王興波《錢端升在 30 年代立憲運動中的主張評析》(《理論月刊》2007 年 9 期);張禾禾《錢端升:天眞的代價》(《都市》2008 年第 7 期、亦見《中外文摘》2008 年第 11 期);謝冬慧《錢端升法學思想述要》(《法學評論》2011 年第 5 期);馬媛:《論錢端升的政治學思想》(《學園》2011 年第 21 期)等。

　　就碩博研究而言,博士論文只有 1 篇,即前述謝慧已出版的《知識分子的救亡努力》。碩士論文有 3 篇,均爲歷史學系論文。第一篇爲 2006 年 5 月華中師範大學王興波的《學術與政治——以錢端升爲個案研究(1920～1949)》。該文共 47 頁,以錢端升在 30 年代政論爲分析主體,嘗試從學術與政治的角度去闡釋錢端升的政論主張。第二篇爲 2007 年 5 月雲南師範大學郭達祥的《抗戰前後錢端升政治思想與活動研究》。該文共 33 頁,從政治背景、思想和活動三方面,簡析了錢端升在抗戰前後的思想與活動。最後一篇爲 2007 年 5 月華東師範大學范亞伶的《追夢的旅程——錢端升生平與思想研究》。該文共 99 頁,主要通過對錢端升的考察,「豐富中國現代知識分子譜系」。儘管篇幅較前文多,然在具體內容方面,如對錢端升在《現代評論》期間發表的文字、主筆天津《益世報》、民主與獨裁的討論、《今日評論》不超過 4 頁,缺乏深入探討,部分史實亦不乏錯誤。〔註35〕三篇碩士論文當中,以范亞伶的論文

〔註34〕　汪子嵩:《政治學家的天眞》,《讀書》,1994 年第 6 期,第 20～21、22～23 頁。
〔註35〕　范亞伶指出,「在 1927 年 3 月 5 日,錢端升署名『文』的一篇《奉直再戰》(5 卷 117 期)就被開了天窗」;以及《東南的新局面》與《學生獄》,「在目錄中被塗去了,在正刊中也直接跳過沒有刊登出來」。范亞伶:《追夢的旅程——錢端升生平與思想研究》,華東師範大學人文學院歷史學系碩士論文,2007 年 5 月,第 25 頁。就本文所見,嶽麓書社原版重印的《現代評論》,《奉直再戰》一文並沒有給開天窗,目錄和全文均完整無缺。《東南的新局面》與《學生獄》兩篇文章目錄亦清晰可見。《現代評論》,第 5 卷第 117 期,1926

較爲優秀，除較爲詳細述及生平外，也大致勾勒出錢氏的精神風貌。

二、文獻整理

從上述僅有一本專著（主要集中於《今日評論》時期）和三篇碩士研究論文來看，以錢端升如此豐富的生活經歷和學術著作來說，至少應當可有一探討其學術和思想的專著面世。除謝慧專著外，目前錢端升研究基本停留在公開出版物上，〔註 36〕仍有很大的開拓空間。這是因爲，研究一個人物，須有私人和公開出版物的結合。前者包括日記、書信等，後者則包括個人文集、發表在報章期刊上的各種政論文章。以及頗爲重要的，記載人物生平大事的年譜和學術論著年表。

關於錢端升日記，南開大學教授陳文秋先生曾提及在文革中已遺失，去向不明。〔註 37〕筆者在拜訪其長子錢大都先生過程中，發現日記仍存，並開放部分觀閱。至於書信，錢端升一生經歷豐富，交友甚廣。除《胡適來往書信選》8 通信外，《胡適遺稿及秘藏書信》收有 13 封與錢端升來往函電。《北京大學圖書館藏胡適未刊書信日記》，收有與錢端升有關的信函 8 封，電報 3 封。至於與國外友人的信函，如費正清的通信則遠在海外，國內學者幾乎沒人引用。

哈佛大學費正清研究中心藏有大量民國時期費正清與當時學人通信，其中包括錢端升。1957 年，錢端升交代說：「在 1949 年和 1950 年，爲了促成我用英文寫的一本關於舊中國政府的書的出版，並爲了要他代購一些書籍和代領應退的一部分所得稅，我去過二十封信，他來過十八封信」。〔註 38〕可見數量頗爲驚人。錢端升在西南聯大期間，致書美國政府和國務院、以及英國戰時內閣要員、英美兩國其他政治家、學者等書信，國內學者也甚少引用，

年 3 月 5 日；第 5 卷第 120 期，1927 年 3 月 26 日。

〔註 36〕 如許章潤的《所戒者何——錢端升的憲政研究與人生歷程》、杜鋼建的《錢端升的人權思想》和張桂琳的《中國現代政治學的奠基人——錢端升》等文，其資料來源主要依賴《自選集》和《錢端升先生紀念文集》二書，陳景良主編《當代中國法律思想史》錢端升章節則主要根據《自選集》。

〔註 37〕 陳文秋：《爲民主與法制建設而奮鬥終生——一位愛國民主教授錢端升》，趙寶熙等編：《錢端升先生紀念文集》，中國政法大學出版社 2000 年 2 月，第 44 頁。

〔註 38〕 錢端升：《我的罪行》，《人民日報》，1957 年 8 月 6 日，第 3 版。

〔註 39〕或部分相關資料剛整理出來。〔註 40〕一本較爲詳盡、嚴謹的年譜更是闕如。〔註 41〕

　　此外，錢端升在哈佛大學的博士論文，到目前爲止，還沒有學者深入研究和引用過。2005 年，北京大學校史館曾在錢端升誕辰 105 週年，展出其早年留學美國哈佛大學時聽課筆記、博士畢業論文、任教北京大學、清華大學、南京中央大學等高校的聘書、教案、考試試題、學生點名記分冊等，均未見引用。〔註 42〕最後，錢端升生前曾二次捐書北大。去世後，其長子錢大都先生也數次捐書北大政府管理學院、圖書館和校史館。其中規模最大的一次是 2003 年 12 月 30 日，按照錢端升生前遺願，將藏書 2,539 本（冊）捐贈給北京大學圖書館，使這些藏書在教學、科研等活動中被有效利用。〔註 43〕

　　筆者曾在北京大學政府管理學院圖書館將所有錢端升捐贈書籍翻了一遍。計有英文書籍，從 1841〜1980 年，約有 320 冊，其中超過一半以上，爲與政府學有關之書籍。至於德文、法文等合起來約有 185 冊左右。限於筆者從未學習過德文、法文，對兩者所佔比例，未作評估。在捐贈書籍中，最早應爲 1841 年托克維爾（Alexis de Tocqueville）《論美國的民主》。其次爲 1853 年梯也爾（L. A. Thiers）五卷本《法國大革命史》。再者爲 1874 年威廉・斯塔布斯（William Stubbs）二卷本《英國憲政史：來源及其發展》、1875 年厄斯金・梅爵士（Sir Thomas Erskine May）三卷本《佐治三世以來的英國憲政史》、1889 年麥考利勳爵（Lord Macaulay）兩卷本《英國史：從詹姆士一世到詹姆士二

〔註 39〕　丁兆東先生在《中國訪英團述評》（《抗日戰爭研究》，2008 年第 1 期）和《中國訪英團成員的選定》，（《歷史教學（高校版）》，2007 年第 8 期）二文曾引用英國外交部文件中有關錢端升致友人的書信，*From Tuan-Sheng Chien to Viscount Cranborne*, Jun. 17, 1943, FO371/35740/F3992。

〔註 40〕　任駿整理：《國民政府軍委會、外交部等爲籌備中國訪英團出訪事往來函電》（1943 年 7〜11 月），《民國檔案》，2009 年第 1 期，第 51〜55 頁。

〔註 41〕　《錢端升先生紀念文集》後附有陳文秋先生的《錢端升先生年譜簡編》，僅有 12 頁，且錯漏頗多。見該書，中國政法大學出版社，2000 年 2 月，第 400〜411 頁。筆者因利乘便，凡與錢端升有關的資料，均按年月隨手登記，草擬的《錢端升先生年譜初稿》上、下冊，共合已超過 40 萬字。

〔註 42〕　《校史館舉辦錢端升生平圖片展》，《北京大學校報》，第 1046 期，2005 年 1 月 5 日。

〔註 43〕　《著名政治學家錢端升先生的藏書捐贈給北京大學》，北大新聞網，參閱日期：2009 年 7 月 10 日。http://pkunews.pku.edu.cn/Show_News.asp 抬 Newsid= 71912。另據錢大都先生 2009 年 6 月 13 日致筆者電郵，一小部分藏書則在 2009 年 4 月 15 日，也捐給了北大圖書館。

世》等，均爲政治學經典名著。計出版年份在 1900 年前，約 20 冊；1909 年前，亦即超過百年以上者，約 34 冊。1924 年哈佛畢業時，增至約 120 冊，1937年約 200 冊，1945 年約 241 冊，1949 年約 300 冊，建國之後至捐贈前僅增加了約 20 冊。〔註 44〕

　　錢端升極少在他的藏書上做記號，偶有少量鉛筆劃痕。很明顯，動機是出於保護這些書籍。就這批藏書而言，實在十分罕見和珍貴。罕見是它的規模，這批書籍包括德法文在內，它的保存量是頗爲巨大的。目前，沒有一個民國政治學家像錢端升那樣留下如此豐富的藏書。珍貴的是，它經歷北洋軍閥、北伐戰爭、抗日戰爭、國共內戰、反右、文革等重大歷史事件，仍能倖存下來。在很大程度上，這批書籍是中國近現代政治學發展的一個縮影，折射出近現代中國政治學發展的一個重要片段。麥野（謝文炳）在《大學教授的悲哀》中記載：「著名政治學家錢端升先生在昆明擺賣舊畫度日」。〔註 45〕可見錢氏對這批書籍愛護之切。這批藏書經過各種戰亂年代，仍相對保持著完整性，是中國現代政治學史上一筆無可估量的學術遺產。

　　就公開出版物來說，目前只有兩本相關史料集。一是《錢端升學術論著自選集》，1991 年由北京師範學院出版社出版，這是錢端升生前由他的孫子錢元強先生協助出版的文集。〔註 46〕收錄學術和政論文章共 13 篇、5 本專著的部分章節。這 13 篇文章散見《清華週刊》、《晨報副刊》、《益世報》、《民族》、《新觀察》、美國《太平洋事務》，英文《中國建設》等刊物。《自選集》並附有錢端升所撰《我的自述》和《主要著作目錄》。一是《錢端升先生紀念文集》，

〔註 44〕　此爲據出版年份粗略排列計算，與實際年份冊數可能有所差別。另外，此書目是不全的，據筆者所知，錢端升藏書有一小部分在其孫子錢元強先生手中，數量不明。

〔註 45〕　蔡祖卿、謬延豹主編：《鷺島風雲：許虹主編廈門〈星光日報〉副刊〈星星〉選集》，該書爲非賣品，廈新出（96）內部資料，第 84 頁。2012 年 5 月 19日，錢大都先生曾告知筆者，他的母親也曾在昆明擺賣過。

〔註 46〕　2009 年 3 月 9 日，北京大學政府管理學院圖書館與錢元強先生交談日記。另外，責任編輯倉理新亦貢獻良多。倉理新說：「作爲一名女性，想要做出一點成績不但要自信、心理承受能力強，還要付出比別人多幾倍的努力。沒曾想15 年後我在出版編輯領域實現了我最初設定的三個目標中的前兩個。第一個目標的實現體現在編輯的第一本書《錢端升學術論著自選集》，該書於 1991年榮獲北京市新聞出版局頒發的優秀圖書一等獎」。《附錄：從女知青到女編審——訪首提書籍爲「非新聞媒介」概念的倉理新》，倉理新：《書籍傳播與社會發展：出版產業的文化社會學研究》，首都師範大學出版社，2007 年 4月，第 363 頁。原載《國際日報》，2004 年 3 月 8 日。

2000 年 2 月由中國政法大學出版社出版，這是由其門生王鐵崖在海牙倡議，趙寶煦、夏吉生、周忠海等國內外學生所編撰的一本紀念文集。

就《自選集》而言，不僅錯漏百出，且僅收錄了 13 篇文章和專著節選，遠不足以反映錢端升的學術和思想。它從側面反映了目前錢端升研究的闕失。錢端升一生筆耕不斷，著述豐富。《自選集》收錄的，只是其冰山一角。他在下列各種報刊上發表的文章，未見有系統的整理，包括：《國立北京大學社會科學季刊》、《國立清華大學學報》、《政治學報》（清華政治學會）、《國立武漢大學社會科學季刊》、《國立中央大學社會科學叢刊》、《中國國際聯盟同志會月刊》（後改為《世界政治》）、《時事月報》、《獨立評論》、《華年》、《益世周報》、《世界學生》、《中國青年》、《大路》、《時代文選》、《讀書通訊》、《國際編譯》、《新民族》、《新經濟》、《半月評論》、《三民主義周刊》、《中央周刊》、《日本評論》、《重慶日報》、《雲南日報》、《朝報》、《國民日報》及英文刊物《美國政治學評論》等。其中僅在其創辦、主編的《今日評論》上，就有政論文章 43 篇。關於這些材料的整理，詳參本文附錄《錢端升學術政論著述年表》。

除以上外，對錢端升的專著《德國的政府》、《法國的政府》和《中國政府與政治，1912～1949》（英文），〔註 47〕也缺乏相應的研究，或甚少、甚至沒有引用過。除受史料限制外，目前錢端升研究大多集中在其政治活動上，對其學術上的建樹和梳理明顯不足（詳參本文第二章）。

第三節　研究動機、價值與意義

一、釋　題

學術與政治是人類歷史長河當中一個恒久的話題。不論西方柏拉圖的「哲人王」還是孔子的「素王」主張，〔註 48〕都從不同的層面提出了這個問題。培根所言「知識就是力量」更是生動地概括了兩者之間千絲萬縷的關係。人類過去經驗之累積，通過文字篩選記錄後，成為有系統的知識，代表人類對

〔註 47〕 Chien, *Tuan-sheng, The Government and Politics of China, 1912-1949*, Cambridge, Mass.: Harvard University Press, 1950.

〔註 48〕 王光松：《在「德」「位」之間》，上海：華東師範大學出版社，2010 年 3 月，第 61 頁。

現實世界的理解與掌握。然知識如何實踐，注定了學術與政治之間密不可分的關係。杜威說：「每種社會組織的最高價值都是教育的價值」。〔註 49〕任何一個統治者或統治集團，智慧是有限的，他或他們均須求助於過去人類的各種生存經驗，來應付將來可能的社會變故。

從理論上而言，一個學理越發達的社會，它所承載的人類智慧也相應較發達，處理各種社會事變和面對不同生存困境的應變能力也相應較強。這是知識在人類生存事務當中所具備的功能。學理越發達，各種思想流派相互競爭，則一個社會可能的選擇也越多。從人類生存角度言，知識創見貴乎求眞，虛假或錯誤的經驗不但不足以承擔起解決人類生存困境，有時反而會陷入更大危機當中。而政治則相反，個體爲求生存，不擇手段之事在人類歷史上層出不窮。因此，學術還有另外一個更重要的使命是如何維繫民族精神或道德譜繫於不墜，〔註 50〕這使得學術與政治之間的關係更形複雜。

在中國近現代史上，有數位影響力十分深遠的學人，展示了上述學術與政治之間不可分割的關係。以梁啓超、蔡元培、胡適爲例，他們分別爲後來的知識分子樹立了不同的楷模。三位學人，或出而從政/論政，或退而從學，他們的影響力，或多或少均與他們參與政治活動密切相聯。梁啓超早年出入政壇，從清末到民初，幾乎所有重大政治事件，無不每役參與。即在晚年，對政治依然保持著濃厚的興趣。胡適相對緊守學術園地，並以學人身份從事政論言說，在 20、30 年代，主編《努力周報》、《獨立評論》，發揮興論力量。抗戰期間在責任心驅使下，出任駐美大使。蔡元培則黨、政、學三棲。早年參加同盟會，隨後主持北京大學，爲五四新文化運動提供不可或缺的文化氛圍和保護傘；國民政府成立後，出任大學院（相當於教育部）院長，籌建中央研究院等。

對於學人從政，當代學者據不同的標準，有不同的看法。歐陽哲生認爲學人從政大體可分爲三種：一、不問政治的純學者型，如王國維、陳寅恪；二、議政不參政型，如胡適、傅斯年；三、參政型，如朱家驊、羅家倫、王

〔註 49〕 杜威：《社會哲學與政治哲學》，袁剛、孫家祥、任丙強編：《民治主義與現代社會：杜威在華講演集》，北京大學出版社，2004 年 8 月，第 91 頁。

〔註 50〕 賀麟指出，「顧亭林說：『天下興亡，匹夫有責』，他眞正的意思是說，一朝一姓的興亡或統治者的興亡是食一朝一姓之俸祿的當政者的責任；而有關天下的興亡，亦即學統、道統的興亡，人人都有責任」。賀麟：《學術與政治》，《文化與人生》，上海世紀出版集團、上海人民出版社，2011 年 1 月，第 246 頁。

世杰。〔註51〕胡偉希亦將之分爲三類：工具型自由主義者，以嚴復和丁文江爲代表；教條式或理念型自由主義者，以胡適爲代表；折衷型自由主義者，以 40 年代末主張「第三條道路」的自由主義者爲代表。〔註52〕胡偉希後與田薇將之分爲四類：一、思想理念型，以胡適爲代表；二、政治功利型，以張東蓀爲代表；三、學術超越型，以潘光旦、陳寅恪爲代表；四、文化反思型，以殷海光爲代表。〔註53〕許紀霖則將之分爲兩類：觀念的與行動的自由主義者。前者以胡適爲精神領袖，在 20、30 年代聚集在《努力周報》、《現代評論》、《新月》和《獨立評論》等刊物周圍，發揮著較大的輿論作用。後者以羅隆基、張君勱、王造時等「熱衷於思考和設計整體性的社會政治改革方案」爲代表。〔註54〕還有的學者將之分爲介入型、組黨型、議政型、疏離型四種。〔註55〕

　　就上述各種分類而言，大多爲韋伯所言的理想類型（Ideal Type）。如果具體分析的話，則破綻百出。以許紀霖先生的分類爲例，第一、觀念提倡本身也是一種行動。〔註56〕第二、《現代評論》和《獨立評論》有不少同人坐言起行加入到政府行列去，如 20 年代王世杰、皮宗石、錢端升等；30 年代蔣廷黻、陳之邁、吳景超等。胡偉希與田薇所言的「學術超越型」，以潘光旦爲代表，惟潘氏在抗戰期間《今日評論》上十分活躍，其發文數量不僅名

〔註51〕 歐陽哲生：《自由主義之累：胡適思想之現代闡釋》，南昌：江西教育出版社，2003 年 7 月，第 291～292 頁。

〔註52〕 胡偉希：《中國近代自由主義的基本悖論詳述》，《南京社會科學》，1991 年第 4 期，第 32 頁。亦見胡偉希：《中國近現代思想與哲學傳統》，浙江工商大學出版社，2009 年 7 月，第 23 頁。

〔註53〕 胡偉希、田薇：《20 世紀中國自由主義的基本類型》，《中國人民大學學報》，2003 年第 5 期，第 133～139 頁。

〔註54〕 許紀霖：《現代中國的自由主義傳統》，香港中文大學《二十一世紀》雜誌，1997 年 8 月號。

〔註55〕 俞祖華、趙慧峰：《近代中國自由主義的類型及演變格局》，《煙臺大學學報（哲學社會科學版）》，2009 年第 3 期，第 102～103 頁。此文後收入鄭大華、鄒小站主編：《中國近代史上的自由主義》，社會科學文獻出版社，2008 年 8 月，第 57～75 頁，收入時有所刪減。

〔註56〕 英國阿克頓勳爵說：「觀念常常是公共事件的原因而非結果」。〔英〕昆廷‧斯金納著、李宏圖譯：《自由主義之前的自由》，上海：三聯書店，2003 年 10 月，第 73 頁。按：《譯後記》的翻譯爲「觀念不是公共事件的結果而是原因」。同上，第 115 頁。賀麟指出，「承認觀念的力量是提倡學術文化的基本信念……活潑生動的觀念力量當下就可發揮出來，成爲行動」。賀麟：《觀念與行動》，《文化與人生》，上海世紀出版集團、上海人民出版社，2011 年 1 月，第 128 頁。

列第三，並積極參與各種政治討論，如反對學生入黨，引起各種論戰。〔註57〕
與胡、田所言「與政治保持一定的距離」〔註58〕有所出入。至於將張東蓀歸
類爲政治功利型，本文也不以爲然。〔註59〕上述各種分類之所以出現不同
的漏洞，主要原因是一方面，不少學人有待深入考察，一方面在考察過程中，
或誤讀、或掛一漏萬在所難免。

此外，不少學人游離在上述各種類型之間，以張奚若和錢端升爲例，就
很難歸類。兩者早年均有短暫從政經歷，張奚若早年加入同盟會，1928 年與
錢端升參加大學院。他在《現代評論》和《獨立評論》上發表過不少政論文
章，支持和反對國民黨政府的均有；建國後又曾擔任新中國教育部長（1952.11
～1958.2）。錢端升則在 1926 年加入國民黨，一方面贊成一黨專政，主張「黨
外無黨，黨內無派」、在 30 年代主張獨裁極權；一方面主張教育獨立，反對
黨化教育，提倡言論自由。在抗戰時期主編《今日評論》（1939～1941），一
方面主持西南聯大區黨部工作，一方面主張學術和思想自由。總之，任何概
念性類型區分，一旦進入具體分析，均有掛一漏萬之虞。

就近代不問政治純學者型而言，不論是吳宓還是陳寅恪等人，均無法迴
避近現代中國亡國滅種的困境。汪榮祖先生曾指出，「相比之下，陳寅恪似與
政治絕緣，至少在政海裏不曾興過一點漣漪。但陳寅恪之關心政治並不亞於
胡適，此乃普遍存於中國讀書人之中的憂國懷民情懷」。〔註60〕「九·一八」
事變後，陳寅恪聯同傅斯年、顧頡剛等人發表《二十年武力屬行對日經濟封
鎖政策》指出，「東省問題，實爲中日兩國之生存戰，我存即彼亡，彼活即我
死」。〔註61〕吳宓亦是如此。學生時代吳宓曾賦詩云：「熱腸頻灑傷時淚，妙

〔註57〕 潘光旦發文（23 篇）僅次於主編錢端升（43 篇）、編輯王贛愚（31 篇），在
　　　　王迅中（21 篇）、伍啓元（16 篇）、費孝通（12 篇）之上。詳參謝慧：《知識
　　　　分子的救亡努力》，附錄：《〈今日評論〉作者簡況表》，北京：社會科學文獻
　　　　出版社，2010 年 5 月，第 422～436 頁。相關政論，亦可參見潘光旦：《政學
　　　　罪言》，上海：觀察社，1948 年 11 月 3 版。
〔註58〕 胡偉希、田薇：《20 世紀中國自由主義的基本類型》，《中國人民大學學報》，
　　　　2003 年第 5 期，第 136 頁。
〔註59〕 最新研究，詳參戴晴：《在如來佛掌中：張東蓀和他的時代》，香港：中文大
　　　　學出版社，2009 年。
〔註60〕 汪榮祖：《史家陳寅恪傳》（增訂版），附錄三：《胡適與陳寅恪》，臺北：聯經
　　　　出版事業股份有限公司，2010 年 6 月，第 272 頁。
〔註61〕 陳寅恪、傅斯年、顧頡剛、黃子通、蔣廷黻、馮友蘭、吳其昌等合著：《二十
　　　　年武力屬行對日經濟封鎖政策》（特載），《三民半月刊》，1931 年 11 月 1 日，

手難施救國方」。﹝註62﹞「九・一八」事變後，《吳宓評傳》指出，作爲《大公報・文學副刊》主編，吳宓以詩歌爲武器，在副刊上積極宣傳抗日。凡有關抗日的優秀詩作，無不盡力搜求刊布。﹝註63﹞

　　這是近代中國知識分子的眞實寫照，「天下興亡，匹夫有責」。不論是中國士大夫傳統，還是西方知識分子傳統，均不許任何有良知的知識分子選擇逃避這種政治責任。1933年，張季鸞甚至說：「所謂『爲學問而學問』，『爲藝術而藝術』，在他國不可知，中國今日則斷不需要」。﹝註64﹞抗戰期間，陳寅恪致函傅斯年說：「弟素憂國亡，今則知國命必較身命爲長」。﹝註65﹞弘一大師（李叔同）也說：「此時此刻，不能共紓國難予萬一……自揣不如一隻狗子」。﹝註66﹞可見在國難關頭，這批潛心學術的學人和脫離世俗的大師，也不能無動於衷。

　　因此，陳寅恪、吳宓等人表面上是躲進了象牙塔裏，潛心學術活動，但骨子裏仍抱著對現實政治的終極關懷，只是化爲更深沉的注視而已。1927年，

第7卷第5期，第107頁。亦見陳寅恪、吳其昌・黃了通・傅斯年、蔣廷黻、馮友蘭：《二十年武力屬行對日經濟封鎖政策》，《日本研究》（暴日犯我東北專號（一），第2卷第2期，1931年10月；陳寅恪、傅斯年、吳其昌、黃子通、蔣廷黻、馮友蘭：《二十年武力屬行對日經濟封鎖政策》，《抗日救國論文集》，上海中華基督教青年會會員抗日救國會印，1934年。原載《北平晨報》，1931年10月16日。按：三文作者排名雖不完全一致，但均以陳寅恪爲首。《中國的日本研究雜誌史》中《日本研究》目錄署名爲「顧頡剛等」，不確。林昶：《中國的日本研究雜誌史》，世界知識出版社，2001年9月，第224頁。

﹝註62﹞ 吳學昭整理注釋：《吳宓日記（1）》（1912年4月29日），北京：三聯書店，1998年3月，第244頁。

﹝註63﹞ 傅宏星：《吳宓評傳》，華中師範大學出版社，2008年12月，第100頁。

﹝註64﹞ 張季鸞：《學生與政治》（1933年12月5日），《張季鸞文集》，北京：東方出版社，2011年1月，第318頁。

﹝註65﹞ 《致傅斯年（39）》（1940年2月26日），《陳寅恪集・書信集》，北京：三聯書店，2001年6月，第64頁。正如傅斯年將自己兒子改名爲「傅仁軌」來紀念中國第一個在朝鮮打殲滅戰的唐朝劉仁軌一樣，陳寅恪亦將長、次女名改名爲「流求」和「小彭」。「流求」爲臺灣的古稱，「小彭」隱喻澎湖列島。傅樂成：《傅孟眞先生年譜》，臺北：傳記文學出版社，1979年5月，第37～38頁。陳流求、陳小彭、陳美延：《也同歡樂也同愁：憶父親陳寅恪母親唐篔》，北京：三聯書店，2010年4月，第66、69頁。

﹝註66﹞ 耿立編著：《黃花・夕陽・山外山》，《遮蔽與記憶》，上海：文匯出版社，2009年7月，第144頁。亦見陳珍珍：《大意憐幽草，人間愛晚晴──緬懷弘一大師的民族氣節和愛國精神》，泉州市弘一大師學術研究會編、陳珍珍、陳祥耀主編：《弘一大師紀念文集》，福州：海風出版社，2005年，第158頁。

陳寅恪曾參與對曹雲祥違反「教授治校」的鬥爭。〔註 67〕吳宓在留美期間，積極參與調查中國留美學生會會長羅景崇虧空公款一案。在清華改制期間，也幾乎每役必予，赤膊上陣。〔註 68〕在某種程度上，兩者均表現出對政治不同程度的興趣，然限於現實政治黑暗和意識到即使參政亦無補於大局，選擇了在學術領域發揮所長。〔註 69〕這些學人認識到，要爲中國的政治和經濟打下一個不拔的基礎，就必須依靠學術。〔註 70〕在很大程度上，政治、經濟等各種社會現象，無不與學術的發達密切相關。陳寅恪說，學術興替「實係吾民族精神上生死一大事者」。〔註 71〕賀麟亦認爲：「學術是政治的根本、政治的源泉」。〔註 72〕學術與政治之關係，可見一斑。

二、自由主義知識分子釋義

19 世紀中國，適逢中國國運衰竭和外力衝擊雙重困境，中華民族經歷了幾乎亡國滅種的歷史困境。爲了中國的獨立與生存，眾多仁人志士前仆後繼地爲此而拋頭顱，灑熱血。作爲知識載體的知識分子也不例外，在歷史舞臺上上演了一幕幕可悲可泣的歷史悲劇。歐陽哲生曾將近現代中國的文化潮流分爲三大主義，分別是文化激進主義、文化自由主義和文化保守主義。〔註 73〕

〔註 67〕 陳寅恪曾參與簽名反對曹雲祥。見吳學昭整理注釋：《吳宓日記（3）》，北京：三聯書店，1998 年 3 月，第 376 頁。

〔註 68〕 如 1926 年 1 月 27 日，曹雲祥在工字廳公晏清華教職員。吳宓記載：「宓是夕本擬不發言，因微醉不能自持。張（彭春）君詞畢，宓乃起言：……校中體制未立，權限不明，時來越俎干涉之事（此指張仲述——原注）。……宓言攻訐張仲述甚烈，故宓甫畢詞，張君即起爲答辯」。吳學昭整理注釋：《吳宓日記（3）》，北京：三聯書店，1998 年 3 月，第 140 頁。

〔註 69〕 如陳垣在 1949 年說：「我從前對於政治不願聞問。爲什麼呢？就是因爲所有我看見的政治，沒有一次是使我滿意的，沒有一個政府不黑暗，不令人灰心的」。陳垣：《對北平各界代表會議的感想》，《人民日報》，1949 年 9 月 9 日，第 4 版。

〔註 70〕 有學者指出，1932 年至於 1937 年，儘管中國面臨著外族侵凌、救亡圖存的生存壓力，但這段時期也確實是舊清華發展歷史山上的黃金時代。傅宏星：《吳宓評傳》，華中師範大學出版社，2008 年 12 月，第 96 頁。

〔註 71〕 陳寅恪：《吾國學術之現狀及清華之職責》，陳美延編：《陳寅恪集・金明館叢稿二編》，北京：三聯書店，2001 年 7 月，第 363 頁。原載《國立清華大學二十週年紀念特刊》，1931 年 5 月。

〔註 72〕 賀麟：《學術與政治》，《文化與人生》，上海世紀出版集團、上海人民出版社，2011 年 1 月，第 245 頁。

〔註 73〕 歐陽哲生：《中國近代文化流派之比較》，《中州學刊》，1991 年第 6 期，第 65 頁。

然就現實而言，這三種潮流卻錯綜複雜，甚至錯位，不易釐清，尤其是所謂的「自由主義知識分子」。〔註74〕

　　就近代自由主義而言，儘管眾說紛紜，但它還是有一定的特色和痕跡可循，以識別於其他學術流派。近代西方自由主義源於歐洲啓蒙運動，啓蒙運動大致有四大主導思想：一、理性主義；二、寬容；三、人道主義；四、懷疑主義。受中世紀宗教黑暗和腐敗影響，啓蒙運動將人類的目光從天堂轉向塵世。啓蒙運動時期的學者，如伏爾泰出於人文主義的關懷，對不合理的制度提出振聾發聵的質疑。康德的理性主義和休謨的懷疑主義也爲啓蒙運動增添了力量。所謂懷疑主義，簡單來說，就是對權威的質疑。借用尼采的話，即「重新評估一切價值」，而這一評價標準，歸根結蒂來自個體，亦即個人自由。〔註75〕

　　因此，從廣義上來說，只要具備上述條件，均可視爲自由主義知識分子。從狹義上來說，自由主義可以被描述爲「對個人自由價值的信仰」。〔註76〕美國學者薩皮羅（J. Salwyn Schapiro）在《自由主義》小冊子中認爲，「自由主義在所有時代的典型特徵是它堅定地相信自由對於實現任何一個值得追求的目標都是不可或缺的。對個人自由的深深關切激發自由主義反對一切絕對權力，不論這種權力來自國家、教會或政黨」。李強先生認爲，薩皮羅的定義頗具代表性。〔註77〕除個人自由外，本文還以爲，言論自由亦是近代西方自由主義的核心觀念之一。有學者指出，「不管民主的定義是什麼，沒有新聞自由，民主本身無法存在」。〔註78〕

　　從上可知，即使是文化保守主義者，也有可能是自由主義分子。在近代

〔註74〕　按：就抗戰勝利前後各種政論文章所見，一般用得較多的爲「自由分子」。如40年代《馬歇爾使華報告書》中，就使用此詞。本文以爲，在很大程度上，兩者的意義是相同的，可以交換使用。儘管就兩者而言，「自由分子」較爲寬鬆和廣泛。但由於約定俗成關係，本文仍採用「自由主義知識分子」一詞。

〔註75〕　〔德〕里德夏・范迪爾門：《歐洲近代生活》，北京：東方出版社，2005年8月，第216頁。

〔註76〕　〔英〕安東尼・阿巴拉斯特：《西方自由主義的興衰》，吉林人民出版社，2004年10月，第13頁。關於自由主義的定義問題及其政論，請參閱該書第一章第一節中「對自由主義的界定」。

〔註77〕　李強：《自由主義》，吉林出版集團有限責任公司，2007年12月，第18頁。

〔註78〕　張賢明：《論政治責任──民主理論的一個視角》，長春：吉林大學出版社，2000年10月，第169頁。原載〔美〕希爾斯曼：《美國是如何管理的》，北京：商務印書館，1986年，第390頁。

中國，如梅光迪和吳宓等，二者均留學哈佛，深受哈佛自由主義和人文主義薰陶。因此，就一般意義上而言，所謂自由主義知識分子泛指留學英美、歐陸和日本等國留學生，個人自由和言論自由是他們共享的公分母。就具體而言，本文所指係指政治上的自由主義（Political Liberalism），即「主張個人享受法律保障下的權利、強調憲政與法治、主張有限政府、試圖以多種方式制約政府濫用權力、主張實現代議制民主等等」。〔註79〕

關於知識分子的定義，目前學界一般認為有兩個來源。一為19世紀東歐國家波蘭、俄國對「intelligentsia」的解釋。另一為西歐國家法國「老虎總理」克雷孟梭於1898年在「德雷福斯事件」中採用的「intellectual」。〔註80〕就其定義言，像自由主義一樣，各學者有不同的看法。據薩依德（Edward W. Said）的定義：「知識分子既不是調解者，也不是建立共識的人，而是全身投注於批評意識，不願接受簡單的處方、現成的陳腔濫調，或平和、寬容的肯定權勢或傳統者的說法或作〔做〕法。不只是被動地不願意，而是主動地願意在公眾場合這麼說」。他指出，「這並不總是要成為政府政策的批評者，而是把知識分子的職責想成是時時維持著警覺狀態，永遠不讓似是而非的約定俗成的觀念帶著走。這包含了穩健的現實主義，幾乎是健全、理性的活力」。〔註81〕

同薩依德看法相近的是，1965年5月美國《時代周刊》專文指出，知識分子須具備以下兩項基本條件：其一、須為「觀念的存在物」。二、為現存社會的批評者和現有價值的反對者。按照《時代周刊》的看法，「讀書人」和「知識分子」兩者之間是有區別的。一個文化人不對流行的意見、現有的風俗和大家無意之間認定的價值發生懷疑並且提出批評，那他即令讀書再多，也不過是一部知識字典而已，一個人云亦云，毫無主見的讀書人，在內心深處毫無主體意識，就夠不上「知識分子」的資格。〔註82〕與胡適在新文化運動期間，提倡「八不主義」和「健全的個人主義」說法相近。不同的是，薩依德的定義更富鬥爭性和警覺性，知識分子須像貓頭鷹一樣，時刻保持在戒備狀

〔註79〕 楊旭日：《自由主義與中國政治——李強訪談錄》，賀照田主編：《人文譯叢：東亞現代性的曲折與展開》，吉林人民出版社，2002年1月，第416頁。原載《北京大學研究生學誌》，1999年第2期。

〔註80〕 詳參歐陽哲生：《二十世紀中國文化》，北京大學出版社，2010年9月，第25～27頁。

〔註81〕 〔美〕艾德華・薩依德著、單德興譯：《知識分子論》，臺北：麥田出版社，1998年2月，第59～60頁。

〔註82〕 歐陽哲生：《二十世紀中國文化》，北京大學出版社，2010年9月，第29頁。

態，以免給各種權威牽著鼻子走。〔註83〕

　　因此，本文將知識分子定義爲「獨立於權威和忠於自己的信仰」。這是筆者理解康有爲、梁啓超師弟關係所得的體會。梁啓超不惜師徒反目而敦促其師「息影林泉」，甚至斥之爲「大言不慚之書生」，〔註84〕均與其在留日期間，閱讀大量西方譯著有關。知識和理性上的增長，梁啓超自然而然地對其師說提出質疑。所謂權威，是心悅誠服的認同。獨立於權威，意味著對既存的權威保持著懷疑的態度，經過自己的理性探索、質疑和評估之後，放棄之或重新認可。忠於自己的信仰表示知識分子在認定一定的理想和目標後，昇華成爲一種價值觀，並願意爲此奮鬥不息，甚至付出生命代價。〔註85〕耿雲志先生認爲：「與其說新文化運動是『反傳統』的，倒不如說新文化是『反正統』的」。〔註86〕此點本文亦十分認同，認爲新文化運動是「反權威而非傳統的」。歐陽哲生指出，眞正富有進取精神的知識分子必須「只問是非，不顧個人得失；他只對自己的思想見解負責，別人對他的思想反映如何，自己言論所引起的後果是否於己有利，這都是身外之物」。〔註87〕本文所言，與兩位先生說法相近。

　　「獨立於權威」意味著個人意志的自由自主，不受他人控制。「忠於自己的信仰」意味著根據自己所信守的原則和理性判斷，如梁啓超政見雖百變，但萬變不離其宗。他在 1925 年 11 月 17 日《晨報副鐫》上發表的《論國產之保護及獎勵》一文，系統地表達了對共產主義、革命與改良的看法：「國人諒來都大概知道：我在國內政治黨派分野裏頭，向來屬於漸進派。我對於現狀不滿足，認爲必要改革乃至必要革命。但我無論何時何事，對於那

〔註83〕 鄭大華整理：《胡適全集·胡適文存四集》，第 4 卷，安徽教育出版社，2003 年 9 月，第 673 頁。

〔註84〕 李平：《中國文化散論》，安徽大學出版社，2001 年 10 月，第 336 頁。

〔註85〕 關於信仰的定義，賀麟指出，「信仰是知識的一個形態。知識是思想或理智的產物。思想或理智的活動可以表現爲許多不同的形態。信仰、感情、意志等，表面似與理智相反，其實都彌漫著思想的活動，蘊藏著理智的成分，都可以說是知識的不同的形態。不過信仰中所包含的知識，其來源與從嚴格的科學方法得來的知識，稍有不同罷了」。賀麟：《信仰與生活》，《文化與人生》，上海世紀出版集團，上海人民出版社，2011 年 1 月，第 92 頁。

〔註86〕 耿雲志：《序言》，歐陽哲生：《二十世紀中國文化》，北京大學出版社，2010 年 9 月，第 6～7 頁。

〔註87〕 歐陽哲生：《二十世紀中國文化》，北京大學出版社，2010 年 9 月，第 30 頁。

些暴力的無理性和無效率的革命論及革命手段，總是要反對……我信得過我
自己未嘗與任何軍閥或其他禍國殃民的人們合作，我說我的話……我憑我良
知所見得到的爲國家國民打算——只要我高興，只要我有工夫，我便亮著嗓
子說我心裏頭要說的話，無論和任何方面奮鬥，我都不辭」。〔註 88〕在人權
論戰中，胡適以山中鸚鵡和老鴉自喻：「山中大火，鸚鵡遙見，入水濡羽，
飛而灑之」、「我大清早起，站在人家屋角上啞啞的啼，——我不能呢喃討人
家的歡喜！」〔註 89〕不忍自己同類遭受各種無妄之災，希望略盡一點綿力，
對各種問題提出批評和建議，「永遠不讓似是而非的約定俗成的觀念帶著
走」，就是梁啓超、胡適等那一代民國知識分子一生最好的寫照。本文以爲，
錢端升的前半生亦可作如是觀。

三、知識分子與政權的關係

美國學者劉易斯・科塞在《理念人》中，概括爲以下幾種形式：一、掌
權的知識分子；二、內部穿孔者（即幕後者、費邊主義者）；三、協助權力
合法化者；四、權力的批判者；五、向國外求助者；六、與政治無涉「爲藝
術而藝術」擁護者；七、不渴望權勢但擁有破壞作用的反符號者。〔註 90〕
就錢端升的一生而言，在不同的時段，大致符合科塞所言七種角色的變化。
20 年代的錢端升是權力合法化者，在 1927 年主編《現代評論》期間，爲國
民黨政府的黨治理論提出辯護和建議。1928 年參與大學院建設，屬於短暫
掌權知識分子。在離開大學院之後，隨即退迴學術園地，但仍保持著國民黨
員身份，屬於內部穿孔者。30 年代主筆《益世報》期間，出於對國民黨政
府「不抵抗」政策的不滿，成爲權力批評者。研究各國憲法時和抗戰後期，
成爲向「向國外求助者」，及國民黨內名副其實的反對派。最後，在學術方
面，1949 年前的錢端升，是「爲藝術而藝術」擁護者，亦即「學術自由」（教
育獨立）的支持者。

〔註 88〕　梁啓超：《論國產之保護及獎勵》，程華平編選：《飲冰室主人自說》，南京：
　　　　　江蘇人民出版社，1999 年 3 月，第 136～137 頁。

〔註 89〕　胡適：《序》，《人權論集》，上海：新月書店，1931 年 8 月。

〔註 90〕　最後一種原文如下：「還有些並不渴望權勢的知識分子，形成了對掌權者的合
　　　　　法基礎有破壞作用的反符號（counters symbols）。激進的小宗派和保守的獨立
　　　　　分子可歸於這種類型」。〔美〕劉易斯・科塞著、郭方等譯：《理念人：一項社
　　　　　會學的考察》，中央編譯社，2001 年 1 月，第 147～157 頁。

四、研究的動機、價值和意義

本文選擇錢端升作爲研究個案有以下數個考慮：

一、相對其他知識分子而言，錢端升一生的經歷比較豐富和完整。從政治上言，錢端升一生曾參加過三個黨派，包括國民黨（1926 年），中國民主同盟（1952 年）和共產黨（1981 年 12 月）。〔註91〕從學術上言，錢端升在哈佛大學畢業後，先後出任全國三大學府，清華、北大和中央大學（南京大學前身）教授、1948 年當選爲中央研究院第一屆院士。其三次政治轉向的重要性不言而喻，尤其是第三次加入政黨，曾一度引起當時學界的揣測和議論。

二、錢端升一生筆耕不輟，出版不少著譯，其中五本入選爲商務印書館「大學叢書」，1948 年當選院士，研究這樣一位院士級的人物，其重要性不言而喻。

三、除短暫參與大學院建設和擔任國民參政會公職外，錢端升從未擔任過其他政府職務。然其一生不僅積極參與各種政治爭論，還投身參加各種政治和社會活動。從政治與學術關係而言，錢端升提供了一個案例，探討近現代學術與政治的關係。

四、政治學和法學作爲清末民初新興的學科，它們的發展不僅與政治學家、法學家的命運密切相關，還與國運相關。錢端升作爲政治學家和法學家，1948 年當選院士，他對近現代中國政治學的發展和貢獻，對當代中國政治學的學科建設，或有參考、發明之處。研究錢端升，在很大程度上，可見證現代中國與現代政治學的興衰榮辱。

五、目前學界對錢端升研究存在著不少誤區，如杜剛建先生認爲，錢端升提倡獨裁是「抵擋不住功利的誘惑」。許章潤先生認爲，錢端升在「城頭換了大王旗」之後，「跑龍套而樂得不自知」。外國學者查默斯亦認爲，錢端升在建國初期積極參與自我改造，是爲了「滿足了他的『陞官欲』」。他在 1957 年前的「成功是他聰明才智和投機兩者的證明」。〔註92〕

總而言之，目前研究對錢端升在 30 年代提倡獨裁極權和 1949 年後參與

〔註91〕　第一次會議秘書處編：《全國人民代表大會常務委員會委員長、副委員長、秘書長、委員簡歷》，《中華人民共和國第六屆全國人民代表大會第一次會議會刊》，北京：新華書店，1984 年 3 月，第 222 頁。

〔註92〕　〔美〕約翰遜・查默斯著、黃得福譯、楊肅獻校訂：《社會主義花園中的思想毒草：以錢端升爲例》，史華茲等著：《中國近代思想人物論──自由主義》，臺北：時報出版公司，1980 年 6 月，第 406 頁。

新政權的建設存在著各種不同的評價，其中以負面居多。就目前錢端升研究
而言，蓋棺仍未定論，其生平和思想仍有待深入發掘。同時，由於 20 世紀中
國政治的複雜性，這種複雜性亦反映在錢端升的思想當中。本文以爲，他是
一個具有爭議性的歷史人物。

六、由於各種原因，一批頗爲重要和有影響力的民國知識分子，仍未獲
深入研究。這一批人物大多集中在政法學界，包括：如王世杰、周鯁生、周
炳琳、陶孟和、張奚若、張慰慈、李劍農、燕樹棠等。在這名單後，還可以
再加一大批學者，如張佛泉、陳之邁、吳景超、杭立武、薩孟武、崔書琴、
陶希聖和國家社會黨、中國青年黨學人，如張君勱、左舜生、曾琦、李璜等。
就知識分子分類而言，錢端升介乎歐陽哲生所言「議政不參政型」與「參政
型」之間。因此，研究錢端升，有豐富自由主義和知識分子譜系之意義。

第四節　研究方法及其限制

一、持「瞭解之同情」態度

陳寅恪先生曾說過：「對於古人之學說，應具瞭解之同情，方可下筆」。
他指出，「其所處之環境，所受之背景，非完全明瞭，則其學說不易評論」，
否則「其言論愈有條理統系，則去古人學說之眞相愈遠」。〔註93〕對於陳寅恪
所言，本文亦深有同感。錢端升雖是近代人物，然其直接相關之資料，除一
本自選集和紀念文集外，其他史料相對缺乏，如一個相對可靠、完整的年譜
也闕如。同時，在面對近代中國波譎雲詭政局時，要梳理一個時代背景，亦
有無從下手之感，這或許是治民國史學者通常面臨的困境。距離越近，看到
越多，除眼花繚亂外，主次更是無所適從。此外，「近」亦會造成歷史研究的
「近視」，就是明明在眼前，有時卻視而不見。

法國有一諺語，大意是理解就是原諒。同樣，除非是大奸大惡之輩，一
般來說，歷史研究者越瞭解人物，對該人物之警覺性也會降低。「瞭解之同
情」流弊所及，易流於爲該人物辯護，即使無此原意，在客觀上可能有此效
果。因此，本文在寫作過程中，借鑒楊天石先生研究蔣介石時的態度。楊天
石說：「我不喜歡蔣這個人，但是作爲歷史學家，我常常用 12 字提醒自己，

〔註93〕陳寅恪：《馮友蘭中國哲學史上冊審查報告》，陳美延編：《陳寅恪集‧金明館
　　　叢稿二編》，北京：三聯書店，2001 年 7 月，第 279、280 頁。

就是『愛之不增其善，憎之不增其惡』」。〔註94〕筆者對此十分認同，研究歷史應本著「是其是，非其非」的原則。

此外，胡適曾說過：「總而言之，古人已死，不能起而對質，故我們若非有十分證據，決不可輕下刑事罪名的判斷」。〔註95〕楊奎松先生亦認爲：「學歷史的人，尤其應當善於用發展和變化的眼光看問題，不能簡單憑一己印象來取好惡。如果我們對周圍一時尚不能完全弄清楚子丑寅卯的人和事，沒有辦法在理解的前提下分析問題，則盡可能從同情的角度、用寬容的心態加以包容」。〔註96〕因此，在「理未易明，善未易察」〔註97〕情況下，本著一分史料一分評價的宗旨。不過，在敘述和評論過程中，人之七情六欲在所難免，能做到的是盡量避免主觀臆斷和感情用事的價值判斷而已。

二、「倒著放電影」VS「順著放電影」

王汎森先生指出，馬克・布洛克（Marc Bloch, 1886-1944）曾經說過，研究古代史要像「倒著放電影」（Regressive method），要從古代建築物在地面上所留下的陰影倒回去追索該建築物的模樣。他認爲對於史料稀少零碎像法國農村史研究，有一定的道理。但近現代中國研究，卻剛好相反，史料鋪天蓋地，輪廓也大具備致。他認爲，在方法論上應是順著放電影，也就是回到最初的「無知之幕」，一步一步展向未來。他說：「我們對這近百年的歷史知道得太熟悉了，所以我們已逐漸對所研究問題的新鮮感，需要『去熟悉化』，才能對這一段歷史產生比較新的瞭解」。本文對此亦十分認同。

〔註94〕　陳東：《楊天石看清蔣介石》，《南方人物周刊》，第 20 期，2006 年 8 月 11 日，第 19 頁。
〔註95〕　《致劉修業》（1946 年 3 月 2 日），耿雲志、歐陽哲生整理：《胡適全集・書信（1944～1955）》，第 25 卷，安徽教育出版社，2003 年 9 月，第 183 頁。
〔註96〕　楊奎松：《失去的機會？抗戰前後國共談判實錄》（修訂版），新星出版社，2010年 6 月，封頁。
〔註97〕　此爲胡適在 1946 年 10 月復員後，北京大學第一次開學典禮時，引用呂祖謙的兩句話。胡頌平編著：《胡適之先生年譜長編初稿（5）》，臺北：聯經出版事業公司，1984 年 5 月，第 1930 頁。《年譜長編初稿》記載 1945 年 9 月北大復員，有誤。1946 年 11 月 1～3 日的《浙江日報》連載了當年北大開學典禮，並記錄了連《胡適全集》也沒有收錄的畢業典禮講話（1946.10.10）。在講話結尾，胡適說：「我送諸君八個字，這是與朱子同時的哲學家文學家，作《東萊博議》的呂祖謙先生說的『善未易明，理未易察』。我以老大哥的資格把這八個大字，送給諸位。（掌聲四起）」

　　針對上述弊端，王汎森先生提出，對某一個定點上的歷史行動者而言，後來歷史發展的結果是他不知道的，擺在他面前的是有限的資源和不確定性，未來對他而言是一個或然率的問題。他的所有決定都在不完全的理性、個人的利益考量、不透明的信息、偶然性，夾雜著群眾的囂鬧之下作成的，不像我們百年之後充滿「後見之明」的人所見到的那樣完全、那樣透明、那樣充滿合理性。他認為，任何一種思想都有一些機會成為領導性論述，同時也有許許多多的思潮在競爭，必須擺脫「後見之明」式的，或過度目的論式的思維，才能發掘其間的複雜性、豐富性及內在的張力。〔註98〕

　　王汎森先生的提示，筆者也曾思考過，歷史片斷的拼湊，究竟是否真如歷史學家所描繪那樣，有如此連續性、合理性和邏輯性。歷史人物在決策時，在很大程度上，對未來是不確定，是可以肯定的，否則也不用歷史學家研究歷史了。但在一定程度上，對將來前景的預測和看法還是有的，這從他們的著作中就能觀察到。在缺乏可靠或相關的史料下，歷史學家作出合理的逆向推測也是可以的，這點王汎森先生也不反對。因此，本文盡量採取「順著放電影」，然鑒於部分直接史料的欠缺，「倒著放電影」在無可奈何情況下，也只能聊備一用。事實上，在已知歷史結局的情況下，不論採用哪種方法，都屬「倒放電影」，「後見之明」在所難免。然這並不表示，歷史的敘述可以任意倒放，本文提出此點，目的在於在提醒自己，在各種歷史的關鍵時刻，更應注意考察各種引起變化的可能因素。

三、微觀分析結合宏大敘事

　　20 世紀的中國，政治波譎雲詭，有時即使政治舞臺上的主角和配角，也未必清楚他們自己的命運走向。他們對當時中國國情的把握，也各衷不一。如胡漢民在 1931 年、蔣介石在 1936 年的被軟禁和 1938～1939 年汪精衛的叛國。又如蔣廷黻在 1935 年進入政府後，發現自己原來是「局內的局外人」等。〔註99〕顧維鈞亦有類似經歷，國民政府除外交外，原來還有「內交」〔註100〕，

〔註98〕　王汎森：《中國近代思想文化史研究的若干思考》，《新史學》，第 14 卷第 4 期，2003 年 12 月，第 182～183 頁。

〔註99〕　〔美〕查爾斯・R・里利著、張新譯：《蔣廷黻：局內的局外人》，《檔案與史學》，1999 年第 3 期。在《德國的政府》中，錢端升亦提出類似概念。由於德國戰敗及經濟重建等各種原因，外、財二長之地位及權威特重，形成所謂的「裏園政府」或「中心政府」。錢端升：《德國的政府》，上海：商務印書館，

兩者表述不一，但異曲同工。這點呼應了上述王汎森的觀點。歷史人物在決策時，對將來缺乏很大的確定性。因此，在你方唱罷我登場、政局急劇幻變的年代，如何掌握歷史舞臺的臺前幕後，對於近代中國研究者來說，是一件不容易的事情。

　　同樣，在近代中國，從未試過有如此眾多社會力量（social forces）在嘗試著影響舞臺。因此，要確定某一知識分子對政府決策有何影響是一件十分困難的事，這也是本研究過程中感到為難之處。在一定程度上，個別知識分子的影響力，只能透過一些指標，如在政治或社會上所佔據的位置，〔註 101〕或他所發表文章的刊物或其銷售量等來顯示，部分則只能透過歷史學家合理的歷史想像力（reasonable historical imagination）來推論之。

　　此外，微觀分析結合宏觀研究，易說難做。用放大鏡去看一個細小的問題，如何確保不會過分放大固值得注意，如何在宏觀敘事背景中展開微觀細節而不致遺失目標，難度史大。這尤其表現在人物研究當中，缺乏關鍵片段，如私人日記的遺失，書信的不全等，〔註 102〕微觀和宏觀的聯繫難免人打折扣。在缺乏具體史料情況下，只能借助被譽為後現代和微觀史學的名著之一《馬丁・蓋爾歸來》的寫作手法。〔註 103〕借助同時期其他人物的日記和書信，以填補其空白。因此，本文採用了大量民國人物的口記，如胡適、王世杰、翁文灝、吳宓、竺可楨、梅貽琦、朱自清、羅榮渠、黃炎培、顏惠慶、邵元冲、

　　　　　 1934 年 4 月，第 120 頁。

〔註 100〕 岳謙厚：《顧維鈞外交思想的研究》，北京：人民出版社，2001 年 12 月，第82 頁。原載：《顧維鈞回憶錄》，第 2 冊，第 195～196 頁。

〔註 101〕 美國著名社會學家米爾斯（C. Wright Mills）在《權力菁英》一書中定義「權力菁英」（the power elites）時說：權力精英「由這樣的人組成──他們的地位使他們能夠超越普通人的普通環境；他們所處的位置使他們可以作出有嚴重後果的決定。他們是否作出決定，相對於下列的事實並不重要，即：他們佔據著如此關鍵的位置，以致若他們未能行動或無法作出決定，本身就是比他所作的決定更具影響的舉動」。〔美〕米爾斯著、王逸舟譯，《權力菁英》，臺北：桂冠圖書股份有限公司，1994 年 8 月，第 1～2 頁。

〔註 102〕 如筆者在拜訪錢大都先生過程中，曾詢及王世杰與錢端升之間通信，可惜一無所獲。這是本研究的缺陷之一，未能說清楚蔣介石與錢端升之間的關係。

〔註 103〕 「不管《歸來》是一部民族志、微觀史學還是人類學著作，對職業歷史學家而言，關鍵的問題是該書在處理素材與歷史編纂學方面的技巧與風格，尤其重要的是，作者是如何在書中的主人公與他們生活的周遭社會之間建立起關聯的？……戴維斯的做法是，盡量從本地或附近村子的資料中找出線索」。《戴維斯及其〈馬丁・蓋爾歸來〉（代譯序）》，〔美〕娜塔莉・澤蒙・戴維斯著、劉永華譯：《馬丁・蓋爾歸來》，北京大學出版社，2009 年 1 月，第 14～15 頁。

金毓黻、唐縱日記等。

四、歷史比較法的採用

採用比較研究是人物研究中較爲常用的方法。由於學人之間的人生閱歷各有不同，其從政和論政的風格也各呈繽紛。以羅隆基和胡適爲例，前者曾參與各種不同的黨派活動，最後加入中國民主同盟。後者除抗日時期特殊情況外，則終身保持在野的地位，兩者不同的風格，展現了近代中國知識分子從政的不同途徑。因此，通過同時代的學人比較，較能確定研究對象在知識分子思想光譜中的位置、貢獻和得失等。

五、英國劍橋學派：歷史語境主義

提起西方政治思想史研究，不得不提英國劍橋學派。以約翰・波科克（John Pocock）爲先導，昆廷・斯金納（Quentin Skinner）和約翰・達恩（John Dunn）繼之的劍橋學派指出，「沒有脫離語境的無時間限制的眞理的存在」，思想史「必須從產生經典文本的社會和知識背景下研究」。他們認爲，「思考政治理論不僅僅是去研究公認的經典文本，還應在更寬廣的範圍探究每個社會都在談論的不斷變化的政治語言。只有置於這種大背景下，或不同的語境中，才能更好地理解這些思想」。他們在反思傳統的政治思想史研究後指出，「其明顯的缺陷就是其研究方法是非歷史性的」。〔註 104〕或者說，是「哲學性」的。〔註 105〕

具體而言，劍橋學派「盡量不去專門研究主要的理論家，而是集中探討產生他們作品的比較一般的社會和知識源泉」。〔註 106〕在劍橋學派看來，一些「二流」的思想家才眞正代表了一個時代的主要的思想。〔註 107〕國內學者葛

〔註 104〕《譯後記：在歷史中找尋自由的定義——昆廷・斯金納與思想史研究》，〔英〕昆廷・斯金納著、李宏圖譯：《自由主義之前的自由》，上海：三聯書店，2003年 10 月，第 120 頁。下簡稱《譯後記》。

〔註 105〕詳參張執中：《從哲學方法到歷史方法：約翰・波科克談如何研究政治思想史》，《世界歷史》，1990 年第 6 期，第 114～118 頁。周保巍、李宏圖：《「政治哲學史」到「政治語言史」——約翰・波考克和政治思想史研究》，陳明明主編：《共和國制度成長的政治基礎》，上海人民出版社，2009 年 11 月，第271～290 頁。

〔註 106〕〔英〕昆廷・斯金納著、奚瑞森、亞方譯：《近代政治思想的基礎》，上卷：文藝復興，北京：商務印書館，2002 年，第 3 頁。

〔註 107〕《譯後記》，〔英〕昆廷・斯金納著、李宏圖譯：《自由主義之前的自由》，上

兆光在其兩卷本的《中國思想史》亦注意到一般知識、思想和信仰的重要性，與劍橋學派有暗通之處。其次，劍橋學派注重歷史或思想演進的連續性和斷裂性，〔註108〕看法頗類福柯在《知識考古學》中，專門注重知識斷層之間的權力變化。30 年代的中國亦是如此，知識分子在「九・一八」事變後，思想出現了各種不同程度的裂變和斷層，如丁文江、錢端升等。

　　關於劍橋學派指陳的缺漏，當代部分中國學者亦有所體認。鄭大華、賈小葉先生指出，在中國近現代思想史研究領域，儘管取得了一定的進步，然存在的問題也不少，包括：低水平重複研究較多，創新性研究較少；部分研究更滿足於思想家的若干思想主張，而對其時代及時代議題缺乏把握，對思想淵源沒有進行細緻梳理，對於思想家的主張以何種形式對社會發生的實際影響缺乏具體考察，對於思想家同時代的其它思想家主張缺乏應有的瞭解。於是，思想成了思想家閉門造車的產物，成了游離於現實歷史進程之外的精怪。〔註109〕劍橋學派學者波科克對此曾作過很精闢的概括：「思想家變成了一個個孤立個體，被從他們所屬的具體社會中分離出來，好像他們身處一切時代，在對一切時代的人發議論」。〔註110〕

第五節　結構和內容大綱

　　本文的結構和內容，大致如下：

　　第一章揭示青年錢端升的成長背景（1916～1924），包括其在松江三中、南洋中學、清華學校、哈佛大學等學習經歷，追溯其學生時期參與的政治活動，包括對雲南起義的觀感、參與五四運動的回憶。分析其學生時代的時論，展現青年錢端升的政治思想和對中國問題的關注。其中，在《清華週刊》和《留美學生季報》上，錢端升提倡一強有力中央政府，為其回國後主張一黨專政之張本。在「唐人（辱華）事件」和致《紐約時報》總編輯三封信中，展現了他強烈、冷靜和理性的民族主義情緒，以及相當客觀和入微之分析。

海：三聯書店，2003 年 10 月，第 124 頁。

〔註108〕《譯後記》，〔英〕昆廷・斯金納著、李宏圖譯：《自由主義之前的自由》，上海：三聯書店，2003 年 10 月，第 122～123 頁。

〔註109〕鄭大華、賈小葉：《中國近代思想史研究現狀與發展趨勢》，《社會科學管理與評論》，2004 年第 3 期，第 63 頁。

〔註110〕《譯後記》，〔英〕昆廷・斯金納著、李宏圖譯：《自由主義之前的自由》，上海：三聯書店，2003 年 10 月，第 120 頁。

　　第二章爲錢端升學術背景之梳理和分析。主要從學術層面，揭示其政治主張背後學術思想性的一面。近代美國政治學在發展初期，有二個顯著特徵：一、它脫胎於比較政府學；二、與歷史學的聯姻。在前十任美國政治學會會長中，至少有五人以上曾在比較政治學領域作出卓越貢獻，包括哥倫比亞研究院創始人和第一任會長古德諾等。此外，當時哈佛校長洛厄爾和繼洛厄爾之任的哈佛大學政府學系主任何爾康（錢端升導師），不僅是比較政治學領域中的佼佼者，還是影響當時潮流的領軍人物。因此，錢端升的學術專長政府學（比較政治制度）和行政學，爲當時美國政治學主流。受洛厄爾和何爾康影響，錢端升不論在治學，還是在論政和參政方面，明顯帶有洛厄爾倡導的「行動中的政府」（government in action）痕跡，即注重現實政治的運作。

　　作爲一政治學家，錢端升的政論主張與其學術研究密切相關。在治學方法上，錢端升爲《政治學》、《霸術》、《法意》和《現代平民政治》四書所作的《編者導言》，不僅展示了他精湛的學術修養和研究方法，同時也顯露了他思想中的幾大特質：一、理想主義；二、中庸主義；三、現實主義、四、法治主義、五、憲政民主思想。這四篇寫於 1931 年 9 月前《導言》，是理解錢端升學術和政治思想的鑰匙。從四篇書評可看出，「九‧一八」事變前的錢端升思想輪廓大致如下：第一、反對推行「極端政治」（按：即法西斯主義），贊成中庸主義。第二、憲政是一緩進的過程，反對制憲就能解決一切。第三、主張法治。第四、欣賞馬基雅維利的「崇實精神」，反對他的「邪惡」觀點。第五、對民主政治仍抱信仰。總之，四篇書評透露了錢端升思想的底色，是瞭解錢端升思想的關鍵。

　　錢端升對法、德兩國政府的研究，也深深影響了他在 30 年代的政論主張。對兩國內閣制的研究，影響了他對 30 年代憲草的看法和責任內閣制的提出。德國民主政治的異變，對錢端升轉向獨裁極權起了關鍵作用。他的主張與胡適提出的政府行爲無爲化，恰成爲自由主義光譜中的兩極。同時，對各國憲法的研究，顯示了他思想中經濟民主及經濟統制的一面。對《魏瑪憲法》的研究，影響到他提出憲法保障主義，以保障民權。

　　第三章主要分析錢端升在 20 年代的教育思想和政論主張（1924～1931）。錢端升的自由主義思想與民國時期其他學人，如胡適、蔡元培、王世杰、周鯁生一樣，有三大底色：一、言論自由；二、教育獨立；三、法治思想。關於清華大學「教授治校」制度，有研究者認爲奠基人是曹雲祥。本文發現，

未有實質證據支持上述看法。相反，錢端升是奠基人之一。錢端升所揭櫫的三大主張：「教授治校」、「人文教育」和以建設「文理科大學」為目標，在清華「少壯派」的努力下，基本被《清華大學組織大綱》吸收。

　　在大學院期間，錢端升曾起草各種文件，其中包括代蔡元培草擬《大學院組織法草案》和《大學院公報》發刊詞等；在全國教育會議期間，錢端升提出《提高學術文藝案》。這些文獻，是瞭解錢端升學術思想的關鍵，尤其是《提高學術文藝案》。對於學生運動，錢端升的態度，一如蔡元培、胡適、王世杰和周鯁生等人，認為學生應以學業為主，但同時也應關注國家與社會。此外，錢端升也反對黨化教育。

　　在政論方面，錢端升延續了留美時期的政見，表示贊成國民黨一黨專政。不過，錢氏畢竟是美國哈佛大學的博士畢業生，為防一黨專政流弊，他提出了各種相應措施來制衡之，包括：黨內民主、監察制度和厲行法治等。因此，他的主張其實是一強有力的法治政府。須注意的是，錢端升明確表示，提倡一黨專政，主要目的是為扶植民治。他指出，提倡黨治一方面是為防止軍治、一方面為監督官治。其中，以防止軍治為第一要義。應該說，錢端升的這些建議，道德理想主義的色彩是非常濃厚的。由於 20 年代的中國，一方面處於國際形勢既非完全和平又非戰爭時期，一方面國家處於非常態時期。因此，他提出了一條他認為既符合當時國際形勢，又符合中國國情的政治主張。這是他在嘗試調和他思想中的理想主義（憲政）和現實主義（國情），走一條相對中庸主義的道路。

　　至於參與「聯俄與仇俄」的討論、收回租界和領事裁判權運動等，則是錢端升在 20 年代聲名鵲起的其中一個重要原因。同時，亦是他嘗試通過輿論來影響現實政治。最後，該章還簡略地分析了錢端升在 20 年代的社交圈子與其思想左傾的一面。

　　第四章主要分析錢端升在 30 年代的政治、外交主張（1931～1937）。1930年 3 月，錢端升發表《德謨克拉西的危機及將來》，表示對民主政治仍持信仰態度。由於蔣介石行個人獨裁，錢端升希冀用黨治防軍治成了泡影。與胡適一樣，碰壁後退回書齋。隨著外患日深，錢端升再次介入現實政治。1934年 1 月，錢端升主筆天津《益世報》和發表《民主政治乎？極權國家乎？》。1935 年 2 月，錢端升發表《極權主義》。與上文《德謨克拉西的危機及將來》相較，宛若兩人。錢端升的這種政治轉向，受三大因素影響：一、世界民主

政治和國際政治兩大互相影響之趨勢；二、國內政治環境的轉變；三、本身思想發展的內在邏輯。

《益世報》時期的外交主張，主要分析錢端升與國民黨當局分歧所在。對中日關係和國際形勢的認知，是兩者衝突的主要原因。錢端升認爲，中日是零和關係。日本在沒有制服中國之前，它的野心是無止境的。他指出，廣田的「協和外交」和內田的「焦土外交」在本質上是一樣的，只不過用蠶食代替鯨吞而已。錢端升認爲，二戰格局在形成中，中國應未雨綢繆，制訂一合理外交政策（即國聯和美俄外交）。

錢端升還有一個十分深刻的觀察。他雖對國民政府不乏瞭解之同情，但反對政府準備好了再打心理和過度妥協政策。他認爲，這將有失中國立場和損害中國民氣，對將來抗戰可能得不償失。他指出，少數人的意志，可隨時變更，「一國國民的心理則非積久薰陶，不足以變換其毫末」。他指責國民政府只知物質的建設，而不知民氣的喪失的重要性。王世杰在 1935 年也認爲，當時全國上下奮鬥精神之消沉，是兩年來所謂「中日親善政策」之結果。

在宣揚三民主義上，錢端升既有眞誠信仰的一面，又有十分功利的一面。在抗戰前，將之與極權主義掛鈎。抗戰期間，先後與羅斯福的四大自由和羅丘宣言鏈接。在內政方面，「政局安定」是理解錢端升在 30 年代政論主張的關鍵之一，包括對五院制度的改革、中央政改和憲草的批評和建議。最後，其哈佛導師何爾康第二次訪華，也強化了他思想中原有傾向。

第五章主要分析錢端升在國民參政會（1937～1945）和《今日評論》時期（1939～1941）對國內政治的主張。在參政會期間，本文發現，「攻孔」是錢端升其中一項主要的工作。如果說傅斯年是倒孔的「元帥」，則錢氏是「攻孔」的「急先鋒」。錢端升參加國民參政會，原意是希望爲戰後中國打下一個憲政基礎。但事與願違，在抗戰勝利前最後一屆國民參政會上，他和周炳琳跟國民黨徹底分裂了。

在《今日評論》上，錢端升重申了他 20 年代的主張：言論自由、教育獨立、政治制度化（法治）和一黨專政。錢端升認爲，即使在戰時，只要無礙於抗戰，政府不應干涉言論和學術自由。同時，希望國民政府趁戰時洗心革面，盡快將政治制度化，否則在戰後重建壓力之下，憲政將更遙遙無期。

在抗戰期間，主張一黨專政，有以下幾個原因：一、至少 1943 年 9 月前，蔣介石一再表示戰後中國將施行憲政；二、戰時公開政權，不利抗戰；三、

與 20 年代一樣，他再次利用一黨專政作為實現憲政的手段。一方面，他嘗試調和執政黨和在野黨之間的關係。一方面，他力促國民黨進行內部改革。這是他在調和他的憲政理想和現實政治。與 20 年代比較，他雖主張一黨專制，但認為沒有必要消滅其他黨派。同時，他認為在野黨派應在戰時和戰後承認執政黨的特殊地位。

由於《今日評論》在 1941 年就被迫停刊，因此錢端升對國內政治的主張，須結合國民參政會中的表現，才能理解。通過國民參政會的實踐，錢端升加深了對國民黨實施憲政「誠意」的瞭解。在 1941 年致胡適函中，他表達了對國內政治的無奈。1942 年向朱自清表示，對「政治和軍隊之貪婪」感到憤慨。在 1943 年底致外國友人的信中，表達了對國民黨政府的不滿和失望。1945 年，錢端升最終與國民黨分裂了，成為名符其實的黨內反對派。

第六章主要分析錢端升在抗戰期間（1937～1945）的外交主張。國聯同志會為抗戰前後，一個十分活躍的半官方宣傳團體，其理事會成員均為政學兩界之要津或學術重鎮。本文發現，目前學界對此研究幾乎一片空白。錢端升作為理事及代理秘書，對復興國聯同志會和宣揚中國外交，貢獻良多。其中，他在 1936 年主張建立一超國家的強有力世界政府，恰是他在國內主張一個強有力法治政府的擴充版。這一主張與他在《戰後世界之改造》（1943年）中提倡戰後國際法一元論一致。進入《今日評論》時期，錢端升的外交主張重心轉移到對美外交。在公開場合，錢端升對美國陷於孤立主義表示諒解，但在致函美國友人和政府官員函中，則力促美國對日進行制裁和取消中立法。

抗戰時期的國民外交，主要根據錢端升與兩位美國友人前參議員、外交事務委員會委員、田納西州流域管理局局長波普和《民族》雜誌前發行人、出版人兼主編維拉德之間的通信。通信議題包括：中日戰局分析、國際補給線、中日間經濟戰、英日妥協、歐戰爆發和法國戰敗、日本南進等問題，展現了錢端升在《今日評論》時期言論的另一面相。

中國訪英團事件主要分析 1942 年的中英衝突。隨著 1941 年太平洋戰爭爆發，中英結成戰時同盟，但齟齬不斷。一方面主要為英國在抗戰前綏靖政策之惡果，一方面在抗戰期間，不論在歐亞戰略、貸款問題還是在爭取美援上，均與中國衝突。再者，英國在戰時不願放棄在華特權及在 1942 年太平洋戰區失利，累及中國海上補給線和緬甸失守等，中英關係時好時壞，處於跌宕狀態。錢端升和林語堂成為反英主要代表人物，表現出其強烈的民族主義

情緒。錢端升雖入選訪英團，後在英國抗議下，終未能成行。

戰後世界之改造主要源於 1942～1943 年中國地位上升。錢端升在 1943 年共發表了至少 11 篇相關文章，勾畫了一幅戰後世界圖象。他提倡國際法一元論，不僅賦予戰後世界組織軍事制裁，還包括經濟制裁力量。其理想主義色彩之濃，爲同時代人所罕見。隨著中國在 1944 年軍事失利，構想亦隨之幻滅。

第七章主要分析錢端升在抗戰勝利後（1946～1949）的政論主張。在抗戰勝利前最後一次國民參政會上，錢端升和周炳琳二人公開違反黨的決議，提出「政治解決委員會」，引起蔣介石的不滿。1945 年 8 月 3 日，錢端升在西南聯大發表演講，反對內戰，主張「聯合政府式政權」。11 月 25 日，與費孝通、潘大逵、伍啓元四人在西南聯大舉行反內戰時事晚會，繼續主張聯合政府，遭到軍警、特務槍炮干擾，引發「一二・一」慘案和運動。這次慘案進一步拉開了錢端升與國民黨的距離。

在「一二・一」運動中，錢端升與張奚若、聞一多站在學生面，與聯大教授會決裂。他不但缺席聯大各種會議以示抗議，甚至拒絕執行教授會只要有一人上課就復課的規定。在 1948 年出國訪學哈佛之前，仍苦口婆心，奉勸國共兩黨，爲世界和平和中國戰後重建，停止內戰。同時，將希望寄託在全國教師（廣義知識分子）身上。隨著國共內戰形勢的改變，錢端升在 1949 年毅然拒絕了哥倫比亞大學的邀約，返國積極參與新政權的建設。

最後一章結語主要從政治哲學角度，結合歷史分析，解剖錢端升思想中，政治、學術與理性之間的關係。就錢端升思想而言，在民國知識分子當中，屬於另類分子。錢端升集各種矛盾於一身，既提倡理想，又主張現實；既主張專制，又贊成民主；既贊成中庸，又提倡極權的學人。錢端升思想的矛盾性和複雜性，反映了 20 世紀上半葉中國政治的波譎雲詭。正如梁啓超一樣，錢端升思想雖多變，但貫穿其中的，卻是他的憲政思想。以上爲本文大致結構和內容。

第一章　早期學業及思想（1916～1924）

第一節　早年學習經歷

一、松江省立三中、南洋中學

　　關於青年錢端升，留下的材料不多。已公開或利用過的材料有：《自選集》、《清華週刊》、1938 年《雲南日報》、1949 年《人民日報》報導各一篇等，及爲南洋中學 86 週年寫過一篇紀念文章。新發現的材料有：筆者在拜訪其長子錢大都先生過程中，透露部分錢端升日記仍存。在偶檢《紐約時報》時，發現錢端升在留美時期投稿三篇。對照留美日記，爲全新材料。還有《留美學生季報》上錢端升文章兩篇。這些新材料的發現，不但豐富了對青年錢端升的瞭解，小改寫了本章節原本材料不足的窘境。儘管如此，本節對青年錢端升的勾畫，仍未夠清晰。

　　據《我的自述》記載，青年錢端升在留學哈佛前，曾在三所中學修業。1913 年春，錢端升考入松江（江蘇）省立三中，4 年後畢業。1916 年，錢端升第一次投考清華失敗後，轉入資歷較深的南洋中學，次年夏畢業，後報考清華被錄取，在清華兩年後留美。從松江省立三中，到南洋、清華和哈佛，錢端升的青春歲月（1916～1924）都在這幾所當時中國和美國著名的精英學校中度過。可以說，錢端升身份和人格建立的關鍵時期，是在這四所學校中渡過的，其中最重要當數哈佛大學，是其學人性格養成之關鍵。

　　關於松江省立三中的記載，材料相當缺乏。《張聞天傳》有一則記載，在當時，高等小學畢業後有兩條路：一條是進普通中學，然後上大學；一條是

上實業學校讀三年，畢業後就業。在張聞天同屆畢業同學中，家境富有的，有的進了松江江蘇省立三中，有的進了本縣六里橋楊斯盛創辦的浦東中學，也有到上海市區民立中學就讀的。〔註1〕可見省立三中在當時是一所重點中學。錢端升回憶也說：「自1913年春到1917年夏，我讀過兩個中學，在江蘇省松江中學三年有半。在上海南洋中學一年，畢業於後者。松江中學在當時江蘇省立中學各中學中還是比較好的。我的功課也是不錯的。在三年級時，已屬於前三名」。〔註2〕

至於南洋中學，不但歷史悠久，且更負盛名。它是國人創辦的第一所中學，在中國教育史上有特殊的地位。〔註3〕其《王氏育材書塾章程》、〔註4〕南洋中學圖書館和《南洋中學圖書館目》在近代學制史、圖書館學史和目錄學上均佔有一席之地。據校史記載，南洋中學的前身爲王維泰（字柳生）於1895年所創辦的一所新式書塾。1901年，改名爲「上海王氏育材學堂」。1904年，再改爲「民立南洋中學」。1907年遷移至龍華路。此後，學校不斷發展，學生數目逐年遞增，以名師雲集、設備先進（圖書館僅次上海東方圖書館）、〔註5〕校園怡人、人材輩出而聞名滬上。在20、30年代，中國教育界有「北有張伯苓，南有王培孫」之說。〔註6〕王培孫就是當時南洋中學的校長。

錢端升雖在南洋中學僅度過了一年時光，但其嚴格的生活規範、緊張的學習生活，爲其考取清華奠定了基礎。南中除自訂課程和自編教材外，還特別注重師資。〔註7〕薛光前回憶說：「王（培蓀）校長的辦學認眞，全國皆知，所聘教員皆爲一時之選。如英文老師葉達然先生、代數老師王寄梅先生、歷

〔註1〕　程中原：《張聞天傳》（修訂版），當代中國出版社，2006年，第7頁。

〔註2〕　錢端升：《讀書不忘救國》，《南洋中學八十六週年校慶特刊》，1982年，第17頁。錢大都先生惠贈。

〔註3〕　薛理勇：《第一所國人自辦中學——南洋中學》，見氏編著：《上海舊影：老學堂》，上海人民美術出版社，1999年，第10頁。

〔註4〕　李傳書：《本校（南洋中學）沿革概略》，朱有瓛主編《中國近代學制史料》，第1輯（下），華東師範大學出版社，1987年，第599頁。

〔註5〕　楊柯：《南洋中學》，《讀書通訊》，第130期，1947年4月10日，第23頁；《老學堂——南洋中學》，于其多、陳雨人主編：《海上舊聞：〈星期五檔案〉選粹》，上海辭書出版社，2003年，第358頁。

〔註6〕　《老學堂——南洋中學》，于其多、陳雨人主編：《海上舊聞：〈星期五檔案〉選粹》，上海辭書出版社，2003年，第359頁。

〔註7〕　《老學堂——南洋中學》，于其多、陳雨人主編：《海上舊聞：〈星期五檔案〉選粹》，上海辭書出版社，2003年，第357、359頁。

史老師李松濤先生」。〔註8〕除丁文江外，《申報》總經理史量才也在這裡執過教鞭，〔註9〕錢端升自述也說南中「師資很深」。〔註10〕

　　南中 86 週年時，錢端升回憶說：「當時的校長……培蓀先生壯年留學日本。他辦學是獨特的，不講排場。關於庶務事往往因陋就簡，而把大力放在招致優秀的教師上。學校的功課是繁重的，但教師是循循善誘的。各科作業的卷子老師都是細心看過改過包括長篇的中、英文作文在內。由於學校老師教學水平高，加上自己的努力，我在這裡學習進步較快，1917 年夏，我再次投考清華時不很費事就被取錄了」。〔註11〕可見南中對其升學清華之助力。

　　要評價任何一所學校對錢端升的影響是不容易的，幸好錢端升在這方面留下了一些記錄。1938 年 12 月 15 日，雲南各界在省黨部大禮堂舉行護國起義紀念大會，邀請了各機關團體學校約一千餘人。會議由陳秀山主席，並由唐虁賡、錢端升兩人發表講演。錢端升說：

> 兄弟記得在民國四年十二月廿七日的那一天，兄弟那時在江蘇松江的一個中學堂讀書，我們還在中學堂〔未〕畢業，正當沒有午吃飯〔吃午飯〕的以前，同學中有人在閱報室中搶到了一份，方從上海來的申報，大聲的嚷著「唐繼堯反袁了！雲南出師討袁了！」於是我們大家都嚷著，兄弟也嚷著，也許嚷得比旁的同學更利〔屬〕害些，我們當時的校長，是一位很謹慎小心的老軍人，他怕學生鬧得太起勁，當時松江的鎮守使楊喜德會來干涉我們〔，〕甚或逮捕我們，所以他阻止我們〔，〕更斥責兄弟，因爲兄弟是當時最高級的長級〔級長〕，兄弟現在與糾紛的情形（按：原文如此），還是歷歷在目。所以二十三年之後，能殼〔毅〕親身在當年唐先生誓師的督府，與許多當年參與護國事業的各位前輩，共同紀念那次的光榮暴動，兄弟實在覺得有無限榮幸，無限的興奮。〔註12〕

在《南洋中學八十六週年校慶特刊》中，錢端升再次提供了回憶片段：

〔註8〕　薛光前：《困行憶往：薛光前博士重要經歷編年自述》，臺北：傳記文學出版社，1974 年 6 月，第 11 頁。

〔註9〕　《南洋中學校友回憶母校》，朱有瓛主編：《中國近代學制史料》，第 1 輯（下），華東師範大學出版社，1987 年，第 619 頁。

〔註10〕　錢端升：《我的自述》，《自選集》，第 695 頁。

〔註11〕　錢端升：《讀書不忘救國》，《南洋中學八十六週年校慶特刊》，1982 年，第 18 頁。

〔註12〕　錢端升：《雲南起義的重要性》，《朝報》，1938 年 12 月 26 日，第 2 版。

　　到了四年級時，我當了級長。當時各級學校都還沒有成立學生
會。學生會是 1919 年五四運動時期才風行起來的。但最高年紀的級
長，也多少有點以後學生會負責人的味道。我在三年級那一年即
1915 年，是全國各地學校反對日本軍國主義、抵制日貨極爲猛烈的
一年。學生們把「五七」（即日本向我提出《二十一條》最後通牒的
那天）、「五九」（即賣國政府承認《二十一條》的那天）定爲國恥日，
在街頭示威遊行，並向市民群眾揭露日本軍國主義處心積慮亡我滅
我的野心。1915 年松江中學的同學們像全國各校的同學們一樣，秉
「讀書不忘救國」的宗旨積極進行愛國活動，如上街遊行，檢查商
店的日貨，勸告商店不再購進日貨等等。學校當局雖不敢反對學生
的愛國運動，但老怕學生鬧事。日本政府經常對中國政府施加壓力，
要求嚴令各校禁止反日活動。同學們沒有被這些所嚇倒，仍然堅持
了反對日本軍國主義的愛國運動。〔註 13〕
儘管回憶可能有事後追加之嫌，但從中亦可窺見，錢端升絕非讀死書之人，
其熱心國事早在松江三中已經萌芽。由於近代中國面臨著亡族滅種的危機，
南洋中學也不例外，除崇尚科學外，也特別強調學生對國家的責任。據校友
回憶，清末以來「國權喪失，賠款鉅萬，愛國之士，莫不引以爲恥，立志興
學，以圖挽救。……課餘之暇，復自組運動會，以提倡尚武精神；設演說會，
以交換知識；敦請名人演說，以廣見聞；設辯會，以研究論理；立自治會，
以敦品性。……於是以得滬上各學校風氣之先，而爲學界輿論所贊許焉」。
〔註 14〕創辦人王維泰在章程中亦說：「他日學有成效，由官長諮送大學堂考
驗，用備折衝禦侮之選」。〔註 15〕應當說，兩所學校校風對錢端升的人格塑
造有很大的影響，其積極參上述活動就是明證。

二、清華學校

　　錢端升是幸運的。清華高等插班生始於 1912 年，1914 年因校長周詒春偏

〔註 13〕　錢端升：《讀書不忘救國》，《南洋中學八十六週年校慶特刊》，1982 年，第 17
　　　　　頁。
〔註 14〕　《老學堂——南洋中學》，于其多、陳雨人主編：《海上舊聞：〈星期五檔案〉
　　　　　選粹》，上海辭書出版社，2003 年，第 619 頁。
〔註 15〕　《老學堂——南洋中學》，于其多、陳雨人主編：《海上舊聞：〈星期五檔案〉
　　　　　選粹》，上海辭書出版社，2003 年，第 601 頁。

愛幼年生而停招高等科插班生。1916 年清華恢復高等插班生制度。16 歲的錢端升第一次考取清華失敗後轉讀南洋，在南洋成績名列第三。按當時慣例，清華只取錄首二名，幸好其中一名因故沒去，錢端升補上。〔註 16〕1917 年 7 月的高等科插班生考試，當時有 310 人報名，其中上海 176 人，北京 134 人。考試分別在上海和北京舉行，由王文顯主持。考試結果，取錄 80 名，錄取率約 26%，〔註 17〕接近四分之三被淘汰，可見競爭之慘烈。

　　關於錢端升在清華的校園生活，目前所見資料不多，清華檔案館拒絕了筆者的訪問。筆者翻閱了錢端升就讀時期各期《清華週刊》（1917～1919），除因國文功課優異，刊登過一篇文章及 1919 年出國名單上有其名字外，無任何課外活動記載。與其他學生羅隆基、浦薛鳳、王造時、陳之邁等參與各種課外活動相較，此時錢端升只是一埋首學業的普通清華學生。

　　關於清華校風和校園生活，目前已有各種不同研究，如《清華大學九十年》、《水木清華──二三十年代清華校園文化》、《紫色清華》等均對當時清華教育的特色作了不少回顧。其中較具代表性的是蘇雲峰的《從清華學堂到清華大學 1911～1929》和《從清華學堂到清華大學 1928～1937》。〔註 18〕綜合言之，目前一般研究認為，在五四運動之前，清華學生予人印象是象牙塔式的，主要原因一方面清華遠在郊區；一方面學校不鼓勵、甚至禁止學生參加任何政治活動。然閱讀 1917～1919 年期間《清華週刊》可發現，清華學生在五四運動中有秩序的參與，顯與其過去數年間的積累密切相關。也就是說，清華學校雖不鼓勵、甚至禁止學生參加政治活動，但其所培養的卻是一批當代的公民。〔註 19〕

　　1917 年，《清華週刊》上有人指出，「學校之有出版物也，以觀一校之精神」。〔註 20〕1914 年 3 月 24 日創刊的《清華週刊》最能體現當時清華學校的

〔註 16〕 錢大都、錢仲興、錢召南：《回憶我們的父親》，趙寶煦等編：《錢端升先生紀念文集》，中國政法大學出版社，2000 年 2 月，第 50 頁。

〔註 17〕 蘇雲峰：《從清華學堂到清華大學，1911～1929》，北京：三聯書店，2001 年 4 月，第 182～183 頁。原載《清華週刊》，總 111 期，1917 年 6 月 16 日。

〔註 18〕 蘇雲峰：《從清華學堂到清華大學，1911～1929》，北京：三聯書店，2001 年 4 月；蘇雲峰：《從清華學堂到清華大學，1928～37》，北京：三聯書店，2001 年 8 月。

〔註 19〕 本文所謂的公民，是指除了對個人的權利和義務有一定的理解外，也對自己的角色和地位有清醒的認識，並且有意識地嘗試或參與各種社會進步運動，或從事科學研究、或從事教育改良、或從事社會改良運動不等。

〔註 20〕 昭承：《清華學生對於校內出版物之責任》（言論），《清華週刊》，總 119 期，

精神風貌。其發刊詞云：「1、求同學之自勵，促教育之進步，以光大我校固有之榮譽，培養完全國民之性格；2、薈集全校之新聞，編列新鮮之歷史，使師生之感情日益親切，上下之關係日益密切」。〔註21〕

黃延復指出，《周刊》發展大致分爲三個階段：一是「守成期」；二是「改造期」；三是「學術和創作期」。「守成期」即指從創刊到 1919 年以前，具體講就是以實現其「發刊詞」中所列的宗旨爲主要目標。〔註22〕周刊第一屆編輯委員會爲薛桂輪，蔡正，陳達，湯用彤，李達五人。從這些編輯人員日後學術成可見，「守成期」《清華週刊》言論已有學術化和理性化趨向，其言論廣度和深度並不比社會一般政論刊物遜色。

本文僅就 1917～1919 年間的《清華週刊》作出分析，以見錢端升就讀清華時期校風之一斑。就此時期《清華週刊》言論特色，擇要言之有：一、開誠佈公；二、精英思想；三、憂患意識；四、公民意識；五、嚴謹的學術風氣。

1918 年清華學校開學，校長張煜全即諄諄告誡說：「重道德爲同學讀書明理之要，心有所疑也，則明言以釋其疑……對朋友如是也，對師長亦如是也，即關學校各項事務亦如是也，開誠佈公」。〔註23〕清華這種校風所及，從回國後錢端升對清華種種不合理措施的批評，就能體現之。在《清華學校》一文中，錢端升認爲，學校是社會公器，除受輿論監督外，身爲清華一分子，更應指出清華種種漏弊，謀求改善。〔註24〕

清華爲留美預備學堂，報考學生趨之若鶩，進入者均爲全國一時之精英。1917 年《第三次臨時增刊》弁言指出，「教育之道，不外兩端，一曰人才教育，二曰國民教育。無人才教育，則無提綱挈領之人，無國民教育，則無一道同風之治。歐美之富強也，人才既多，而國民之程度又高，於是一人唱〔倡〕導，萬夫景從，欲南則南，欲北則北，舉國一致。……所謂人才教育者，本

1917 年 11 月 15 日，第 1 頁。

〔註21〕 黃延復：《〈清華週刊〉及其價值》（代序），清華大學圖書館網頁。參閱日期：2009 年 7 月 25 日。

〔註22〕 黃延復：《〈清華週刊〉及其價值》（代序），清華大學圖書館網頁。參閱日期：2009 年 7 月 25 日。

〔註23〕 忠：《今日之清華學校》，總 146 期，1918 年 10 月 24 日，第 3 頁。

〔註24〕 錢端升：《清華學校（上、下）》，《晨報》，1925 年 11 月 29 日、12 月 7 日，第 3 版；亦見《清華週刊》，總 362 期，1925 年 12 月 4 日；《現代評論》，第 2 卷第 52 期，1925 年 12 月 5 日。

校誠不得不辭其責，諸君可不以此自勉乎哉？」〔註25〕「人才教育」即「精英教育」，與丁文江《少數人的責任》一文中精英意識相近。

清華學校爲美國庚子賠款所捐助，除美籍教員外，從師長到學生，每引以爲戒。一方面固是清華人自我認知之結果，一方面是社會輿論督促之結果。1924 年，全國教育會聯合會庚子賠款事宜委員會發表宣言指出，庚款「應該用以教育全國的子弟，不應當用於中央所設的少數學校，或全國教士所設的教會學校以教育一階級或一部分人民」，〔註26〕在社會輿論督責之下，清華學生更加警惕自己。

早在 1917 年，《周刊》上有人說：「國中學校，或有高懸招考之牌，三招而未足額者，蓋兵燹之餘，以水旱之災，素封之家，僅足自給，中人之產，不免飢寒。學校修繕之責，膏火之需，每不足以供給……願諸君刻苦自持勤愼以相勗，庶所學有成，足酬社會於萬一，國人之所望也」。〔註27〕另一學生說：「當此世風日下，國勢日弱之秋，吾清華同學得雍融一堂，潛修默養，培將來拯溺之基」，〔註28〕精英和憂患意識一覽無遺。

在學生生活方面，清華十分注重公民的德性和資格的培養，不論在課程還是課外活動方面。如學生法庭的設立，《周刊》記載主要目的有：一、「道德的訓練」；二、「社會的訓練」；三、「公民的訓練」。〔註29〕可以說，學校對學生的公民教育是十分重視的，這點也反映在後來清華學生廣泛參與國民政府各種建設，及其他政經和社會等活動上。

受美國教育制度影響，清華在教務上力避虛浮而重實學。1918 年《周刊》記載：「本校教務嚴厲素過於他校……校長張先生接事以來，教務上益求實在，同學等功課既不敢稍自疏懈，各教員於教授亦嚴而不酷，重眞實不重虛飾」。〔註30〕清華的嚴謹學風從其升學率可見之。從 1911～1921 年，清華招收了 1500 名學生，除死亡 45 人外，肄業 383 人，被開除 301 人，退學 135

〔註25〕 霆軒：《弁言》，《清華周刊・第三次臨時增刊》，1917 年 3 月，第 1～2 頁。
〔註26〕 張靜如等主編：《中國現代社會史》，上冊，湖南人民出版社，2004 年 12 月，第 178 頁。
〔註27〕 曾：《假後開校感言》，《清華週刊》，總 112 期，1917 年 9 月 20 日，第 1～2 頁。
〔註28〕 時：《清華之新氣象》，《清華週刊》，總 112 期，1917 年 9 月 20 日，第 3 頁。
〔註29〕 孟承憲：《學生法庭之眞義》，《清華週刊》，總 132 期，1918 年 3 月 14 日，第 3 頁。
〔註30〕 忠：《今日之清華學校》，總第 146 期，1918 年 10 月 24 日，第 3 頁。

人，畢業的只有 636 人，〔註31〕畢業率只有 42.4%。

　　以上僅就清華校風而言。至於清華學校的學習環境、師資、圖書館、課程等，蘇雲峰已有相關研究，不贅。但可一提的是，在清華校園裏，當時有二個流行術語，頗能說明清華的校風：一爲「斗牛」，一爲「開礦」。「斗牛」是去體育館打籃球，「開礦」是去圖書館看書。當時有人形容，在清華圖書館裏，「座無虛席，鴉雀無聲」。清華學生之所以在美國留學期間，以及學成歸國以後，在學術上有卓越表現，無不和這樣的學術環境有關。〔註32〕

　　由於清華遠在郊區及學校禁止學生參加政治運動，波及較晚。據蘇雲峰研究，6 月 3～5 日約有百數十人進城，前後被捕者約 150 人，出獄時有 200 多位同學乘專車迎接，返校受到職員和百餘位學生之熱烈歡迎。〔註33〕在出獄的學生當中，包括錢端升。建國前夕的最後一個五四紀念日，《人民日報》記者採訪了錢端升。他說：

　　　　三十年前的「五四」，我正在清華高等學堂四年級讀書，「五四」
　　運動我是參加了，火燒趙家樓是五月四日下午的事，我們清華同學
　　五五才進城的，貼標語與北平學生會聯繫。整個的五月都是在動盪
　　中，五四運動當時在北平有兩個高潮，六月三日清華學生全體進城
　　遊行宣傳，這次被捕的人很多，光清華就有二十多人，被關在北大
　　理科大樓裏，後來又一起關到北大法科大樓（現在的三院）被監禁
　　的一共有一千多人，我也是其中的一個，一直到八號我們才由清華
　　全體同學迎接回校。〔註34〕

雖然一校之校風影響每個學生因人而異，但對清華學生來說，有一個共通背景，他們是永誌不忘的。這就是清華經費爲庚子賠款，這亦是清華迅速發展的主要原因之一。徐葆耕先生指出，美國設立清華之目的，希望通過這批處於心智可塑性年齡的青少年，以便擴大美國將來在華影響。但清華學校偏偏

〔註31〕　清華大學校史編寫組：《清華大學校史稿》，北京：中華書局，1981 年 2 月，
　　　　　第 34 頁。
〔註32〕　蘇雲峰：《從清華學堂到清華大學，1911～1929》，北京：三聯書店，2001 年
　　　　　4 月，第 122～123 頁。
〔註33〕　蘇雲峰：《從清華學堂到清華大學，1911～1929》，北京：三聯書店，2001 年
　　　　　4 月，第 217～218 頁。
〔註34〕　柏生：《幾個「五四」時代的人物訪問記》，《人民日報》，1949 年 5 月 4 日，
　　　　　第 6 版。

又建築在被英法聯軍洗劫過的清華園和近春園，學生整天面對著被焚毀的斷壁殘垣，民族恥辱時時湧上心頭。〔註35〕北大第一位女教授陳衡哲在清華22週年紀念日亦指出，「清華大學的存在，乃是三十三年前的一個大國恥的紀念與象徵。記得我在美國讀書的時候，有人問起我是不是賠款學生（Indemnity Student）時，我總感到一種說不出的慚愧與羞憤。這個感覺，在我心中，至今還不曾消滅」。〔註36〕這是當時所有清華人的共同感受，錢端升留美日記亦有「庚款學生」的記載。

　　同南洋中學一樣，目前尚難見到錢端升在清華的具體學習成績記錄。儘管錢端升每次升學都是插班生，但從他一年南洋、二載清華來看，其學業成績應當是名列前茅，否則也不能升讀清華和出洋留學。錢端升出國後，隨即插入北達科他州立大學，一年後即獲得學士學位。在密歇根大學修讀了一個暑期課程後，旋即去哈佛大學。以約三年多時間獲得哈佛大學的碩、博學位，可見其學業之優秀，與青年時期學習習慣有肯定的關聯。

　　在《讀書不忘救國》中，錢端升說：

> 　　我上過小學和中學，也上過大學。各有各的樂趣，當然也各有各的重要性。但仔細想起來，並加以回味。我感到中學時代的生活對我一生意義最為重大……就我自己在中學時代的體會來說，最值得注意的一個方面是，我們隨時隨地不能忘了祖國，要具有愛國主義的思想，這是起碼的覺悟。一個人在中學時期還是比較幼稚的，有好多事情是不懂得。但我認為，愛國主義思想是必須首先培養的……中學時代是一個人打基礎的時期，一定要珍惜。〔註37〕

從上述各種記載可見，還在中學生時代的錢端升，已具備了強烈的愛國情懷和民族主義情愫，這點在美期間亦不例外（詳見後）。

〔註35〕徐葆耕：《大學精神與清華學校》，見氏著：《紫色清華》，民族出版社，2001年4月，第2頁。

〔註36〕謝慧：《陳衡哲——北大第一位女教授》，《生命謝幕，智慧永存——謝慧紀念文集》，北京中科印刷有限公司，2010年6月，第232頁。原載《清華大學與國恥——清華大學二十二週年紀念日演說詞》，《衡哲散文集》，河北教育出版社，1994年5月，第14頁。

〔註37〕錢端升：《讀書不忘救國》，《南洋中學八十六週年校慶特刊》，1982年，第17、18頁。「讀書不忘救國，救國不忘讀書」，據龔祥瑞的說法，出自蔡元培先生。龔祥瑞：《盲人奧里翁：龔祥瑞自傳》，北京大學出版社，2011年6月，第39頁。

三、哈佛大學

　　1916～1924 年是錢端升人格塑造的關鍵時期。此時期的思想發展，與其所接觸的學校和社會環境密切相關。若說國內時期仍處於萌芽、發展，則留美時期，是其學人性格定型、凝固時期。錢端升自述說：「這三年又兩個月確是我一生學習較順利，較有成就的一段時期」。〔註38〕哈佛大學爲當時美國自由主義的大本營，在校長洛厄爾領導（1909～1933）之下，學術自由風氣盛行，延攬了不少學者，其中包括拉斯基。

　　拉斯基（Harold J. Laski，1893-1950）是一位早慧的英國政治學家，1916年開始在哈佛大學任教，二年後聲名鵲起。1919 年 9 月，波士頓警察舉行大罷工，州長柯立芝（Calvin Coolidge）出動民兵鎮壓，拉斯基發表言論公開支持罷工。由於拉斯基擔任政治學教授時思想激進，很受學生歡迎，被認爲是布爾什維克，加上支持罷工，學校中不少人提出解僱他。〔註39〕但洛厄爾認爲，教授在校外以公民身份發表言論，因而影響到教席，這不是一個公民社會應有的現象，因此拉斯基得以留任。據數年之後一位校長的同事透露：「洛厄爾先生認爲自己爲維護學術自由作了一件高尚的事情」。〔註40〕不過，拉斯基還是在 1920 年離開了美國。〔註41〕從拉斯基事件中，可窺見當時哈佛對維護學術自由之立場。遺憾的是，錢端升於 1920 年進入哈佛，恰好與拉斯基失之交臂。

　　與清華一樣，哈佛入學考試非常嚴格。哈佛畢業生葉達前指出，在 1907年所錄取的新生當中，不及格者占 55%。即使在廢除拉丁詩詞試後，其入學門檻仍遠較其他大學爲高。史丹福與哈佛同爲捐助型大學。由於哈佛入學嚴格，「難既入則於久居矣」，故綴學率很低。史丹福則「易入而被黜者比比然」。在嚴謹的學術風氣之下，哈佛很快成爲美國大學之領袖。「中國有志之士，咸以得哈佛之學位爲榮焉」。哈佛不但經費來源充足，且非常注重師資。「哈佛素重人物，不肯裁減俸金以供建築校舍之用……他校之不重人物而從事於

〔註38〕 錢端升：《我的自述》，《自選集》，第 696 頁。

〔註39〕 吳季松：《從世界看臺灣》，清華大學出版社，2006 年 5 月，第 245 頁。按：吳季松爲吳恩裕子嗣，吳恩裕師從拉斯基。

〔註40〕 〔英〕金斯利・馬丁著、奚博銓譯、馬清槐校：《拉斯基評傳》，北京：商務印書館，1995 年 1 月，第 41～42 頁。

〔註41〕 拉斯基後在 1926 年出任英國倫敦經濟學院講師，繼續工人運動，支持年 5月由煤炭工人發起的全英總罷工，並在 1937 年擔任英國工黨全國執行委員會委員，1945 年當選主席。

他種炫耀之飾品者，比比皆然。獨哈佛之入款則專用於教育」。〔註42〕

　　清華學生沈宗濂亦指出，「哈佛的章程上說：本校的基本是教授和圖書館兩項。這話一絲不假。除了這兩樣都無可稱道。三四百年古的房屋，講堂棹子上雕得千孔百洞，與威司康心、康奈爾的幽麗比，不啻天壤。惟教授則每科都有幾個壓櫃的，法、醫、商業三專院在全美可算第一等。圖書館共七層，據說在美國大學中最大，藏書二百萬卷。清華同學對於這二項資產，都能享用不遺餘力。每星期六晚上在書庫裏——專修學生在圖書館書庫裏，一人可占一大書棹——讀到關門的時候，不乏有人。正課之外，很多都旁聽幾門。麻工同哈佛兩校學生的埋頭精神，總可和別的學校一比。」〔註43〕

　　錢端升在 1924 年畢業那一年，哈佛共有中國學生 55 人，其中清華生 26 人，幾近一半。1918、1919 級分別有 3 人，1920 級有 9 人，1921 級有 8 人，1922 級只有 1 人，專科生和自費生各 1 人。除了學醫的 4 位同學因醫科設在波士頓城裏，其餘諸人都常會面。聚談的地方，一個是圖書館的閱報室，那裡有《申報》、《晨報》、《東方學藝》、《新教育》、《婦女》等雜誌。〔註44〕當時在威斯康辛大學就讀的王造時說：「說到現在中國的政治現象，那更不消說了，我若是丟開兩月不看報，便尋不到其中的線索」。〔註45〕錢端升回國後，很快趕上國內政治形勢，應與上述閱報室密切相關。

　　在哈佛，清華同學們經常餐聚的地方叫「Poor House」的食堂，因為在那裡吃飯，一律記賬，所以「帶有救急濟難的性質」。平時與其他院校如工業（按：應指麻省理工）、波大老同學會見，「地點是中國城的幾個飯館，時間是星期日的午刻，吃的是雜醬面、蝦米炒雞子」等。至於正式集會，通常在波士頓城，「一年開俱樂會三次」；每級「每月開級宴一次」。活動內容大致為短劇、口頭電影等聯誼活動，並及校政及學生福利，如「通過贊助董事會改組，立行籌備大學，倡辦科學專修室的建議，試立人壽險及阻止在美同學會靡費等要案」。至於生活，「月給力竭樽節，可以敷用」。但去年也有好

〔註42〕　葉達前（哈佛大學法學士）：《哈佛大學》，《中華教育界》，第 15 期，1914 年
　　　　　3 月，第 3、5、9 頁。
〔註43〕　沈宗濂：《哈佛的清華同學》（國外通信），《清華週刊》，總 318 期（國學問題
　　　　　專號），1924 年 6 月 13 日，第 43 頁。
〔註44〕　沈宗濂：《哈佛的清華同學》（國外通信），《清華週刊》，總 318 期（國學問題
　　　　　專號），1924 年 6 月 13 日，第 42 頁。
〔註45〕　《王造時君自威斯康新來函》（通訊），《清華週刊》，第 25 卷第 16 號，1926
　　　　　年 6 月 11 日，第 6 頁。

幾位同學，因不能積錢，要改變計劃，遷就學校，〔註46〕與一般認爲清華學生爲貴族的形象有出入。〔註47〕儘管哈佛「功課逼得緊，學識稍微增高，又受夠了刺擊〔激〕消磨。〔但〕清華同學在此者皆開誠相見……最可喜者，數十同學中，沒有一個失去自存的本性、不想還國盡一點振興之責的」。〔註48〕

在《清華週刊》各種課外活動報導中，有關錢端升的記載十分稀缺。據1920～1924 的各種留美通訊記載，與其他活躍分子如蕭蘧（哈佛中國學生會長）、劉馭萬比較，錢端升並不算是一個活躍分子。如在 1923 年雙十國慶節活動中，甘介侯表演攤簧之技、沈熊慶以胡琴相伴，王孝貞中文演說、浦薛鳳英文演說《提倡國家主義爲振救國家之要素》、劉馭萬獨唱，孫廣儀表演戲法；〔註49〕在運動方面，麻省理工清華學生時昭涵、劉孝懃等一人得數面金牌，新到的辛文錡、施嘉煬獨力各得獎牌四面。其中辛文錡蛙泳比賽第一，尤出風頭。〔註50〕可以說，錢端升在哈佛表現一如在其在清華時期，保持了一貫的沉默和刻苦學習。直到 1923 年，《清華週刊》才陸續出現相關文字。

1923 年 4 月，范源廉訪美調查美國教育情形。哈佛的清華學生在劍橋開了一個歡迎會，沒有明確記載錢端升曾出席。不過范源廉演講結束後，清華學生立即組織了一個委員會，籌備敘舊（Re-union）事宜，從錢端升與薛祖康被選爲會計來看，應有出席歡迎活動。

據《周刊》記載，會議由李濟臨時主席。當晚議決三項：（1）定於 5 月 5日爲清華學校週年紀念日。（2）會序議定分爲兩部：（a）下午分隊遊玩波士頓附近各名勝；（b）晚間在麻省理工學校開聚樂會。（3）分配職務。五項職務由八人分任：會計由薛祖康、錢端升擔任，會序由鄭家覺、劉馭萬擔任，布置由吳毓驤、王德郅擔任，分隊由劉馭萬、吳毓驤擔任，其通信書記等事則

〔註46〕 沈宗濂：《哈佛的清華同學》（國外通信），《清華週刊》，總318 期（國學問題專號），1924 年 6 月 13 日，第 42、43 頁。

〔註47〕 關於這方面的研究，蘇雲峰已有所論述，不贅。詳參蘇雲峰：《從清華學堂到清華大學，1911～1929》，第六章第三節，在校學生人數及其社會背景，北京：三聯書店，2001 年 4 月，第 203～213 頁。

〔註48〕 沈宗濂：《哈佛的清華同學》（國外通信），《清華週刊》，總318 期（國學問題專號），1924 年 6 月 13 日，第 43 頁。

〔註49〕 浦薛鳳：《大波斯頓清華同學聯舊會誌盛》（通訊），《清華週刊》，總300 期，1923 年 12 月 28 日，第 10 頁。

〔註50〕 顧毓琇：《麻省理工 M. I. T. 新聞》（通訊），《清華週刊》，總300 期，1923 年 12 月 28 日，第 11 頁。〔美〕史黛西‧比勒著、張艷譯、張猛校訂：《中國留美學生史》，北京：三聯書店，2010 年 6 月，第 79 頁。

由薛祖康、朱世明二人擔任。此次聚會，「到會的人，除本地清華外，Worcester
有陳三才，陳華庚，聞亦傳諸君；Lowell 有王倬、張佶、張聞駿、吳宗傑諸
君。來賓除清華女生外，有居魯博士（Dr. Drew）、卜魯司博士（Dr. Bruce）
及其夫人等」。〔註51〕可見這次清華同學聚會，規模頗大。這是《清華週刊》
唯一一次記載錢端升在美期間參與並擔任相關職務的課外活動。

　　關於錢端升留美期間的活動，筆者偶檢 1921～1922 年《哈佛大學註冊簿》
（The Harvard University Register）上的中國學生會（Chinese Student's Club），
發現錢端升原來曾在 1921～22 年間擔過任司庫一職。名單如下：〔註52〕

姓　名	院系/年級	職　稱
T. K. Ho　（何德奎）	工商管理學院二年級（2 G. B.）	主席（President）
C. S. Yeh（葉企孫）	人文科學學院二年級（2 G）	副主席（Vice-President）
T. C. Woo　（？）	人文科學學院二年級（2 G）	秘書（Secretary）
T. S. Chien（錢端升）	人文科學學院二年級（2 G）	司庫（Treasurer）

　　上述註冊簿顯示，包括學生會幹事在內，共有會員 18 名，全部名單如下：

H. H. Chang 3 G	F. K. Chen '22	K. W. Hsu 2 G. B.	Chunting Liang '23
T. L. Chang 3 G	K. F. Chen 2 G. B.	C. H. Hu 5 M	C. J. Lin 2 G
T. B. Chang 4 E. S.	T. S. Chien 2 G	Chi Li 2 G	P. T. Sun gr. E.S.
H. C. Chen '21	J. S. T. Co，2 G. B.	T. C. Li 2 G	C. I. Tseng 2 G
T. H. Yang '22	C. S. Yeh 2 G		

院系代號如下：
　　G.　＝人文科學學院（Graduate School of Art and Sciences）
　　G. B.＝工商管理學院（Graduate School of Business Administration）
　　M.　＝醫學院（Medical School）
　　E. S.＝工程學院（Engineering School）

　　不難看出，錢端升與葉企孫的友誼，在此時期進一步加深。至於秘書 T. C.
Woo（應為「吳」或「鄔」姓），由於年代久遠，經多方查閱相關資料，始終
未能確認。即便與 1919 年《清華週刊》上公佈的 60 位與錢端升同期出國的

〔註51〕　朱世明：《大波士頓（Greater Boston）清華同學歡聚會》，《清華週刊》，總 285
　　　　　期，1923 年 6 月 8 日，第 56～57 頁。
〔註52〕　*The Harvard University Register, 1921-1922, Vol. XLVII*, Student Council of
　　　　　Harvard College, 1921, p.70.

清華學生名單對比，仍未能對上號。〔註 53〕這位神秘的秘書，錢端升留美日記中曾多次出現，然由於日記記載實太簡單，無從稽考。

　　至於主席，吳宓日記中，有一位何德奎與上述「T. K. Ho」吻合。何德奎（1896～1983），浙江金華人。1917 年以北京大學商科第一名的成績考取公費留學美國。1919 年，獲威斯康星大學榮譽學士，1920 年獲哈佛大學碩士，後繼續攻讀經濟學博士。〔註54〕據 1921 年 1 月 7 日吳宓記載，何德奎時為處理中國留學生羅景崇虧空公款案委員會委員長。〔註 55〕據此推論，何德奎當為哈佛中國學生會會長無疑。

　　1923 年 5 月 18 日，《清華週刊》記載：「一九一八年班同學李君濟、葉君企孫，一九一九年班同學錢君端升聞於本年暑假前均可得博士學位。……錢君學政治，論文題為『國會委員制』」。〔註56〕李濟、葉企孫和錢端升三者回國後仍有交往，後更在 1948 年共同當選為院士。1923 年 11 月 17 日，又載：「一九一八同學錢端升君在哈佛政治科，已得博士學位，其論文為『議院委員制』，一星期前，口試完畢，博士學位已定。聞現擬往歐洲遊歷繞道回國」。〔註57〕1924 年 6 月 13 日，《周刊》記載：「錢端升年假得了政治學的博士。現在在歐洲實地考察。下年已定回母校服務；清華教師，又添一個好學不倦的」。〔註58〕《周刊》此處用「好學不倦」，點出了錢端升一生性格中其一特點。

　　在哈佛期間，錢端升經常拜訪趙元任家，與趙元任一家結下了學緣。趙元任太太楊步偉在《雜記趙家》中寫道：在哈佛時期「在那時中國學生中李濟之、勞榦、陳岱孫、葉企孫、蕭蘧、張歆海、錢端升、李旭初等人常來和我們往來……每年一次的中國學生會的時候，我們總去加入，如蘭就由他們大家輪流地抱，其中李濟之和錢端升兩個人抱得最多」。〔註59〕

〔註53〕　《本屆畢業生擬入學校與擬習之專科表》，《清華週刊》（第五次臨時增刊），1919 年 6 月，第 6 頁。

〔註54〕　《金華市教育志》，浙江人民出版社，2009 年 3 月，第 695 頁。

〔註55〕　《吳宓日記（2）》，北京：三聯書店，1998 年 5 月，第 191、208 頁。

〔註56〕　《哈佛新聞五則》，《清華週刊》，總 282 期，1923 年 5 月 18 日，第 23～24頁。

〔註57〕　浦薛鳳：《大波斯頓清華同學聯舊會誌盛》（通訊），《清華週刊》，總 300 期，1923 年 12 月 28 日，第 10 頁。

〔註58〕　沈宗濂：《大波斯頓個人消息一束》（國外通信），《清華週刊》（國學問題專號），第 318 期，1924 年 6 月 13 日，第 47 頁。

〔註59〕　趙元任長女生於 1922 年 4 月 20 日。楊步偉：《雜記趙家》，遼寧教育出版社，

　　錢端升回國後，仍與趙元任、李濟、陳岱孫、葉企孫、張歆海等交往密切，且大部分與之成爲清華同事。在 1925～1927 年吳宓日記中，有不少錢端升與陳岱孫、葉企孫和張歆海等交往記錄。錢端升參與 1926 年「三・一八」的記載，目前僅見楊步偉的回憶錄中。錢端升在 1935 年第二次結婚時，曾借住趙元任上海新居，達半年之久。〔註 60〕錢端升與胡適的認識，很有可能是通過趙元任居中介紹。

　　關於錢端升留美期間的學業和活動，主要採自他的日記。本文所引用《錢端升留美日記》原文由英文寫成，夾雜少量中文，譯本由錢大都先生邀約陳玉女史整理和翻譯，於 2010 年 4～5 月間完成。日記共有三冊，分別爲 1920、1921、1922 年，譯者先將英文謄寫在一本練習簿上，然後中譯在下。由於日記部分英文草書難以辨認，譯者間有空白或問號。日記譯本無頁碼，因此引用時，除標明日期外，不再注明。

　　日記始於 1920 年 1 月 1 日，終於 1922 年 12 月 31 日。記載雖有始終，但有不少空白。其中以 1920 年相對較爲完整，1921 年、1922 年可能忙於碩、博論文，缺記頗多。以 1921 年爲例，以下爲有記載日數：1 月 12 天，2 月 14 天、3 月 5 天、4 月 6 天、5 月 7 天、6 月 12 天、7 月 10 天、8 月 7 天、9 月 8 天、10 月 4 天、11 月 7 天、12 月 14 天。如前所述，日記記載甚爲簡略，有時數天只有寥寥幾個字。如 1921 年 12 月有 4 天寫道：「China Town, eat」，「China Town, eat, Park Theater」之類。當時轟動全美留學生界之羅景崇貪污公款一案，錢端升也只有兩次記載，〔註 61〕與吳宓日記詳盡的記載截然不同。〔註 62〕

　　據錢大都先生介紹，陳玉父親陳師經爲錢端升清華同學，生平不詳。錢端升的日記中留有陳師經的記載。如 1921 年 11 月 19 日記載：「陳師經來這

　　　　1998 年 3 月，第 20、25 頁。按：此處回憶有誤。勞榦出生於 1907 年，此時只有 15 歲，似應爲李榦。

〔註 60〕　趙新那、黃培雲編：《趙元任年譜》，北京：商務印書館，1998 年 12 月，第 200 頁；楊步偉：《雜記趙家》，遼寧教育出版社，1998 年 3 月，第 97 頁。

〔註 61〕　1920 年 11 月 10 日，錢端升日記記載：「C. C. Lowe，東部學生會主席，有點像侵吞公款的事，和普林斯頓（大學）當局發生點摩擦，哈佛中國學生會開會討論，以查明此事」。1921 年 1 月 7 日又記：「C. C. Lowe，有貪污行爲，是（留學生）大會的主席，經過一番『打仗』，被逐出哈佛中國學生會」。

〔註 62〕　吳宓後更負責撰寫委員會調查結果及決議案。詳參《吳宓日記（2）》，北京：三聯書店，1998 年 5 月，第 191～193、197～201、205～212 頁。

裡看與耶魯的球賽」。此前 9 月 23 日記載：「到洛厄爾，見陳師經」。陳玉注為：陳師經就讀洛厄爾紡織學院。筆者查閱到 1917 年《清華週刊》的課藝欄目上有兩篇陳師經、董時合譯的《楷氏家書》。〔註63〕上海市地方志官方網記載：陳師經，1922 年在麻省羅威爾大學獲「化學」學士學位。在錢端升一欄，「政治學」誤記為「經濟學」。〔註64〕陳師經後與錢端升同在 1923 年回國。〔註65〕回國後的陳師經與林寶昌任職天津美商海京洋行天津分行洗染工程師，海京洋行當時在美有毛棉麻紡織廠和紡織機械廠 20 多間。後來陳師經後與林寶昌自立門戶，創辦天津陳林洗染公司。〔註66〕至於兩人後來交往情形不詳。

《留美日記》主要以記載日常生活中所發生事情為主，包括學業、生活、社交等。如前所述，記載大多十分零碎，除當天有「大事」發生，如參觀活動或演講會。偶有一兩天會有詳盡記述，如下面將述及的「唐人事件」。日記最大的一個特點是夾有不少剪報，全為與錢端升有關的報導，是瞭解錢端升在美活動的主要途徑之一。不過該些剪報除少許例外，大多沒有具體報刊名字。剪報有長有短，以短為多。

報導一般以錢端升參加演講、參觀活動、參加教會活動或獲得獎學金為主。如 1920 年 2 月 2 日的《在 Epworth 社團的集會上，中國學生暢談教會工作》，應為該年第一則剪報。其報導云：「錢端升，上海人，現在在北達科他大學就讀，是第一衛理公會禮拜堂星期日晚集會上，Epworth 社團虔誠做禮拜的人（們）的帶頭人。他說道教會在中國的工作，並對我國教會在中國所做的各項服務表示感謝」。

日記初期有不少錢端升上教堂的記載，沒有證據顯示他是否曾受洗或加入過宗教團體。從 1920 年 1 月 4 日開始到 2 月 22 日，連續 8 個星期日，均有上教堂記錄。到 3 月份就沒再記載。到哈佛之後，錢端升又有上教堂的記

〔註63〕 陳師經、董時：《楷氏家書》（課藝），《清華週刊》，總 115 期，1917 年 10 月 11 日，第 7～8 頁；第 119 期，1917 年 11 月 15 日，第 10～12 頁。

〔註64〕 《青年志》編纂委員會編：《上海青年志》，上海社會科學院出版社，2002 年，參閱日期 2010 年 9 月 8 日。http://www.shtong.gov.cn/node2/node2245/node 66268/node66284/node66345/node66426/userobject1ai62441.html

〔註65〕 按：此處記載有誤。〔美〕馬祖聖編著：《歷年出國、回國科技人員資料索引，1840～1949》，北京：社會科學文獻出版社，2007 年，第 168 頁。

〔註66〕 閻伏千：《天津美商海京洋行》，天津市政協文史資料研究委員會：《天津的洋行與買辦》，天津人民出版社，1987 年 2 月，第 148～149 頁。

載，不過十分稀少和零碎。除上教堂外，有不少演講記載。1920 年 3 月 8 日，
「在『公眾演講課』上，第一次演講」；3 月 10 日，「在『政治學』課上，發
表一次即席演講，講了 5 分鐘。是關於『紐約集會上的五位社會主義者成員』。
對他們來說，這次演講我是失敗了，（但對我來說）講出來，就是成功」。

錢端升平時最大的消遣活動是上電影院，日記中有不少這方面的記載。
1920 年 2 月 19 日記載：「要我把這兩件事都停止不作了嗎？看電影及……或
至少別太頻繁地去？我希望如此」。從日記來看，上電影院似多為一人，到哈
佛後，可能由於學業繁重，上電影院的記載明顯減少，多了參加學校活動記
載。

日記最重要的是錢端升的課業和學習記載，日記從 1920 年開始，記載了
該年下學期課程表。2 月 26 日，「今天課程開始，至少可以說是名義上如此。
我希望我能至多上 34 小時的課，雖然和有關人員商量過，又要求申報這個數
目。然而，只允許我上 22 小時的課」。錢端升所選修的課程如下：

政治學 4	公共財政 3	公開演講 4
新聞學 2	美國政府和政治 3	美國立憲史 3
美國工業和經濟史 3	法語口語 2（不計學分）	

從課程來看，大多為美國化課程。在課程表中，公開演講與政治學同占 4
個小時，可見美國教育對學生自我表達能力的重視。錢端升在北達科他大學
的學習生活似乎過得不錯，除順利通過學業考試和升學哈佛外，還得到同系
同學們的愛戴。1920 年 6 月 15 日，錢端升記載如下：「大學畢業典禮日，當
然景象萬千。畢業生校友午餐聚宴盛會，講演人很多。到 Dr Bek.家去看望——
——過得愉快。在 Dr Gillettes 處去吃晚飯——過得愉快。在接受學位證書時，
李民興（Min Him Li），Letessier，Pat，以及兩位優勝者都受到在場觀眾的最
強烈歡呼。我是唯一歡呼不多的外國學生，對我的歡呼是我那一系的同學同
僑們給的」。

另一則夾在 11 月 24 日的剪報，撤除溢美成分，更能說明錢端升的學業
及與同僑之關係：

> 湯姆遜 S.錢先生 6 月獲北達科他大學文學學士學位，目前在哈
> 佛大學讀研究生課程，雖然他是愉快地處於那古老文化中心，雖然
> 他在北大科他大學和我們共處只有一年，他今天來，看看舊居。重
> 溫那一年的愉悅與情誼。他要求為他寫份這一年的『記錄』。錢先生

在本大學就讀時期，爲人很受歡迎，是一個成功的學生。全系和同
學團體對他充滿愛惜與感謝。

至於其用功程度，1920 年 12 月 31 日記載：「一年讀到晚上，苦極矣！」
〔註 67〕從一張清華時期照片來看，身穿馬褂的錢端升身材頗爲肥胖，與哈
佛畢業時期西裝筆挺、臉容清癯恰成對比，〔註 68〕從身材變化，當可想像
其用功程度。

錢端升在北達科他大學學士畢業後，1920 年 6 月 28 日，在密執安暑期大
學註冊成爲一名研究生。6 月 29 日，「正規課程開始，讀八個學分，每周十六
節時的課」。課程包括：

國家政治學（National Politics）
社區問題（Community Problems）
英國的政府與行政（British Government & Administration）
國際公法（Public International Law）

錢端升的暑期班成績不甚理想。8 月 20 日記載：「大考今日畢，成績極惡，不
堪設想」。不過，他還是獲得了哈佛大學的垂青，如前所述，應是北達科他大
學成績優異所致。9 月 23 日，錢端升正式註冊成爲哈佛大學研究生。9 月 25
日，探望研究生院長哈金斯教授。9 月 27 日，探望後來成爲錢氏博士論文導
師、「政府學」課程主講何爾康教授。9 月 28 日，探望另一著名政府學教授門
羅（影響錢端升撰寫《法國的政府》甚巨），並遞交課程註冊表。9 月 29 日，
正式開始上課。

據日記最後數頁記載，1920 年上課時間表如下：

	星期一	星期二	星期三	星期四	星期五	星期六
9:00～10:00	C・A	N・A・	C・A	N・A・	C・A	N・A・
10:00～11:00		P・O・		P・O・		P・O・
12:00～1:00		G・S・		G・S・		G・S・

C. A. = Constitution of America （美國憲法）

N. A. = National Administration （國家行政學）

P. O. = Political Organization （政治組織）

G. S. = Government System （政府系統）

〔註67〕 按：原文如此，日記用中文寫的。

〔註68〕 照片見北京大學檔案館網站：http://www.dag.pku.edu.cn/index.asp。

　　上表日記僅說明爲「1920 年上課時間表」，其中「政治組織」和「政府系統」兩門課，與第一學年下學期（1921 年 2 月 14 日日記，見下）對照後不吻合，因此判斷爲第一學年上學期。其中，「C. A.」日記翻譯者陳玉疑爲「Constitution of America」簡寫，即「U. S. Const. Law」課程。據下學期課程表及上課時間表來看，推論應當成立。

　　1921 年 2 月 14 日日記顯示，第一學年下學期選修課程如下：

課　程　名　稱	備　　註
國家行政學，續（Nat. Adm. Conti.）	旁聽《公共財政學》（Visit Public Finance）
美國憲法學（U. S. Const. Law）	
歐洲史，1870～1914（European Hist. 1870-1914.）	
羅傑斯的政府學（12 b）（Roger's Gov. 12 b）	應爲「政治權力」（P. P.）

　　上述課程表中，「羅傑斯的政府學」課，據 1921 年（第一年下學期）上課時間表及 1920～1921 年考試成績，應爲「政治權力」課，詳見下。

　　1921 年上課時間表（第一年下學期）：

	星期一	星期二	星期三	星期四	星期五	星期六
9:00～10:00	C. A.	N. A.	C. A	N. A.	C. A	N. A.
10:00～11:00	P. F.	P. P.	P. F.	P. P.	P. F.	P. P.
12:00～1:00	E. H.		E. H.		E. H.	

　　C. A. = Constitution of America　（美國憲法）

　　P. F. = Public Finance（公共財政學）

　　N. A. = National Administration（國家行政學，續）

　　P. P. = Political Powers（政治權力）

　　E. H. = European History（歐洲史）

　　上表日記僅說明爲「1921 年上課時間表」，因此有可能是 1921 年 2 月（第一年下學期）或 1921 年 9 月（第二年上學期）。經對照後發現，二者均略有出入。不過，據上表「歐洲史，1870～1914」課、旁聽「公共財政」課和第二學上學期選課（1921 年 9 月 26 日日記）判斷，應爲 1921 年 2 月上課時間表。據此，「政治權力」課，應爲「羅傑斯的政府學」課。

　　日記最後數頁，記錄了 1920～1921 年考試成績，據最後一門課，應爲第一年下學期成績：

課 程 名 稱	教 授	成 績
政治組織（Political Organization）	哈特（Hart）	B+
政府系統學（Gov. Systems）	哈特（Hart）	A
國家行政學（Nat. Adm.）	何爾康（Holcombe）	A
美國憲法學（U. S. Const. Law）	麥克利什（McLeish）	B-
政治權力（Political Powers）	羅傑斯（Rogers）	A
歐洲史（European Hist. 70-14）	考里芝（Collidge）	B

在上表六門功課中，三門甲等，餘三門均在乙等以內，可見其成績優秀，與李濟「非 A 則 B」〔註69〕成績相較，不相伯仲。

在暑假期間，1921 年 7 月 6 日，錢端升參加了佛蒙特大學暑期班。其成績如下：

貨幣與銀行學（Money and Banking）	B
希臘羅馬史（Greek and Roman History）	B
英國史（English History）	A

從錢端升後來翻譯屈勒味林的《英國史》來看，應與其在佛蒙特大學所修課程有關。

第二年上學期，據 1921 年 9 月 26 日日記顯示，錢端升選課如下：

選修課程	課 程 名 稱	導 師
政府（6）	政治學說史（Hist. of Pol. Theory）	麥克萊恩（McClain）
政府（9）	州政府和本地政府（State and Local Gov.）	漢福德（Hanford）
歷史（17）	西洋史（History of the West）	特納（Turner）
經濟（41）	統計學 （Statistics）	戴（Day）

日記最後數頁 1921～1922 年課程表顯示，第二學年上學期課程如下：

課 程 名 稱	備 註
統計學（Statistics）	與 9 月 26 日選課基本符合。
政治學說史（〔History of 〕 Political Theory）	
西洋史（History of the West）	

〔註69〕 李光謨：《李濟先生學行紀略》，張光直主編：《李濟文集》，第 5 卷，上海人民出版社，2006 年，第 439、441 頁。

州政府和審計（State Government and Auditer〔Auditor〕）	
國家哲學（Philosophy of State）	三課程旁有「不完整」
德國史（History of Germany）	（incomplete）字樣，應
行政地理學（Administrative Geography）	爲未修畢之意。

日記最後數頁 1921～1922 年上課時間表，共 7 門課，除「州政府和本地政府」
及「州政府和審計」略有出入外，與上表第二年上學期課程基本符合。

	星期一	星期二	星期三	星期四	星期五	星期六
9:00～10:00	St.	P. S.	St.	P. S.	St.	P. S.
10:00～11:00	H. W.	H. G.	H. W.	H. G.	H. W.	H. G.
12:00～1:00		Geo.		Geo.		Geo.
1:30～2:30	S. T.		S. T.		S. T.	
2:30～3:30	P. T.		P. T.		P. T.	

St. = Statistics（統計學）

P. S. = Philosophy of State（國家哲學）

H. W. = History of the West（西洋史）

H. G. = History of Germany（德國史）

Geo. = Administration Geography（行政地理學）

P. T. =〔History of〕 Pol. Theory（政治學說史）

S. T. = 應爲「州政府和審計」縮寫

至於第二年下學期選修課程，據日記顯示只有三門。

1922 年 2 月 13 日	上學期未修畢的三門課
政府學（6）（Government 6 Conti.）	國家哲學（Philosophy of State）
經濟學（4）（Economics 4 Conti.）	德國歷史（History of Germany）
政府學（9b）（Government 9b）	行政地理學（Administrative Geography）

據前表可知，「政府學（6）」即「政治學說史」。若將上學期未修畢的三門課
計算在內，第二年下學期應有 6 門課。

1922 年 5 月 27 日，錢端升通過了一個考試。31 日記載：「通過了一般考
試（書面的，五月二十七日），」詳見下表：

課　　程	教　　授	自我評價
統計學（Statistics）	戴（Day）	緊張
憲法學（Constitutional Law）	默克（Merk）	滿意
政治理論（Political Theory）	麥基爾韋恩（Mcllwain）	通過，不滿意
美國歷史（America History）	哈特（Hart）	滿意
州政府和本地政府（State and Local Gov.）	何爾康（Holcombe）	幾乎沒有問題

此試應是錢端升碩士學位考試。他在自述中說：「1922 年 1 月〔，〕我完成碩士課業，同年 6 月被授予文學碩士學位」。〔註70〕31 日日記，還記載了導師何爾康對其評價：「敏捷，一氣呵成，果斷（Prompt, Unanimous, Decision）」。錢端升的反應是：「有點過譽？（Flattery?）」。他自我評價認為：「總的來說（1）問題容易但太沒有系統（too unsystematic），以致不能展開討論；（2）事實上並不緊張，但說得不好，不夠沉著，自己認為不那麼滿意」。

1922 年 7 月 10 日，錢端升再次參加了佛蒙特大學暑期班，這次學習的是拉丁語、西班牙語和打字。錢端升自述說：「自 1920 年 9 月初進哈佛到 1923 年 12 月初離去，在哈佛共三年兩個月。其間，除暑假在佛蒙特州立大學學習拉丁語和西班牙語外，1922 年春又赴華盛頓數周在國會圖書館查閱資料」，〔註71〕所指即為此事。

1922 年 9 月 25 日，哈佛大學開學，第三年課程未見記載。推論此時期應為錢端升撰寫博士論文期間，學分應已修畢。儘管上述各學期成績不完備，但從僅有的成績來看，錢端升在哈佛的成績是相當優異的。他在 1922 年獲得碩士學位後，隨即在 1923 年 11 月完成哲學博士所需課業並通過了各種考試，於 1924 年夏獲哲學博士學位。〔註72〕以不到三年半時間，修完碩、博學位，應當說是十分用功和頗不容易的。周一良先生曾說過：

> 當時舊制清華學校的規定，留學五年為期。一般是到美以後，
> 先入普通的大學，完成大學畢業的課程，然後進入有研究院的大學，
> 如哈佛、哥倫比亞等，做研究生，時間已經很不富裕，一般很難在
> 短期內再作畢業論文爭取博士學位。如果寫博士論文就會影響廣泛
> 知識的獲得。所以像吳宓、湯用彤諸先生都是只求學問，不求博士

〔註70〕　錢端升：《我的自述》，《自選集》，第 695 頁。
〔註71〕　錢端升：《我的自述》，《自選集》，第 695 頁。
〔註72〕　錢端升：《我的自述》，《自選集》，第 696 頁。

學位。〔註73〕

　　哈佛的規定，研究生選課夠一定學分，即授予碩士學位，《吳宓日記》1920 年 3 月 10 日說：「碩士得之甚易」。而博士學位則頗為複雜。除選修一定學分之外，經過一次由四位教授同時參加的口試，這一般包括考四門課程，通過以後才允許寫論文。論文完成後，還要就論文考一次口試。在論文完成以前，還需要通過英文以外的兩門外語，一般是德語和法語。兩門外語的要求是具備閱讀能力，因此必須記憶大量生詞。為了不妨礙業務課程的時間，學生往往利用暑期學校學習兩種外語，有的學生把德、法語言的單詞卡片堆積起來，用它的高矮來計算記憶了多少生字，開玩笑地用英寸來計算卡片的高矮。〔註74〕

　　錢端升在其博士論文中，及在三十年代出版的《德國的政府》和《法國的政府》中，大量引用德文和法文材料，可見其不僅僅是通過了語言這一關，還能嫻熟應用之。

　　在哈佛期間，錢端升還以優異的成績獲得了 1922 年的 A.M. 獎。3 月 3 日日記中一則剪報報導：「A.M. 獎（來自）弗吉尼亞州的丹尼爾（Daniel A. Canady）；（來自）上海的錢端升（Thomson S. Chien）」獲得。這是錢端升夢寐以求的獎項，應為哈佛當時最高獎項。一年前的 6 月 23 日，哈佛學位授予典禮，錢端升記載：「哈佛畢業典禮，心情不快，我沒獲得 A.M. 獎，其他獎項並不值得去弄」，可見此獎的重要性。日記譯者陳玉認為 A.M. 是文學碩士「Atrium Magister」的縮寫。不過，文學碩士的拉丁文應倒過來，為「Magister Atrium」，即俗稱的「M. A.」。「A. M. 獎」應另有所指，似應為年度獎（Annual Medal）。還有一個證據可說明這個問題，錢端升不可能兩次參加碩士畢業典禮。他在 1922 年獲碩士學位，1921 年參加的只能是這個獎項的頒獎典禮。在錢端升的《哈佛論文集》（「Harvard Papers」）〔註75〕中，有一篇《中國的門戶開放政策》）（「The Open Door Policy of China」）。封頁寫著「論文提交給參加謝里登獎用」（A Paper submitted for the Sheriden Prize），日期為 1921 年 3 月。

〔註73〕　周一良：《郊叟曝言：周一良自選集》，北京：新世界出版社，2001 年，第 16 頁。原載：智效民：《陳寅恪是否獲得過學位》，《文匯讀書周報》，2001 年 3 月 17 日。
〔註74〕　周一良：《郊叟曝言：周一良自選集》，北京：新世界出版社，2001 年，第 16 頁。
〔註75〕　按：此論文集主要由錢端升在哈佛期間的功課訂裝而成，沒有出版年份、地點、頁碼。錢大都先生提供，2012 年 5 月 19 日。

錢端升在 1922 年獲得的亦有可能是這個獎項。

《哈佛論文集》收錄了錢端升在哈佛時期八篇文章，其中七篇爲功課。剩下一篇即上述參加「謝里登獎」的專文。現將七門功課日期、名稱和成績等，記錄如下：

日　期	名　　稱	教　授	課程名稱	成績
Dec. 1920	Are there Inherent Political Rights of Man？《人的政治權利是天賦的嗎？》	Prof. A. B. Hart 哈特	Gov.12a	B+
1920	Federal Features of the Holy Roman Empire 《羅馬帝國中的聯邦特徵》	Prof. A. B. Hart 哈特	Gov.18a	A
Jan. 1921	Freedom of Speech 《言論自由》	Mr. McLeish 麥克利什	Gov.19	B+
Jan. 1921	The Rider Legislation 《國會中立法的附加條款》	Prof. A. N. Holcombe 何爾康	Gov.7	A
Apr.1921	The United States Commerce Court 《美國的貿易法庭》	Prof. A. N. Holcombe 何爾康	Gov.7	A
Jan. 1922	Thomas Hart Benton and the Public Lands 《托馬斯·哈頓和公共土地》	Prof. F. J. Turner 特納	Hist. 17a	A-
Apr. 1922	James Harrington 《詹姆斯·哈林頓》	Prof. C. H. McIlwain 麥基爾韋恩	Gov.6	A

上表中，麥基爾韋恩是浦薛鳳的導師，專治西方政治思想史。從前述各種課程表和這份課業單，可以看出，錢端升學習的範圍是頗爲廣泛的。在縱的層面，從古到今，包括古羅馬、西方各國史。在橫的層面，從政治、經濟、法律到思想史。

世紀之交出生的錢端升，24 歲就獲得美國哈佛大學博士學位，難怪在遊歐前，清華已計劃聘任他爲清華服務。1924 年 3 月 21 日，《清華週刊》透露將擬聘任趙元任和錢端升的消息，以下是《周刊》記者與校長答問：

> 記者：「……生極欲知校中對於下年教員之聘請，已有何進行否？」
>
> 校長：「校中近年對於聘請教員一事，極爲注意。……校中擬請錢端升先生來校教授歷史或文化。錢先生爲哈佛大學哲學博士，現在歐洲習比較政府學。又趙元任博士在美國充大學教授數

年，本校擬請任其往德高造，預備明年來校充當大學音韻部
（Department of Phonetics）主任」。〔註76〕

第二節　青年時期的政治思想

一、清華時期：強有力政府思想之萌芽

就目前的材料來看，錢端升對政治的興趣，最早體現在他在清華提交的
一篇國文功課中。該文刊登在 1918 年 3 月 31 日《清華週刊》（第 133 期）
上，題爲《聯邦制可否行於中國論》。當時國文教師趙瑞侯的評語是：「有識
者言」。在該文中，錢端升表達了日後他思想中兩大主張：一、建設一強有
力的中央政府；二、「學術救國」。現簡析如下：

在立論方面，錢端升首先提供了一個總的制度評斷原則。他認爲，任何
一種制度，均因事而設及有利弊的兩面，除觀察利弊之外，還須審時度勢。
他說：「利多而弊少，謂之良制。利輕而弊重，謂之弊制……行之此時，則曰
良制。行之彼時，則曰弊制」。可以說，此二點均爲制度史研究顛撲不破之經
典常理。

其次，錢端升指出，「姑不論是否有人利用，以遂其私」，時人認爲聯邦
制的優點有二：一是自治、一是息爭。前者各邦自治，各有自己負責任的政
府；後者各省權益互不相侵，減少糾紛。針對這些看法，錢端升從學理、歷
史、當時中國現實三方面進行了辯駁。他認爲，聯邦制在中國不可行，初步
提出強有力中央政府論。

在學理上，錢端升認爲各邦分立，各自有其獨立議會，政令難統一。其
次，聯邦制統領須得其人，否則必起紛爭。他指出，「夫以德美俱中心勢力之
強行聯邦制，尙無亡國之虞，而亦有趨統一之傾向，孰謂以毫無中心勢力之
中國，而可以退行聯邦制哉？」在錢端升看來，缺乏一個強大的中央政府，
實行任何名義的聯邦制度，只會加劇中國當時已呈割據狀態的分裂和無力應
付外患。

在歷史上，錢端升指出，從未聽聞過大一統的國家化爲聯邦制的先例。
加上德、美聯邦制過程各有歧異，模仿無從談起。他認爲，當時中國紛亂，

〔註76〕 璈：《與曹校長談話記》，《清華週刊》，總 306 期，1924 年 3 月 21 日，第 26
～27 頁。按：「璈」爲梅汝璈。

是「患在國人之乏德行、乏知識，不在制度之良否……苟國人而知守法即人人守一，最劣之法，其紛擾當不至如今日。若能守現行之法，現行之制。復烏至有今日之紛擾哉」，一針見血指出當時中國根本問題所在。

在現實方面，錢端升指出，中國「省區有大小貧富之別，人民有知愚高下之分」，若缺乏一個強有力的中央調解，則「弱者未必能戢暴安良，貧者未必能度支無絀，愚者未必能教育其民」。

就錢端升的分析而言，較有說服力的是對中國國情的分析。其次是美、德聯邦制的歷史分析，學理上的分析最弱。在學理上，錢端升指出，聯邦制其一缺點是「力分各邦，雖共戴中央政府，然各有其獨立之議會……政令難一」。既各邦「共戴中央」，則「政令難一」之說不免自相矛盾。從美、德兩國來看，均為聯邦制國家，後者國力更在一戰前冠列歐洲大陸，可見聯邦制優勢的一面。美、德採聯邦制固是勢也，但也與美、德當時政治領袖有意識操作相關。中國的國情並非不可以採聯邦，只是上述兩者均乏。這點錢端升亦曾指出，當時中國主要困境是，制度所得非人及「統領必屬於強有力之邦」。因此，與其說聯邦制有弱點，不如說中國國情決定了聯邦制在中國的命運。

就錢端升上文整體言之，無論在破題、立論、分析等各方面均環環相扣，不但行文明快，且邏輯緊密，層層遞進，無贅言之說應當成立。以一年方十八歲學生言，有如此分析，「有識者言」當實至名歸。錢端升在結論中說：

> 欲救今日之紛擾，在根本之教育，不在政體之如何也。若不圖
> 其本，勉行斯制，吾既恐其不能實行，即能實行，吾又恐德美之長
> 不可得，而爭攘擾亂，或且視今日而尤甚也。

從事後來看，錢端升在 30 年代反對驟然行憲，在清華時期已初露端倪。同時，錢端升的兩個根本建議——「學術救國」和「強有力政府」反映了當時大部分知識分子的共識。1916 年 1 月 25 日，胡適在留學日記中說：「今日造因之道，首在樹人；樹人之道，端賴教育」。〔註77〕1919 年 9 月 7 日，吳宓在一篇洋洋灑灑 5,000 餘字的日記中，借批評男女同校、女子參政時說：「處中國危亡一發之際，自以強固統一之中央政府為首要，雖以共和為名，亦切宜整飭紀綱，杜絕紛擾」。〔註78〕

〔註77〕 曹伯言整理：《胡適日記全集（1）》，臺北：聯經出版事業股份有限公司，2004年 4 月，第 268 頁。亦見曹伯言整理：《胡適日記全編（2）》，安徽教育出版社，2001 年 10 月，第 325 頁。按：下簡稱「聯經版「和「安徽版」。
〔註78〕 張鳴：《北洋裂變軍閥與五四》，廣西師範大學出版社，2010 年 5 月，第 201

二、《留美學生季報》時期：強有力政府的提出

中國留學生在美創辦報刊，主要有兩種：一為 1907 年創刊的《留美學生月報》（英文）；一為 1914 年創刊的《留美學生季報》（中文），後者錢端升擔任過編輯。兩種出版物之所以用不同文字，主要是它們的宗旨不同的原故。簡單來說，前者面向國際，後者面向國內。〔註79〕

《季報》的編者，由選舉產生，任期一年。歷任總編輯包括：朱起蟄、任鴻雋、張貽志、胡適、張宏祥、蔡正、陳達、沈鵬飛、傅葆琛、羅隆基（潘光旦代理）、邱昌渭、梁朝威等。歷任編輯除錢端升外，還有陳衡哲‧劉樹杞、江紹原、侯德榜、汪懋祖、湯用彤、查良釗、謝婉瑩、段世英、熊佛西、雷海宗、吳文藻等。該刊在美國編輯，上海印行，1917 年以前由中華書局代印，此後由商務印書館代印，1928 年停刊。〔註80〕

1921 年，錢端升出任《留美學生季報》編輯，〔註81〕在 6 月和 9 月號分別發表了《告提倡聯邦制者》和《區域政府制大綱芻議》二文。前者主要為否定聯邦制不適於中國，後者則提出具體解決方法。從內容上看，兩文是《聯邦制可否行於中國論》一文的延伸，主要觀點基本無更張，立場更加確定。

二文最重要的共通點是，錢端升一再強調一個強有力中央政府的重要性。在《告提倡聯邦制者》中主張「外禦侮，內戢亂，亦非強有力之政府不可」；〔註82〕在《區域政府制大綱芻議》中表示「審今日情勢，吾國非有強有力之中央政府，不足禦外侮而保統一」。〔註83〕錢端升的強有力政府觀點，從 20 年代到 40 年代，中間雖有變化，一直維持到新中國成立後。在很大程度上，1949 年後不少學人轉向新政權，帶有這種時代的思想背景在內。

頁。原載吳學昭整理注釋：《吳宓日記（2）》，北京：三聯書店，1998 年 3 月，第 65～66 頁。

〔註79〕黃沫：《留美學生季報》，丁守和主編：《辛亥革命時期期刊介紹（4）》，北京：人民出版社，1986 年，第 571 頁。

〔註80〕黃沫：《留美學生季報》，丁守和主編：《辛亥革命時期期刊介紹（4）》，人民出版社，1986 年，第 571～572 頁。

〔註81〕按：此為筆者推論，錢端升 1920 入學哈佛，1923 年完成哈佛大學博士論文，1921 年應當是其學習比較不太緊張時期，且此時有兩篇文章發表在《季報》上。

〔註82〕錢端升：《告提倡聯邦制者》，《留美學生季報》，第 8 卷第 2 號，1921 年 6 月，第 10 頁。

〔註83〕錢端升：《區域政府制大綱芻議》，《留美學生季報》，第 8 卷第 3 號，1921 年 9 月，第 2 頁。

在《告提倡聯邦制者》中，錢端升重述了歷史不能倒退論。他認爲，「總之，歷史趨向，由分而合，此後獨立之國成立聯邦者可有之，聯邦而爲一統者可有之，以一統而成聯邦者，非倒行逆施，（如墨西哥等一意取法美國，不審國情，）必不能有」。〔註84〕

其次，錢端升提出「聯邦非易事」論。〔註85〕這是他退一步，採用聯邦制將發生甚麼，來推論聯邦不宜行。錢端升指出，在中國缺乏法治情況下，實行聯邦只會徒增紛擾，甚至災難。從「聯邦非易事」論中，可看出梁啓超「開明專制論」背後所持「國民素質論」的影子。

總之，錢端升在結論中表示：「一、聯邦爲諸獨立國至一統國之過渡制。二、聯邦制非優於一統制者。三、聯邦制非易於運用者。四、聯邦制與吾國人士不宜，多害少益。五、補救時弊，不在聯邦，聯邦非能救國者」。〔註86〕

由於分析頗爲詳盡，僅取第三點「聯邦制非易於運用者」，以說明其餘問題。

關於憲法解釋權。錢端升表示，聯邦憲法雖規定了中央及各邦權限，然違憲之事不論在哪個聯邦國家均無法避免。「美之大審院，素以公正無私名於世，甚得人民之信任。即英之法院亦不能望項背，亦安敢望吾國能一蹴而幾，有法院者若是哉？」瑞士有全民複決制度（Referendum），「即有爭端，不難以眞正民意解決之」，但回看中國，「民國立國，亦已十年，違憲背憲之聲，時有所聞」。〔註87〕

關於司法獨立。錢端升指出，美國聯邦制設有中央和各邦法庭。「美人法律觀念素高，兩組法庭，亦時有衝突」，若在缺乏法治意識的中國，「必生阻礙，可無疑也」。〔註88〕

關於上下兩院。聯邦國家一般採用二院制，上院代表各邦，下院代表全國。錢端升指出，當時連民智甚爲發達的「瑞士且不能效美，亦寧可必吾國

〔註84〕 錢端升：《告提倡聯邦制者》，《留美學生季報》，第 8 卷第 2 號，1921 年 6 月，第 5 頁。

〔註85〕 錢端升：《告提倡聯邦制者》，《留美學生季報》，第 8 卷第 2 號，1921 年 6 月，第 5 頁。

〔註86〕 錢端升：《告提倡聯邦制者》，《留美學生季報》，第 8 卷第 2 號，1921 年 6 月，第 11 頁。

〔註87〕 錢端升：《告提倡聯邦制者》，《留美學生季報》，第 8 卷第 2 號，1921 年 6 月，第 6 頁。

〔註88〕 錢端升：《告提倡聯邦制者》，《留美學生季報》，第 8 卷第 2 號，1921 年 6 月，第 6 頁。

之必能效美而成功哉？」總之，「聯邦制之難點極多。如憲法修改與各邦之關係也，賦稅之分派也，條約之奉行也，邦與邦之關係也，均可發生疑問。上述僅及法庭與上院之組織，藉明聯邦之非易而已」。〔註89〕

關於中央與地方法律差異。即使在美國，「受治於二政府之下……人民常有無所適從之患。在美國邦法與國法相衝突者，已不一見。」「在大審院未審決以前，人民往往有因此而獲罪者」。除中央與地方法律突外，州與州之間法律差異也易生糾紛，有些法律只要不涉及聯邦法，即使中央政府也無法過問，如婚姻法。〔註90〕

從錢端升陳述可見，聯邦制確實是一種不易實行的制度。美國聯邦制在實行初期就幾乎夭折，若非承襲了英國地方自治精神，及政治領袖有高度自覺意識，能否存活也是一大疑問。在缺乏高度法治意識情況下，聯邦制不僅將一事無成，反而更增紛擾。錢端升所言聯邦制在實行過程中的困難，就本文所見，在當時國內提倡者或反對者中，提出者寥寥無幾，不但別開生面，且頗具說服力，這應當拜其在留美期間所習美國政治學所賜。

總的來說，錢端升對當時國情的判斷是：

　　我若不謬，吾國不治，首由於國民程度之未及，二由於執政之

　四維不張，夫軍權必當操之於中央，然今日則反是，中央既無權，

　地方亦無權，權盡在於武人及大僚掌握之中，初非無聯邦制之過也。

　補救之方，治本則教育國民，治標則驅除蠹蟲而已。〔註91〕

應當說，錢端升開出的藥方，與梁啟超的觀點相近。在清末《湘報》上，梁啟超指出，近代中國的官、民、紳三者均智有不逮，因此他建議：「一曰開民智，二曰開紳智，三曰開官智」。並以為「三者畢舉，則於全省之事，若握裘挈領焉矣」。〔註92〕那如何三者畢舉呢？梁氏提出「新民說」和「開明專制論」。

〔註89〕錢端升：《告提倡聯邦制者》，《留美學生季報》，第8卷第2號，1921年6月，第7頁。

〔註90〕如「以婚律論，或則嚴，或則弛。美人有遠道赴康德甘邦（Kentucky）結婚者，康之律寬故也，亦有遠道赴奈浮大邦（Nevada）離婚者，奈之律寬故也。然美為聯邦，中央政府固無過問之權。……此吾國人所不可不省也」。錢端升：《告提倡聯邦制者》，《留美學生季報》，第8卷第2號，1921年6月，第8頁。

〔註91〕錢端升：《告提倡聯邦制者》，《留美學生季報》，第8卷第2號，1921年6月，第10頁。

〔註92〕梁啟超：《論湖南應辦之事》（1898.4.5～7），〔日〕下河邊半五郎編：《飲冰室文集類編奧附》，帝國印刷株式會社，1904年，第508、513、515頁。

關於後者，「凡專制者，以能專制之主體利益爲標準，謂之野蠻專制，以所專制之客體的利益爲標準，謂之開明專制」。〔註93〕與錢端升下面所述相近。

除聯邦制不適宜中國外，錢端升還進一步提供建設性的意見，供國人採擇，這就是他在《區域政府制大綱芻議》中的建議。在文中，錢端升提出，其主要原則爲：

> 此制得行，則各區政府，上不損中央之威權，下亦可維持治安，
> 發展武力。換言之，即中央能監督各區，各區內政不受制於中央也。

具體而言，錢端升的方案是化省爲縣，削弱地方勢力，以免對中央構成威脅。他建議將當時的二十一行省化爲約百省。他表示，此制只存法律層面上，而不入憲法，主要是避免「各省之自制其法者，欲免聯邦之弊故也」。〔註94〕

不過，成也蕭何，敗也蕭何。錢端升的建議最大漏弊是數百年行省疆域的變更。儘管他自己表態說：「或者疑者十八行省已歷三百年之久，變更疆界，乃大難事，」但他並不認同上述說法。他說：「吾國交通不便，隔數十里即有語言不通風俗互異者，若劃一省爲三四，人民實無反對之理，反對者厥惟武人及省政客」。〔註95〕

從以上論述中，可見錢端升開明專制思想的表露：只要以客體利益爲準，「人民實無反對之理」，符合梁啓超的定義。不過，即使是以客體利益爲準的開明專制，也須面對客體利益並非鐵板一塊，而是由眾多的個體利益組成的事實。

從這個角度分析，錢端升陳述理由不僅牽強，還自相矛盾，及忽略了歷史所形成的心理慣性和惰性。在牽強方面，化省爲縣，不計政治、文化資源，僅經濟方面，勉強劃分將會出現各種紛爭。在矛盾方面，錢端升一方面表示，區域制大法「既爲大法，條目當簡而明……藉避劇烈之修改」；一方面卻進行

〔註93〕 所謂開明專制，「發表其權力於形式，以束縛人一部分之自由，謂之制。據此定義，更進而研究其所發表之形式，則良爲者謂之開明制，不良爲者謂之野蠻制。由專斷而以不良的形式發表其權力，謂之野蠻專制。由專斷而以良的形式發表其權力，謂之開明專制」。那如何判斷制度的開明和野蠻呢？從形式上判斷，「以其內可以調和競爭，外之可以主張競爭也。二者實相因爲用，故可以一貫之，而命之曰國家立制之精神」。梁啓超：《開明專制論》，《飲冰室合集》，第 2 卷，北京：中華書局，2003 年 11 月，第 21、22 頁。

〔註94〕 錢端升：《區域政府制大綱芻議》，《留美學生季報》，第 8 卷第 3 號，1921 年9 月，第 2 頁。

〔註95〕 錢端升：《區域政府制大綱芻議》，《留美學生季報》，第 8 卷第 3 號，1921 年9 月，第 3～4 頁。

如此巨大行省劃分工程。在歷史慣性方面，以中國之廣大，一省一縣幾如歐洲一國一郡，以中國地域特殊主義頗強的民族來說，化省爲縣雖不涉省籍問題，但牽涉到縣籍和地理名詞更改。更重要的是，化省爲縣，不入憲法。一旦發生紛爭，除強有力中央政府外，無可挽救。

以上爲「化省爲縣」所涉及的邊界、資源和地理等諸問題。就政治上來說，儘管錢端升認爲法國之「集權制決非良法，我人當釐定一制」，〔註96〕以便中央與地方權力各得所宜。但從建議來看，若化省爲縣成功，其集權程度可能比法國更甚。

在省行政權方面，錢端升除將省財政權這個最重要、最具爭議性的問題擱置不論外，〔註97〕他還提出地方司法、文官考試均由中央辦理。不過，在立法方面，錢端升給予地方保留了一定的權力。只要「省縣法律不背中央法律者，在各該省縣中，法庭當施行之」。〔註98〕這個弊端與錢端升在前文《告提倡聯邦制者》中批評聯邦制各邦有自己的法律，人民無從適應理同一轍。至於地方文官考試，若非類似科舉制度的復活，否則以中國之遼闊疆域，加上化省爲縣，每個縣的文官考試均由中央負責，必不堪負荷。這點錢端升後在30年代有所變更。

此外，錢端升建議中的省議會表面上由選舉產生，然省長卻由中央政府委任之。地方若兩次拒絕中央委任省長後，須得自選省長。錢端升將拒絕中央任命省長的人數門檻，提升到省議員之四分之三。但建議之省議會議員數目卻在 50～150 人之間。如此少數目，易於串通或操縱。錢端升還建議，如果省議會二次拒絕中央委任和自行選舉省長失敗後，只得在中央委任名單中二挑一。〔註99〕他在解釋爲何須省議會四分三而非二分一時曾提到，「若省長爲四分三所不齒，決不能成事」。〔註100〕既然如此，若因省議會選不出適合人

〔註96〕 錢端升：《區域政府制大綱芻議》，《留美學生季報》，第8卷第3號，1921年9月，第2頁。

〔註97〕 「至於財政則中央各省可分爲二。（若何分配之處，姑略而不論）」。錢端升：《區域政府制大綱芻議》，《留美學生季報》，第8卷第3號，1921年9月，第4頁。

〔註98〕 錢端升：《區域政府制大綱芻議》，《留美學生季報》，第8卷第3號，1921年9月，第4頁。

〔註99〕 錢端升：《區域政府制大綱芻議》，《留美學生季報》，第8卷第3號，1921年9月，第4～5頁。

〔註100〕 錢端升：《區域政府制大綱芻議》，《留美學生季報》，第8卷第3號，1921年9月，第6頁。

選，只能從中央人選中二挑一，那這個曾爲省議會四分三不齒的省長又如何展開工作呢？

更重要的是，若中央委派的省長與省議會起衝突，則無轉圜餘地。從理論上而言，若省長是地方選舉，則應向地方負責，但卻又須得到中央任命，這樣難免形成政治僵局。若省長遭到議會四分之三彈劾，中央不願放棄對省長支持時，則不但省長權威受損，中央權威也間接受損。〔註101〕因此省長委任制與議會直接選舉制，在很大程度上是不可調和的，在省議會直選的前提下，中央空降省長是不切實際的做法。簡單的做法，要麼，賦予省長實權，要麼賦予省議會實權。否則，兩者發生衝突所形成的僵局，完全與錢端升意欲加強中央政府權力的想法背道而馳。因爲省長與議會的衝突，在很大程度上，就是中央與地方的衝突。若中央不能通過省長控制省議會，則將會變相成一個獨立的「邦」。

以上所言，爲錢端升化省爲縣的背後原因。只有省變小，即使直選省議會，也將難與中央抗衡。但這將會產生另一弊端，縣太多中央將疲於奔命，地方建樹和經濟規模也不易獲得。關於地方一元制還是二元制，中國自古以來就有爭議。歷代統治者爲有利統治，總體似傾向二元制，如清代督撫制度。但當內憂外患來臨或中央控制下降時，則地方自然出現一元化傾向。從錢端升建議來看，採用的是地方權力二元制，分而牽之，中央仲裁之。

總的來說，錢端升的建議，其出發點是良好的，然其方法是粗糙和不成熟的。中國從元朝以來的數百年行省制度，若輕易變更，除政治衝突外，將引發各種非政治性的紛爭，不但無益，且徒增滋擾。在政治上，中央委任省長與民選省議會很難調和。另外，區域二字沒有明確的界定，又不入憲，只是籠統地提出，一旦引起紛爭，無法可依。總之，錢端升建議的區域政府制，旨在強化中央。但他所建議的措施，與施行聯邦制之條件，須有一個公正和強有力的中央政府和高度的法治意識是一致的。以當時國人缺乏法治意識來講，任何制度均是竹籃打水一場空。不過，正如錢端升自己所言，上述建議

〔註101〕典型的例子是香港特別行政區長官由中央委任，儘管立法會部分民選，被譏爲「跛腳鴨」。但即便如此，在強大民意下，當時特首董建華因其施政失誤，第二屆任期未滿而下臺，中央威信亦因此間接受到牽連。後特區政府吸取教訓，建立高官問責制（防火牆），以免特首再次受到衝擊，中央權威受損。可見省長委任與議會民選不可調和之一面。

「雖沉思有日，然草率成章，不敢自是」，〔註102〕只是初步構想和爲拋磚引玉而已，因此也不宜苛評。以一年方 21 歲青年來說，能不拘傳統，提出新見，應當說，頗有獨立思考之精神。另外，他所提出的聯邦制困境和化省爲縣的原則，至今仍值得借鑒和深思。

三、北達科他大學時期：「唐人事件」

不論在清末，還是在民國時期，留美中國學生和各種團體對塑造中國和中國人的良好形象的願望都十分強烈，〔註103〕部分原因不難想像，人在國外，所體驗和感受較國內深刻。1922 年 7 月 13 日，日記剪貼了一則與錢端升相關的不實報導，並有「庚款學生」字樣，氣得錢端升說：「簡直是荒謬絕倫和令人氣憤（How nonsensical and indignified!）」。

在就讀北達科他大學期間，發生了一樁「唐人事件」（「The Tang Man」Case），引起了錢端升的抗議。事情源於斯特蘭德（Strand）劇院播放一套日本人拍攝的侮辱中國人的影片。1920 年 3 月 23 日記載：

> 「唐人事件」，飯店的人向 Strand（影劇院）的業主們付（必要的）錢，要求取消這次放映。我說他明白事理但他是猶太人（意指愛財如命——陳玉注），不聽，只認得錢。不過，他和飯店的人說，這麼辦吧。只在昨天上午給教職人員、商人和飯店的人放映。美國無線電臺沒說什麼。而飯店的人的精神辦法就算完了。因此最後，就是如此安排放映了。美國先驅報上把這件事嘲弄一番，我寫信予以糾正，但文章不予刊出。

據剪報來看，後來還是刊登了。下爲致《先驅報》（The Herald）函件內容：

> 這部電影是日本人製作的，它唯一的商業目的就是貶低羞辱中國人。片中映示出這麼多不眞實的卑鄙場景，只有日本人能夠想像出來，毫無疑問，這部影片當然誤導觀眾。讓美國觀眾相信，這部影響就是讓他們對中國人起反感，覺得中國人無惡不作。爲此，我們拜訪了 Strand 劇院的 Joseph Isaccs 先生，告訴他這部影片會產生

〔註102〕錢端升：《區域政府制大綱芻議》，《留美學生季報》，第 8 卷第 3 號，1921 年 9 月，第 9 頁。
〔註103〕〔美〕史黛西・比勒著、張艷譯、張猛校訂：《中國留美學生史》，北京：三聯書店，2010 年 6 月，第 144 頁。

誤解。而只能滿足「小日本」（Jap，對日本人的蔑稱──陳玉注）

那惡毒的企圖。他承認這是日本人對中國人的反宣傳，他答稱即或

他會有所損失（錢），他也無法補救了。……我們無能為力，無法使

Isaacs 先生明辨事理，不過可以說，這類影片缺乏教育意義（價值）。

而那些對於日本人玩弄計謀，對於日本人的事沒有公正認識的人，

是會被誤導的，公眾們最好遠離這類影片。

3 月 24 日，錢端升又寫了一封「致大孟克斯市的美國公民們」的信函，題目為「每個人都這麼說」（Everybody Say So So），內容大致相同，不贅引。從錢端升日記沒有後續記載來看，此事似沒有完滿解決。但從兩封抗議信獲得刊登來看，至少《先驅報》認為錢端升的抗議是有效的。

四、哈佛時期：為中國辯護──《致〈紐約時報〉總編輯》三通信

若說「唐人事件」只是與中國形象有關，那麼錢端升發表在《紐約時報》上的三篇時文，則進一步「茲體事大」，所涉者為國家根本利益。三文均涉華盛頓會議，一篇發表在華會前，兩篇在華會期間，以《致〈紐約時報〉總編輯》形式刊登在讀者來函欄。下為三篇文章目錄，最後兩篇為引起錢端升抗議原文，第三篇仍未找到。為省篇幅，引述時不再加注。

1. 《華盛頓會議與中國──致〈紐約時報〉編輯》（1921 年 9 月 25 日）。〔註 104〕

2. 《日本的人口問題──致〈紐約時報〉編輯》（1921 年 11 月 20 日）。〔註 105〕

3. 《反對國際共管，既有害又沒必要──致〈紐約時報〉編輯》（1921 年 11 月 27 日）。〔註 106〕

〔註 104〕Thomson S. Chien, *China at the Conference, to the Editor of the New York Times*, New York Times, 25th Sept.，1921. 文章結束日期顯示寫於 9 月 26 日，刊登日期為 9 月 25 日。由於文件為 PDF 格式，日期由電腦生成，故需原件才能確定刊登日期。

〔註 105〕Thomson S. Chien, *Japanese Population, to the Editor of the New York Times*, New York Times, 20th Nov., 1921. 文章擡頭日期顯示寫於 11 月 1 日。

〔註 106〕Thomson S. Chien, *International Supervision Opposed as Harmful and Unnecessary, to the Editor of the New York Times*, New York Times, 27th Nov., 1921. 文章結束日期顯示寫於 11 月 21 日。

其中第一、二篇分別針對的是《紐約時報》以下兩篇社論，第三篇還沒找到相應文章：

1. 《華盛頓會議與中國》（《紐約時報》社論，1921 年 9 月 20 日）。
   〔註 107〕

2. 《日本走向榮譽之道》（《紐約時報》社論，1921 年 10 月 2 日）。
   〔註 108〕

1921 年 11 月，在美國建議下，英美法等國在華盛頓召開國際會議（1921.11.12～1922.2.6），稱爲「華盛頓會議」或「太平洋會議」。除討論《四國條約》和《五國海軍條約》外，還包括處理中國問題，即《九國公約》的簽訂。由於華會期間，中國南北仍未統一，南方孫中山政府在美國發動宣傳攻勢，〔註 109〕中國代表問題遂成了美國輿論關注焦點之一。

當時《紐約時報》的態度是傾向支持南方政府。據社論顯示，當時美國政府的立場是，奉勸南方承認北方政府作爲中國唯一的全權代表，並和北方政府一起出席華會。但遭到南方政府代表馬素（Ma Soo）的反對。他說：「事實是北京政府在日本控制之下……廣東政府不能聯同北京政府出席華會（The Canton Government cannot join with Peking.）」。社論在引述馬蘇言論後表示，無論如何，南方代表必須出席華會。孫中山是一個事實上的中國政府，甚至在法理上，它也比北方軍閥（warlords）控制的政府強得多。

以上爲社論之梗要。《紐約時報》持此種態度，完全出於自利。社論指出，北方軍人政府除寡頭政權外，還處於日本影響之下。而南方政府則表示承認列強在華的權利（It recognizes China's obligation to foreign Powers.）。不論有意還是無意，在很大程度上，《紐約時報》製造了更多比它想解決的問題。在得到《紐約時報》這種暗示和鼓勵後，南方政府的立場自然將更強硬。南北代表若因此而不能團結一致，則將更陷中國於不利的境地。

錢端升針對的就是《紐約時報》這種不論無意還是有意加劇中國南、北政府之間分歧的言論。在文章開頭，首先對《紐約時報》支持以一個完整而

〔註 107〕 *China at the Conference*, New York Times, Editorial, 20th Sept., 1921.

〔註 108〕 *Japan's Path of Honor*, New York Times, Editorial, 2nd Oct., 1921.

〔註 109〕 在華會之前，馬素以「國民黨駐美總部」的名義，在美國東部各大城市宣傳，爭取美國朝野的同情，企圖營造美國撤銷對北京政府的承認，改爲認廣州政府的輿論。而這一舉動是得到孫中山和廣州政府指示的。詳參張忠正：《孫逸仙博士與美國》，臺北：廣達文化實業有限公司，2004 年 7 月，第 342～353 頁。

非以分裂的中國立場出席華會表示最衷心的感謝。但對其社論分析的結果，表示不能同意。

錢端升承認，目前的中國正呈分裂狀態。他說，事實上，中國政府不僅有兩個。在 11 月 11 日前，武昌有可能成立第三個政府。但他認爲，以上事例，並不能損害中國代表出席華盛頓會議的統一性和代表性。他指出，《紐約時報》社論作者只要比較廣東、北京和上海的日報，它將會得到一個驚訝的結論：這就是中國國民對國家利益的看法是一致的。

錢端升表示，希望《紐約時報》社論的作者能夠分辨清楚，誰指定代表和代表們代表誰之間的分別。他說：

> 會議的代表們是不管由誰組成，由北京政府、南方政府，或聯合指派也好，甚或其他非政府但有代表性組織（extra-legal yet popular organization）也好。我們中國人，作爲中國主權的主人，最希望的是看到代表們提出的是代表整個中國的利益。因此，我們對代表們代表哪個政府不太關切。

錢端升指出，北方的顧維鈞就是這樣的人選。他雖由北京政府任命，但他的言行卻代表著整個中國和受到整個中國國民的支持。錢端升向美國公眾呼籲說：

> 中國目前正處於過渡到一個更好的政府路上。各政府之間鬥爭，不論好壞，是無可避免和會必然發生的事情。……對於中國內政問題，我們要求自己內部解決（We ask to be left free as regards our internal politics.）。但在外交方面，我們必須強調我們是一個中國。我們的鄰居正在通過宣傳中國並不是一個統一的國家來歧視中國的利益。我們希望美國有洞察力的公眾能判斷出這些惡意的宣傳。

在此，應當一提的是，在 1920～1922 年《留美日記》中，並沒有錢端升參與任何黨派或結社活動記載。〔註 110〕此時的錢端升似仍是以一單純學生身

〔註 110〕 據徐志摩記載，當時中國留學生在美結社風氣頗爲盛行。如 1919 年 11 月 11 日記載：「與澤宣談紐約的秘密結社事，原有誠社，大多數皆教門健者。今夏以分子複雜，主要分子遂暗唱改組，其事甚秘。然已昭昭在人耳目」。11 月 16 日又記：「學生中秘密結社，風盛一時。現在最著名者如『插白』及『誠社』之變形（此社戴王正廷爲魁，重要分子如蔣、晏、李、曹、林振彬、洪、T. T.、斌、美、唐、勤、陳鶴卿之屬，大概道宏所附者即此）。澤宣屢次談天，總憤憤不滿於此類團體，而疑致余之有所屬。初不料其自身亦此道中人也」。虞坤林整理：《徐志摩未刊日記（外四種）》，北京圖書館出版社，2003 年 1

份發言。在錢端升看來，北方政府的代表顧維鈞已很稱職，只要出席的代表能維護中國的利益，則誰代表誰、北京政府或南京政府均不是問題。《紐約時報》這種做法只是在魚目混珠，以便從中撈取利益。

《日本走向榮譽之道》（1921.10.2）社論旨在勸喻日本放棄軍事擴張，爲滿足其虛榮心，建議給予殖民地，好讓日本體面地上升到強國地位。所謂給予日本殖民地自然是犧牲中國。此文頗長，詳盡地論述了爲何給予日本殖民地，及如何犧牲中國來獲取日本對軍事擴張的放棄。社論指出，對日本來說，獲得在它附近的殖民地，並不是最迫切的。因此，日本可以考慮包括：一、東西伯利亞（East Siberia）和蒙古的廣闊的領土；二、滿洲在事實上已經屬於日本，雖然名分不正。三、德國在非洲的殖民地；四、中亞地區空曠的土地，那裡人口稀少，沒有能力發展和產生。從社論不難看出，連占美國主流地位的《紐約時報》，早在 20 年代已將滿洲劃爲日本的勢力範圍。

社論露骨地指出，中國可能是最方便滿足日本所需的國家。如果中國願意考慮將滿洲以鉅款賣給日本，這樣也好過日本按照它既定的計劃取得滿洲。社論並向中日提供了具體例子，美國在墨西哥戰爭結束後，付了 1 千 5 百萬買墨西哥州，7 百萬給俄國買阿拉斯加州，2 千萬給西班牙作爲菲律賓的賠償，2 千 5 百萬給哥倫比亞作爲巴拿馬的賠償。日本如果放棄戰爭，每年省掉 6 億，它就有足夠的資金成爲國際資本市場的龍頭之一。

社論認爲，日本應該爲沒有重蹈德國覆轍重生而感恩。同時也明確指出，日本應坦白面對以下事實。對它的周圍的國家來說，它並不是一個很好的鄰居和稱職的主人。它對中國實行的是侵略政策，不論在公開還是秘密場合，它都鄙視並嘗試控制中國。它雖然征服了韓國，但對待韓國人的方法卻成爲國際醜聞。社論說，所有這一切都必須改變，如果日本能和平地進行殖民化（peacefully colonization）。它必須使在非洲（按：原文如此）的其他勢力範圍者不會對日本保持警惕心態。

社論還表示，日本政府的管理、指導和控制太過受 13 世紀的統治思維影響，對德國的模仿將成爲日本的魔咒。它太過軍事化和帝國主義化，它夢想通過征服來獲得強國的地位。社論認爲，在現代世界中，這是一種非常危險、致命的思維，尤其是對日本自己本身。社論樂觀地認爲，日本有不少有現代頭腦的人，他們將會自然地成爲民主政治的領袖。如果日本實行上述改

變，世界將會對日本改觀，而日本亦會獲得它想要的東西。社論承認，日本
需要改變的幅度很大，除須劇烈改變它的目前的行為和政策外，同時也須對
自己過去的行為作出譴責（condemn）。社論認為，在這個現代世界，德國悲
慘的命運應足夠警告日本，帝國主義和軍國主義沒有發展空間，日本也不能
例外。

應該說，《紐約時報》對日本的分析是異常銳利的，即使放在 30 年代仍
未過時。但同時也不能掩飾這是一篇赤裸裸將他國利益作為列強贓物分配的
社論。社論一方面在避免戰爭，但在另一方面製造戰爭。

在《日本的人口問題》（1921.11.20）中，錢端升並沒有對上述言論採取
全面反駁，而是集中火力，釜底抽薪，對日本人口宣傳作出事實性的反駁。
他利用日本統計局（The Bureau of Statistics of Japan）的數據，以彼之矛攻彼
之盾。《紐約時報》社論指出，日本每平方米 400 人，跟人口密度最高的比利
時每平方米 650 人相較，雖有一段距離，不過日本是一個多山少平地的國家，
因此希望通過擴展殖民地來解決人口過度和原材料、市場等問題。

從錢端升的文章可知，當時美國國內基本有兩種意見，一種認為日本在
人口問題上只是宣傳噱頭而已。另一種明顯相信日本所宣傳，因此須在亞洲
大陸繼續殖民。錢端升表示，後者很不幸地是一個十分錯誤概念，必須作出
澄清，以免誤導正在召開的華會。

下列五表均來自日本統計局，不再說明。由於數據罕見，故全部原文摘
錄。

年　份	日本人口總約數	每 5 年中 1 千人增長率	平均增長率
1879	36,800,000	12.43	
1884	37,5000,00	9.24	
1888	39,600,000	11.25	
1893	41,400,000	8.84	
1898	43,800,000	11.22	11.66%
1903	46,700,000	13.21	
1908	49,900,000	11.93	
1913	53,400,000	14.78	
1918	56,700,000	12.06	

年　份	日本人口	每年增長	每年1千人增長(較去年)
1917 年 12 月 31 日	56,335,971	——	——
1918 年 12 月 31 日	56,667,711	331,357 [331,740]	5.89
1920 年 10 月 1 日	55,961,140	——	——

年　份	日　本　人　口	出　生　人　數	人口增長（每1千人）
1914	54,142,441	1,808,402	33.4
1915	54,935,755	1,799,326	32.7
1916	55,637,431	1,804,822	32.4
1917	56,335,971	1,812,413	32.2
1918	56,667,711	1,791,992	31.6

　　錢端升在分析上述三表後指出，日本人口的增長率十分穩定（見表三），並且它的總人口在 1920 年比 1918 年下降（見表二）。相較 1917 年，人口在 1918 年每千人只增長了 5.8。若以此速度計算，則日本到了 1950 年的人口有 6,700 萬。即使 11.6% 計算，在 1950 年的人口也仍只有 8,000 萬。錢端升還表示，下列的數據進一步說明了日本不擁擠。

年　份	韓　　國	臺　　灣	關東（Kuantong）
1914	291,000	142,000	82,000
1915	304,000	137,000	85,000
1916	321,000	142,000	91,000
1917	333,000	145,000	100,000
1918	337,000	149,000	113,000

　　錢端升指出，上表人口包括了政府人員（officers）和士兵，如果別除這些人員，日本的移民人口在其殖民地是微不足道的。他繼續指出，下表所顯示的進一步說明日本人口需要向東亞移民的觀點更加荒謬。

國　　家	平方米	人　口	人口密度（每平方米）
Japan（日本）	149,000	55,961,140	342
Houshu [Honshu]（本州）	87,000	41,806,930	477
Shikoku（四國）	7,000	3,066,025	418
Kiushu（九州）	16,000	8,157,523	519
Yezo（蝦夷，即北海道）	36,000	2,359,097	81
Minor islands（各種小島）	3,000	571,565	157
Korea（韓國）	85,000	17,057,532	200

Formosa（台灣）	14,000	3,669,687	268
Saghailien （Jap.）（庫頁島）	13,000	79,795	6
Kuantung（關東）	1,300	722,768	——
China			
Shangtung（山東）	56,000	38,000,000	679
Fukien（福建）	46,000	20,000,000	432
Fentien（奉天）	50,000	7,000,000	146

　　根據上表，錢端升指出，中國的人口擠迫問題遠較日本眞實和嚴重。中國必須保留滿洲和蒙古和所有的土地，以分散它的人口。同時，在日本人所吹噓的 7.7 千萬人口中，關東有 50 萬是中國人，另外有 100 萬是韓國人和臺灣人，而這些地方並沒有人口擠迫現象。

　　最後，錢端升表示，《日本走向榮譽之道》並沒有掩飾對中國領土的要求。如果日本眞的走上此道，那走的是強盜之道（a path to banditry）。若日本要走向榮譽之路，須依賴的是自我非軍事化，並將國內人口盡量據自己土地平衡分佈和人口多樣化。

　　對於上述錢端升的駁斥，當時首相原敬的一則日記，足以說明其餘問題。1920 年 10 月 21 日，原敬記載：「山縣認爲我國尙有容納人口的餘地，並談到了獎勵小農經濟的必要；這與我（原敬自稱）先前所說的相同，對此我是欣然同意的，向外國人宣傳『我國因人口過剩而不得不向海外發展』，固然便於取得他們的諒解，但實際上在我國人口增加的比率上還存在疑問。我國可以容納人口的餘地還很多，不必擔憂人口過剩，這可以從不久以前工業稍微發展了一下就馬上感到人力不足一事得到證明」。〔註 111〕山縣和原敬爲近代日本第一流政治人物，他們比誰都清楚日本眞相。在向全世界宣傳「人口過剩」同時，本身卻承認人口勞動力不足。可見《紐約時報》社論立論荒謬和缺乏事實根據的一面。

　　最後一篇是《反對國際共管，既有害又沒必要》（1921.11.27）。在文中，錢端升指出，最近數日有許多關於對中國實行「國際共管」或「分裂中國」（defining China）的建議和討論。在這些意見當中，最大的指控是中國無法建立秩序，因此國際共管有助建立秩序。

　　上述意見可行嗎？錢端升說：「它不會發生，也不可能發生」（It would not

──────────

〔註 111〕〔日〕日本歷史學研究會編、金鋒等譯：《太平洋戰爭史（1）》，北京：新華書店，1959 年 11 月，第 2 頁。

and it could not.）」。他指出，在人類歷史當中，從來沒有任何一種國際控制（international control）——或共管（condominium），即以數個國家去管理另一個國家——成功的案例。有的只有「成功的分割」和「成功的吞併」，如波蘭和埃及。錢端升認爲，在當時國際形勢下，沒有任何一國有能力吞併中國。若要實行國際共管，「那戰爭將必然在各國、各國與中國之間發生，就像太陽每早升起來那樣自然」。

對於中國內部混亂的指控，錢端升指出，第一、中國剛經歷辛亥革命不久，重建需時；第二、列強在中國暗中競爭，助長了中國分裂。錢端升以英日競爭爲例，指出這是一個公開的秘密，袁世凱受英國人慫恿稱帝；日本人爲其稱帝失敗而歡呼，及後支持段祺瑞和其追隨者安福系等。錢端升認爲，由於西方列強的競爭而導致中國無序，上述指控是不公平的。

至於布蘭德（J. O. P. Bland）在《愛丁堡評論》中，根據日本人口，土張將中國的滿洲和蒙古割讓給日本，錢端升說，更是荒謬絕倫（more absurd）。日本最新的人口統計數據顯示，它並不需要殖民地。錢端升認爲，如果單從人口角度來考慮，中國必須保留每一寸土地。因爲它擁有世界上最多數量的人口，以及人口密度比日本有過之而無不及。在結論中，錢端升說，如果任何人想分裂中國領土，必將遭到所有中國國民的反對（Anything that alienates Chinese territory will be opposed by the Chinese.）。

錢端升反駁當時各種不利中國言論的例子並不孤立。在《日本的人口問題》同一版上，還有陳枝桂（Chen Che Kwai）的《中國的權利》（「Rights of China」）一文，申述中國人對此次會議的寄望：中國需要一個和平的環境來發展。陳文基本代表了當時大多中國人的共同心聲。他說，要全部滿足中國的要求是不可能的事，中國所希望的是領土和主權的完整，及免於鄰國和外國的干涉和侵略，這是中國四萬萬人一致的要求。他的看法類同錢端升，認爲中國目前正從一個老大的帝國，向著眞正的民主政治方向發展，需要時間和耐心，以及友邦的建議和幫助，但她不能接受任何有損中國主權的「友善的幫助」。應當說，上述三篇文章反映了錢端升對國家利益的關注，同時亦顯露其對國際政治深刻的分析能力。

從南洋中學時期對「護國起義」的熱情到清華學堂的參與「五四運動」、再從在北達科他大學時期的「唐人事件」到哈佛期間反對「國際共管」。這一連串的事件，表現出錢端升的民族主義情緒和其愛國思想已有長足的發展。

這是一個成長中的青年，隨著環境的轉換，自然而然發展出來的民族思想和愛國心，成為日後其思想中最為深沉的底色和支柱之一。

與此同時，在哈佛大學所接受各種思想的經歷，也對錢端升的人格和精神造成無可估量的影響。其中最重要的是，在 1949 年之前，錢端升對自由主義的服膺。即使在國家危難關頭，也從不放棄自己對國家應盡言論自由上的責任。在《哈佛論文集》所收錄的《言論自由》（「Freedom of Speech」）一文結論中，錢端升說：

> 總之，可以這樣說，在戰時，一個公民應盡可能協助政府抵抗外敵，但政府不能強迫他認同政府認為正確的事情。「容忍反對的意見並非是一件慷慨的事情，而是一種政治上的考量」。政府越禁止一個人發表意見，那他將會講得更多，如果這個人不是懦夫的話。對一個自由政府來說，言論自由是它存在的根本，以及一個自由政府應允許它的公民擁有最大的言論自由空間。〔註112〕

此外，哈佛大學學術自由的風氣，也給錢端升留下了深刻的印象。錢端升回國後，在清華改制期間，主張「教授治校」。在參與建設大學院期間，提倡「教育獨立」。在《現代評論》上，反對「黨化教育」。哈佛對錢端升的另一具體影響之一，是他在西南聯大時期對學術自由的捍衛。在傅斯年的提議下，蔣夢麟聘請羅隆基到北大執教。蔣夢麟在沒有知會當時法學院院長和政治學系主任錢端升的情況下，作出了這個決定。錢端升擔心羅隆基忙於外務，草率應付教學，辭去上述兩個職務，以示抗議。後在蔣夢麟的堅持下，錢端升只辭去了系主任的職務，繼續擔任院長。兩年後，羅隆基因批評國民政府而被解雇。錢端升曾揚言要辭去教授職務，以示抗議對學術自由明目張膽的褻瀆。〔註113〕

言論自由、教育獨立和美國人特別注重的法治精神，這三者構成了錢端升思想中的三大底色。最後，錢端升主編《留美學生季報》期間發表的兩篇文章，主張一個強有力的中央政府和提倡公民教育，也成為他回國後在《現代評論》上贊成國民黨「一黨專政」和「學術救國」的張本。

〔註112〕 T. S. Chien, Harvard Papers, 出版地點、年月不詳，沒頁碼。錢大都先生提供。
〔註113〕 〔美〕易社強著、饒佳榮譯：《戰爭與革命中的西南聯大》，臺北：傳記文學出版社，2010 年 4 月，第 207 頁。

第二章 學術思想之溯源及分析

第一節 比較政治學在近代美國政治學中的地位

一、西方近代政治學的鼻祖：弗里德曼 [註1]

英國劍橋學派斯金納認爲：「對政治行爲的解釋主要取決於對政治思想和原則的研究，不提到政治思想和原則，就不可能進行有意義的解釋」。[註2]本文亦以爲，思想與主張之關係，正如冰水之一角與其潛藏在水下之本體。錢端升作爲一政治學家，更須對其政治學學術背景及思想作出梳理，才能較爲確切地理解其政治主張。目前的錢端升研究，一般大多集中於對其政治主張之闡述，鮮有對其學術思想進行發掘梳理，因而本文將錢端升學術思想置於其政治主張之前，以便對其重新進行解讀。

就近代西方政治學獨立成一學科而言，它源於美國。1880 年，美國哥倫比亞研究院成立，不僅標誌著近代美國政治學的誕生，同時亦代表著西方近代政治學的確立。錢端升指出，「政治學自成一科，自美國始，歐洲各國倣之

〔註1〕 弗里德曼少年早熟，十歲以前閱讀羅馬史和英國史，11 歲就已學好拉丁和希臘文，甚至自學希伯來文。1849 年發表《建築史》。1863 年出版《聯邦政府史》，1867〜79 年出版六卷本《諾曼政府英國史》，1884 年任牛津皇家歷史學欽定教授。1894 年夏遊歷西班牙時，死於天花。〔美〕J·W·湯普森：《歷史著作史（下）》，第 3 分冊，商務印書館，1988 年 5 月，第 432〜435 頁。

〔註2〕 〔英〕昆廷·斯金納著、奚瑞森、亞方譯：《近代政治思想的基礎》，上卷：文藝復興，北京：商務印書館，2002 年，第 5 頁。

不過最近數十年之事也」。〔註3〕近代美國政治學在發展初期，有二個顯著特徵：一、它脫胎於比較政府學，在學科成立初期，「政府學」即「政治學」，「比較政府學」即「比較政治學」。二、與歷史學的聯姻。如美國第一位比較政治學教正式授職銜爲「歷史與政治學教授」。哈佛政府學系最初名稱爲「Department of History and Government」。〔註4〕1911 年，在洛厄爾領導下，才從歷史學部獨立出來，改名爲「Department of Government」。〔註5〕

　　關於近代美國政治學的發展，須從兩位英國和一位德國政治學家說起。就近代西方政治學而言，本文認定弗里德曼（Edward. A. Freeman，1823-1892）和西萊（Sir J. R. Seeley，1834-1895）二人爲創始人和奠基人。英國學者白哲特（W. Bagehot，1826-1877）雖被認爲是「最早採取比較研究的方法分析政治制度的學者之一」。〔註6〕不過從學科建設來說，應爲前二者。白哲特的《英國政體》發表於 1865 年。弗里德曼的《比較政治學》和西萊的《政治學導論》演講年份分別爲 1873 年和 1885 年。

　　弗里德曼和西萊二人均爲英國皇家學會欽定講座教授，他們對美國政治學的發展影響十分巨大。弗里德曼的「歷史是過去的政治，政治是現在的歷史」和西萊的「政治離開了歷史則無根，歷史離開了政治則無果」〔註7〕被近代美國政治學界奉爲圭臬。其中，「歷史是過去的政治，政治是現在的歷史」這一名句，經常爲部分中西學者所混淆，以爲是西萊所言。如英國劍橋大學近現代史欽定講座教授艾文斯就認爲是出自西萊。他在《捍衛歷史》中指出，「斯科特（Joan W. Scott）不指名地責備她的美國同行把這句話歸爲赫伯特·亞當斯（Herbert Baxter Adams）之言，但她自己把它歸爲愛德華·弗利曼（Edward Freeman）之語，亦同樣有誤。此語正確的來源是西雷（Seeley）爵士的 The Growth of British Policy（London, 1895）」。〔註8〕

〔註3〕　錢端升：《政治學》，《清華週刊》，第 24 卷第 17 號總 366 期，1926 年 1 月 1日，第 3 頁。

〔註4〕　Henry Aaron Yeomans, *Abbott Lawrence Lowell*, Cambridge, Mass., Harvard University Press, 1948, p.73.

〔註5〕　〔日〕內田滿著、唐亦農譯：《早稻田與現代美國政治學》，上海：復旦大學出版社，2003 年 10 月，第 215 頁。

〔註6〕　鄧正來主編：《布萊克維爾政治學百科全書》，北京：中國政法大學出版社，1992 年，第 49 頁。

〔註7〕　Seeley J. Robert Sir, *Introduction to Political Science: Two Series of Lectures*, London: Macmillan & Co., 1896, p.4.

〔註8〕　〔英〕理查德·艾文斯著、張仲民、潘瑋琳、章可譯：《捍衛歷史》，廣西師

　　與艾文斯相對立的是，除斯科特外，不少西方學者，如《十九世紀歷史學與歷史學家》、《新舊歷史學》、《歐美近代現代史學史》的作者認爲，此語出自弗里德曼。〔註9〕民國時期大部分學者，如高一涵、〔註10〕張慰慈、〔註11〕陳序經、〔註12〕孫寒冰、〔註13〕何炳松、〔註14〕朱謙之〔註15〕和李大釗等〔註16〕也認爲出自弗里德曼。民國時期通用教科書《政治學大綱》亦認爲是弗里德曼所言。〔註17〕另一譯著《社會科學史綱》亦認爲出自弗里德曼。〔註18〕余英時在《文史傳統與文化重建》中最初亦認爲出自西萊。兩年後修正了上述看法，認爲是弗里德曼。〔註19〕王晴佳亦認爲出自弗里

範大學出版社，2009 年 2 月，第 160 頁，注腳 1。艾文斯引用的資料來源爲 *Oxford Dictionary of Quotations,* 3rd ed., Oxford, 1979, p.419。

〔註9〕　〔英〕喬治・皮博迪・古奇著、耿淡如譯：《十九世紀歷史學與歷史學家（上）》，北京：商務印書館，1989 年 10 月，第 523 頁。〔美〕格特魯德・希梅爾法布著、余偉譯：《新舊歷史學》，新星出版社，2007 年，第 210 頁。〔蘇〕И. С. 加爾金著、董進泉譯：《歐美近代現代史學史（上）》，安徽教育出版社，1986 年 3 月，第 215 頁。

〔註10〕　高一涵：《政治學綱要》，神州國光社，1930 年，第 20 頁。

〔註11〕　張慰慈編：《政治學大綱》，上海：商務印書館，1923 年 2 月，第 17 頁。

〔註12〕　陳序經：《文化學概觀》，中國人民大學出版社，2005 年 2 月，第 144 頁。

〔註13〕　孫寒冰：《政治科學與別種科學的關係》，《知行學刊》（國立暨南大學知行學會），第 2 號，1931 年 3 月，第 3 頁。〔美〕加納著、孫寒冰譯：《政治科學與政府（1）》，上海：商務印書館，1946 年 11 月，第 56 頁。

〔註14〕　何炳松：《西洋史與他種科目的關係》，劉寅生、房鑫亮編：《何炳松論文集》，第 2 卷，北京：商務印書館，1997 年 5 月，第 85 頁。原載《教育叢刊》，第 3 卷第 1 集，1923 年 3 月。

〔註15〕　朱謙之：《歷史哲學大綱》，黎紅雷編：《朱謙之文集》，第 5 卷，福建教育出版社，2002 年 9 月，第 145 頁。

〔註16〕　李大釗：《史學要論》（1924 年 5 月），《李大釗文集（下）》，北京人民出版社，1984 年 12 月，第 716 頁。

〔註17〕　〔美〕高納（James W. Garner）原著、顧敦鍒譯：《政治學大綱（上）》，上海：世界書局，1946 年 9 月，第 30 頁。按：初版於 1934 年 11 月出版。高納即加納，《政治學大綱》即《政治科學與政府》（「Political Science and Government」）。

〔註18〕　〔美〕謝潑德（W. J. Shepherd）著、王造時、謝詒徵譯：《社會科學史綱》，第 8 冊（政治學），長沙：商務印書館，1940 年 7 月初版，第 550 頁。

〔註19〕　余英時在《文史傳統與文化重建》中說：「在近代，如 19 世紀英國的 Seeley，他認爲歷史知識是可以造就政治家的。他的名言是所謂『歷史是過去的政治，政治是今天的歷史』」。余英時：《史學、史家與時代》，《文史傳統與文化重建》，北京：三聯書店，2004 年，第 127 頁。兩年後，余氏說：「過去的歷史著作也同樣是以政治活動爲中心的。19 世紀的名史學家西利（Seeley）以歷史爲國家的傳記，佛利門（Freeman）則說『歷史是過去的政治，政治是現在的歷

德曼。〔註20〕

實際上，本文在看到西萊和弗里德曼的原著前，也是經過一波「五」折的。最初認爲弗里德曼，後發現是西萊，後又認爲是弗里德曼，看到艾文斯的文字後，認爲是西萊，但因太多中外學者認爲是弗里德曼，因此存疑，後查閱原文，才又將前論推翻。

據本文考察《英國外交政策的成長》（The Growth of British Policy）一書所得，發現整本書中，西萊並沒有引用上述名句，而是該書前有一《回憶錄》（Memoir）認爲，

> 西萊雖沒有引用上述名句，但在更嚴格的意義上，此一名句用來描述他對歷史（與政治）的看法，比名句的作者更適宜（「Though he did not coin the phrase 'History is past politics, and politics present history', it is perhaps more strictly applicable to his view of history than to that of its author.」）。〔註21〕

據此線索，本文考察了弗里德曼的著作，發現此語出自《奧圖曼帝國在歐洲：它的本質、成長和衰落》一書。在前言中，弗里德曼說：

> 在一般的意義上，我的前一本著作可以被認爲在本質上是歷史的，僅在次要和很小的程度上，它才能被視爲是政治的。我目前出版的這本書可能被認爲是——尤其是在那些將歷史與政治分辨得很清楚的人的眼中，理所當然地認爲——政治的意義大於歷史的。但在歷史和政治之間，我認爲沒有區別。歷史是過去的政治，政治是現在的歷史。〔註22〕

史』，這可以說是政治史觀的最高表現」。余英時：《民主革命論》，沈志佳編：《余英時文集》，第 6 卷，廣西師範大學出版社，2006 年，第 252 頁。

〔註20〕 王晴佳：《科學史學在近代日本和中國的興起及其異同——兼論中日史學的相互交流與影響》，李國章、趙昌平主編：《中華文史論叢》，第 77 輯，上海古籍出版社，2004 年 6 月，第 12 頁。

〔註21〕 Seeley J. Robert Sir, edited by G. W. Prothero with Memoirs, *The Growth of British Policy*, Vol. 1, Cambridge University Press, 1895, p. xii.

〔註22〕 "In ordinary language, my former book would be said to be primarily historical；it would be called political，only secondarily and to a very small extent. My present book may be thought to be—in the eyes of those who draw a distinction between history and politics it will rightly be thought to be—political rather than historical. But between history and politics I can draw no distinction. History is the politics of the past；politics are the history of the present." Freeman, Edward A., *Preface, The Ottoman Power in Europe, Its Nature, Its Growth, and Its Decline*, London:

《弗里德曼的生平和書信》的編者也指出，該名句出自弗里德曼，不過表述略有簡化。〔註23〕

　　在近代美國政治學發展中，有四所大學值得一提，分別爲哥倫比亞、約翰‧霍普金斯、哈佛和威斯康辛大學。孫宏雲在《中國現代政治學的展開》介紹了三所他認爲較爲重要的大學，包括：哈佛、哥倫比亞和威斯康辛大學。孫氏認爲，這三所大學「代表現代美國政治學的主流學術風格」，對另一政治學重鎮約翰‧霍普金斯大學則未作介紹。〔註24〕

　　但事實上，約翰‧霍普金斯大學對當時美國大學的轉型，影響是相當大的。約翰‧霍普金斯大學創辦於 1867 年，爲美國第一所模仿德國以研究爲中心的大學。第一任校長吉爾曼（Gilman）在創辦時表示，辦大學不要像哈佛、耶魯學院那樣，要以德國爲榜樣。約翰‧霍普金斯大學 25 週年時，哈佛大學校長伊里鶚（Eliot）前往道賀說：「我們現在都變了，哈佛大學變了，耶魯大學也變了，都因爲吉爾曼校長以研究院作大學中心，我們都跟著他走」。胡適說：「一個人，一個大學，竟轉變了整個美國的學術風氣」。〔註25〕

　　在上述四所大學中，前二所大學奉弗里德曼上述名句爲座右銘（motto）。頗爲誇張的是，弗里德曼在 1882 年訪問約翰‧霍普金斯大學後不久，此一座右銘不但印刷在其出版物上，還張貼在歷史學院會議室的牆上。〔註26〕而接待弗里德曼的應爲赫伯特‧亞當斯無疑。

Macmillan & Co., 1877, p. viii.

〔註23〕 "Freeman heartily adopted this view, and expressed it in his well-known and favourite maxim, 'history is past politics, and politics are present history.'"Stephens, W. R. W., *The Life and Letters of Edward A. Freeman*, London: Macmillan and Co., 1895, p.108.

〔註24〕 孫宏雲：《中國現代政治學的展開》，北京：三聯書店，2005 年 5 月，第 39～52 頁。

〔註25〕 胡頌平編著：《胡適之先生年譜長編初稿（7）》，臺北：聯經出版事業公司，1984 年 5 月，第 2667～2668 頁。亦見胡適：《美國大學教育的革新者──吉爾曼的貢獻》，柳芳、季維龍整理：《胡適全集‧教育‧語言‧雜著》，第 20 卷，安徽教育出版社，2003 年 9 月，第 302～305 頁。

〔註26〕 "The phrase occurs in varying forms in Mr. Freeman's writings, and was adopted as a motto for the Johns Hopkins University Studies in the year 1882, soon after the historian's visit to Baltimore. The motto was printed not only upon the title page of our published Studies, but also upon the wall of our old Historical Seminary." Herbert B. Adams, "*Is History Past Politics*?", Johns Hopkins University Studies in Historical and Political Science, Ser. 13, no. 4., 1895, p.67. 內田滿指該名言在「研究會議室裏」。〔日〕內田滿著、唐亦農譯：《早稻田與現代美國政治學》，上海：復旦大學出版社，2003 年 10 月，第 226 頁。

1880 年，亞當斯在約翰‧霍普金斯大學開設歷史學講座，並出版「約翰‧霍普金斯大學歷史學和政治學叢書」。4 年後，亞當斯參與美國歷史學會並擔任秘書，直至 1900 年。〔註27〕1895 年，赫伯特‧亞當斯專門撰寫了《歷史是過去的政治嗎？》一文為弗里德曼辯護。〔註 28〕不難想見，這是上述斯科特不指名地責備她的美國同行把這句話歸為亞當斯的原因。

比較政治學作為一門學科言，弗里德曼為其奠基人確鑿無疑。本文還認為，他甚至可能是近代西方政治學的創始人。本文發現，「比較政治學」一詞就是弗里德曼所原創。弗里德曼在 1873 年英國皇家學會演講的《比較政治學》（Comparative Politics）講稿是這一領域的開山之作，他在是次演講中提出了比較政治學這一全新的學科。

在第一講《比較政治的範圍》（The Range of the Comparative Politics）中，弗里德曼借鑑比較哲學和比較神話學的方法，將之運用到政治領域。在開場白中，弗里德曼指出，「比較方法的建立已成為我們這個時代最偉大的智慧成就……在比較哲學和比較神話學之外，目前比較方法在第三個知識領域已取得了不少成就」。弗里德曼認為這三個領域互相關係和有一定的列序，在比較哲學當中，所涉及的事實最少，其次是比較神話學，最後是文化領域，他開始時以「無名科學」（nameless science）來形容當時這門最新的學科。在三者當中，哲學是最純粹的科學，比較神話學建立在比較哲學之上，而文化領域發展的每一步均與前二者有關。〔註 29〕

〔註27〕 《社會科學人物辭典》，上海辭書出版社，1986 年 12 月，第 155 頁。美國歷史學會在一份決議中明確表示：「從一開始，在協會創辦、成功組織方面沒有人比協會秘書做得更多，沒有人比他給協會的幫助更大」。張豔玲：《赫伯特‧B‧亞當斯與美國專業史學》，《北大史學（13）》，2008 年 8 月，第 455 頁。

〔註28〕 Herbert B. Adams, *"Is History Past Politics?"*, Johns Hopkins University Studies in Historical and Political Science, Ser. 13, no. 4., 1895.

〔註29〕 "The establishment of the Comparative Method of study has been the greatest intellectual achievement of our time."（p.1）"Besides Comparative Philosophy and Comparative Mythology, there is a third branch of knowledge to which the Comparative Method had lately been applied with much success."（p.11） "This third, as yet nameless, science follows the Comparative Method no less strictly than it is followed by Comparative Philology and Comparative Mythology."（p.16） "And all three forms of inquiry stand in a close relation to one another. Comparative Mythology could not get on at all without Comparative Philosophy; and the science of customs, ceremonies, and survivals bears on both Philosophy and Mythology at every step. And the three maybe be range in a certain order. Comparative Philosophy is the pure science of the three: its evidence is the most

　　比較政治學從比較哲學和比較神話學的基礎上脫胎而來，這點相較政治學晚出的社會學亦是如此。伯克指出，涂爾幹「一生的主要成果可以被稱爲『歷史哲學』，因爲它原則上將過去劃分爲三個時代：宗教時代、形而上學時代和科學時代，而『比較方法』——那個時代的另一個口號——則是歷史方法，因爲他將每個社會置於進化梯階之中」。〔註30〕伯克指出涂爾幹的三階段說和研究方法，與弗里德曼所論述的相近。

　　在演講中，弗里德曼承認「比較」的靈感是來自當時著名英國學者泰勒的人類學研究，「政治學」則是來自阿里士多德。愛德華・伯內特・泰勒（Edward Burnett Tylor，1832-1917）是「英國最傑出的人類學家」，是當時第一位對文化概念進行人類學定義的學者，亦是該學科的創始人。〔註31〕弗里德曼將比較政治學定義爲：「對各種政府和政治機構的比較研究」。在此學科之下，弗里德曼表示採用「政治機構」爲單位，代替泰勒在人類學中對各種不同「習俗、禮儀」等橫向比較。〔註32〕弗里德曼將兩者結合，認爲比較政治學的目標就是對各種政治機構的研究、分類和標籤。一個政治機構被研究、分類和標籤，就像那些建築師和動物學家，將建築物和動物視爲他們研究主題一樣。〔註33〕

---

strictly internal; it makes the least use of any facts beyond its own range; its argument is that which most distinctly carries its own conviction with it. Comparative Mythology does all this in a less degree; the third nameless science does so in a less degree still." （p.17）Freeman, Edward A., *Comparative Politics with the Unity of History*, Macmillan & Co., Ltd., 1896. 按：橫線爲本文所加，此書由兩演講稿合成，全部書名爲：*"Comparative Politics: Six Lectures Read before the Royal Institution in Jan. and Feb. 1873; with the Unity of History, the Rede Lecture, Read before the University of Cambridge, May 29, 1872 （1873）"*。

〔註30〕〔英〕彼得・伯克著、姚朋等譯：《歷史學與社會理論》（第二版），上海世紀集團，2010年1月，第9頁。

〔註31〕田建明：《泰勒：第一位對文化概念進行人類學定義的學者》，2009年國際人類學與民族學聯合會第十六屆大會，參閱日期：2010年2月26日，網址：http://www.mzb.com.cn/html/report/29709-1.htm。

〔註32〕"By Comparative Politics I mean the comparative study of political institutions, of forms of government. And, under the name of Comparative Politics I wish to point out and bring together the many analogies which are to be seen between the political institutions of times and countries most remote from one another. In this sense my subject is the more minute treatment of a part Mr. Tylor's subject, namely those customs, ceremonies, formulate, and the like, which have to do with the political institutions of different ages and nations."Freeman, Edward A., *Comparative Politics with the Unity of History*, Macmillan & Co., Ltd., 1896, p.12-13.

〔註33〕"For the purposes then of the study of Comparative Politics, a political institution

　　本文還發現，弗里德曼之歷史比較研究法，源自德國。民國時期學者范用寅指出，

　　　　德國歷史法在他國之第一影響，爲英之邁英（Henry Maine，1822-1888）。……邁氏之用歷史法則在反對社約論與樂利說：其著眼之點皆爲法理學。……邁氏方法所引出之新論題有二：一爲人類學；一即比較政治學。在英國取邁氏之歷史的比較法以研究政治學者，有胡里曼（E. A. Freeman, 1823-1892）之比較政治學，（Comparative Politics, 1873）〔、〕守理（Seeley, 1834-1895）之政治學通論，（Introduction to Political Science, 1896）〔、〕守格維克（Sidgwick, 1838-1900）之政治學原理，（Elements of Politics, 1889）及布萊士（Bryce, 1838-1922）之諸大名著。尤以布氏最後出版之近代民主政治，（Modern Democracies, 1921）博大翔實，一出之於客觀的觀察：此法之最大收穫也。〔註34〕

從上可看出，英國之人類學和比較政治學研究，受德國歷史法影響甚巨。亞當斯在 1895 年爲弗里德曼辯護時也說：「『歷史即政治』的概念，正如其在德國一樣，將在英美長存（The conception of history as politics survives in Germany as it does, and will do, in England- and America.）」。〔註35〕更見「歷史是過去的政治」此一名句，是弗里德曼總結自德國政治學傳統。

二、比較政治學的奠基人：西萊

　　弗里德曼和西萊對政治與歷史關係的看法，殊途同歸。十二年後，在同樣的場合——英國皇家學會演講中，西萊說：「對我來說，講授政治學就是一次歷史學講座」。〔註36〕西萊前述名句在嚴復《政治講義》亦有闡釋。嚴復在

---

is a specimen to be studied, classified, and labeled by those to whom buildings or animals are objects of study." Freeman, Edward A., Comparative Politics with the Unity of History, Macmillan & Co., Ltd., 1896, p.15. 按：弗里德曼因著有《建築史》一書，所以有此譬如。Edward A. Freeman, A History of Architecture, Joseph Masters, 1849.

〔註34〕 范用寅：《政治學中的歷史法》，《國聞周報》，第 6 卷第 34 號，1929 年 9 月 1 日，第 5 頁。

〔註35〕 Herbert B. Adams, *"Is History Past Politics?"*, Johns Hopkins University Studies in Historical and Political Science, Ser. 13, no. 4., 1895, p.78.

〔註36〕 "And in my opinion, to lecture on political science is to lecture on history." Seeley J. Robert Sir, *Introduction to Political Science: Two Series of Lectures*, London:

演講時，先不講政治學的定義，而先講歷史與政治的關係，深握西萊政治學說神髓。〔註37〕民國時期眾多學者均有引用西萊前述名句，如高一涵、〔註38〕陳序經、〔註39〕孫寒冰等〔註40〕以之說明歷史與政治之間的關係，西萊之影響力可見一斑。

　　在弗里德曼提出上述座右銘 18 年後，當時已有眾多批評聲音（frequent criticisms）。〔註41〕可能是針對當時各種批評，西萊對他的學科對象進行了小心翼翼的界定。西萊將其他各科對歷史材料利用的剩餘物視爲政治科學的素材。〔註42〕在西萊看來，歷史是人類智慧的結晶和偉大政治家的導師，當其他各科在取捨歷史過程中，它所剩餘下來的殘餘物必然以其他方式存在。當距離事發不是很遙遠的時候，它依然將是歷史學家無可爭議的「財產」。但他認爲，可以假定這些仍存的「財產」，變化不會如此之大，不會逐漸萎縮或在其他學科之間分配，將完全成爲一個單一學科的主題。這一學科，西萊認爲就是「政治科學」。〔註43〕「政治科學」一詞可能是西萊最早使用，並將之賦

Macmillan & Co., 1896, p.3.

〔註37〕　嚴復在《講義》第一會開場白不久後就說：「今夕所論，未及政治本題，乃先言政治與歷史相關之理。此語自表面觀之，似若無甚奧義。雖然，俟聞吾言，始知其中大有新理也。蓋二學本互相表裏，西人言讀史不歸政治，是謂無果；言治不求之歷史，是謂無根」。嚴復：《政治講義》，王栻主編：《嚴復集》，第 5 冊，北京：中華書局，1986 年，第 1243 頁。

〔註38〕　高一涵引用說：「歷史沒有政治學，是爲無果；政治學沒有歷史，是爲無根」。高一涵：《政治學綱要》，神州國光社，1930 年，第 20 頁。

〔註39〕　陳序經說：「西利（J·R·Seeley）以爲有了歷史沒有政治學，好像沒有果實，有了政治學沒有歷史，好像沒有根蒂。這種見解雖沒有夫利曼那麼極端，可是政治在歷史上的重要，還是很爲顯明」。陳序經：《文化學概觀》，中國人民大學出版社，2005 年 2 月，第 144 頁。

〔註40〕　孫寒冰引用說：「政治科學沒有歷史來充實牠的關係，便是空洞無物，歷史忽視了政治科學的關係，便成虛文」。孫寒冰：《政治科學與別種科學的關係》，《知行學刊》，第 2 號，1931 年 3 月，第 3 頁。另一說法是：「政治學是歷史的果實，而歷史是政治底基礎」。高爾松、高爾柏：《政治學要旨》，《社會學雜誌》，1923 年第 6 期，第 2 頁。不過，張慰慈在述及「政治學與歷史關係」時，並未提及西萊上述名句。張慰慈編：《政治學大綱》，上海：商務印書館，1923 年 2 月，第 17～18 頁。

〔註41〕　Herbert B. Adams, "*Is History Past Politics?*", Johns Hopkins University Studies in Historical and Political Science, Ser. 13, no. 4., 1895, p.67.

〔註42〕　Seeley J. Robert Sir, *Introduction to Political Science: Two Series of Lectures*, London: Macmillan & Co., 1896, p.6.

〔註43〕　"It is history, the great teacher of wisdom, the great instructress of statesmen, that I am thinking of, and it does seem to me that the residuum which now exists must

予清晰定義，界定爲一學科，應當說，西萊有其特殊貢獻。因此，本文將西萊視爲西方近代政治學的奠基人。

三、美國第一位歷史與政治學教授兼比較政府學鼻祖：雷伯

美國政治學在繼承母國傳統同時，也深受歐陸政治學傳統巨大影響，尤其是德國。《政治科學大全》列舉了德裔美籍第一位歷史與政治學教授雷伯的事業與作品爲例。

弗朗西斯・雷伯（Francis Lieber，1800-1872）出生於柏林，受過大學訓練且崇信自由主義。27 歲時，爲逃避拿破侖戰後保守派的迫害逃到美國。1835～1857 年，任在南卡羅萊納學院（South Carolina College）任歷史與政治經濟教授。1853 年，出版《人民的自由與自治政府》，經常用之爲教本。1857 年聘爲哥倫比亞學院（Columbia College）政治經濟與歷史講座教授。由於他像亞里士多德那樣，強調政府或政治哲學應成爲政治科學，因而在其要求之下，轉任「歷史學與政治學教授」，這是美國第一個獲得此職銜的教授（與 1911 年前，哈佛政府學系名稱「歷史學與政治學」相同）。〔註44〕

《政治科學大全》一書指出，「無論他（按：雷伯）對一八八〇年代重大事件影響如何，他樂於做爲歐洲大陸的與安格魯美國的主題與體裁混合的先驅（按：原文如此）。……此種歐美混合的精髓……使他能夠將日耳曼的哲學法律的配〔背〕景加諸於英美政治制度上」。〔註45〕

---

go the way of the rest, and that the time is not very distant when a science will take possession of the facts which are still the undisputed property of the historian. But I also think that the change will not be so great as might be supposed, for this reason, that the group of facts still remaining will not dwindle gradually or be distributed among a number of sciences, but will become altogether the property of a single science. What science? Political Science."Seeley J. Robert Sir, *Introduction to Political Science: Two Series of Lectures, London*: Macmillan & Co., 1896, p.12. 孫寒冰說：「西來〔萊〕以爲從前屬於歷史的事實，大部分已爲各種學科相繼佔去，其剩下來的殘餘便是現在所謂的歷史。他說，這剩下的一部分殘餘將來終有一天爲一種科學所佔據，這種科學便是政治科學。他說，有許多的歷史事實，已爲各種科學所分割，不復載於普通的歷史」。孫寒冰：《政治科學與別種科學的關係》，《知行學刊》，第 2 號，1931 年，第 3 頁。

〔註44〕　"1857, the year in which Francis Lieber was named American's first professor of history and political science at Columbia."Farr, James and Seidelman Raymond eds., *Introduction, Discipline and History: Political Science in the United States*, Ann Arbor: University of Michigan Press, 1993, p.15.

〔註45〕　〔美〕Dwight Waldo 著、劉丰新譯：《政治學的發展：傳統、學科、專業、科

　　除糅合歐陸和英國傳統外，據芝加哥學派創始人梅里亞姆的說法，這位雷伯先生不但是美國政府學研究的開山祖師（The founder of the systematic study of government），同時他還有一項傑出的成就，這就是將歷史與比較的研究方法介紹到政治學研究領域。（「His characteristic achievement was the introduction of a form of historical and comparative method of inquiry into the field of political study.」）。〔註46〕

　　除雷伯外，德國政治學傳統對美國政治學影響甚巨。眾所周知，當時德國教育制度為歐洲各國之冠。蔡元培先生曾說過：「竊查歐洲各國高等教育之編制，以德意志為善」。〔註47〕亦因此，德國教授在英美學界地位和享譽甚高。1920 年，《新青年》上有通信指出，「二十年前之英吉利、歐戰前之美利堅，其著名大學之教授均為德人，是以英、美學生聞 German Professor，莫不敬而重之」。〔註48〕20 年前，即世紀之交。

　　《政治科學大全》一書亦指出，除母國政治傳統外，美國政治學之興起與歐洲學術輸入密切相關。歐洲大陸至少在三方面為美國政治學發展奠定了基礎，分別為：（1）歐陸的大學制度；（2）政治學觀念；和（3）政治學人才。〔註49〕當時德國教授除因各種原因遠赴英美外，由於美國學術落後，學界留德風氣盛行，〔註50〕以赫伯特・亞當斯為例，就曾留學德國。〔註51〕前十任

學、事業》，《政治科學大全》，第 1 卷，臺北：幼獅文化事業公司，1982 年，第 35 頁。下簡稱：《政治學的發展》。

〔註46〕 Merriam Charles E., Recent Advances in Political Methods, Farr, James and Seidelman Raymond eds., *Discipline and History: Political Science in the United States*, Ann Arbor: University of Michigan Press, 1993, p.141.

〔註47〕 蔡元培：《北京大學改制之事實及理由》，張寶明、王中江主編：《回眸〈新青年〉》（社會思想卷），河南文藝出版社，1998 年 3 月，第 339 頁。原載《新青年》，第 3 卷第 6 號，1917 年 8 月 1 日。

〔註48〕 趙仁鑄、獨秀：《大學教授問題》（通信），張寶明、王中江主編：《回眸〈新青年〉》（社會思想卷），河南文藝出版社，1998 年 3 月，第 351 頁。原載《新青年》，第 8 卷第 2 號，1920 年 10 月 1 日。

〔註49〕 「美國社會科學並非只是繼承千年之久的西方傳統：若無十九與二十世紀專門的歐洲影響與貢獻，則無法瞭解美國的社會科學。培育社會科學成長的大學，在許多方面是由歐洲『輸入』的。來自歐洲的觀念與人才不只是幾門學科形成之期具有重要的地位；它亦繼續佔有決定性的影響」。〔美〕Dwight Waldo 著、劉聿新譯：《政治學的發展》，《政治科學大全》，第 1 卷，臺北：幼獅文化事業公司，1982 年，第 29 頁。

〔註50〕 有學者指出，在美國史學界，19 世紀的大部分時間都是業餘史家的一統天下。「到 1880 年，美國僅有 11 個歷史教授」。張艷玲：《赫伯特・B・亞當斯與美

美國政治學會會長亦大多有留德背景或相關學術淵源。只是兩次大戰摧毀了美國學界中的德國血統。〔註52〕

四、比較政治學在近代美國政治學中的地位

就當代中國政治學界主流而言，有嚴重貶低美國比較政治學在十九世紀末重要性的現象，而此時期實際上正是美國比較政治學蓬勃發展時期。目前，中國學界主流一般認爲，比較政治學在二戰後才得到發展，有學者甚至認爲比較政治學比政治學學科晚出。

1986 年，鄭世平先生在《美國比較政治學的發展》中指出，「十九世紀末到二十世紀的四十年代，是美國政治學迅速發展的時期。但在這幾十年中，比較政治學卻未能得到發展。……這種狀況，一直延續到第二次世界大戰結束時才開始發生變化」。鄭世平先生的看法並不孤立。1988 年，王滬寧在《二十世紀西方新學科評介》中原封不動地承襲了上述觀點。2001 年，南開大學出版社出版程同順編著的《當代比較政治學理論》，在追溯「舊的比較政治學」時，也持上述看法。2008 年，陳剩勇、李力東在《20 世紀 50 年代以來的西方比較政治學發展述評》一文中，亦持程氏相同之觀點。他們甚至還認爲：「比較政治學學科地位的確立時間應該要比政治科學的誕生更晚一些。……直到第一次世界大戰結束之後，比較政治學才成爲政治學中的一個獨立的研究領域」。〔註53〕總而言之，「作爲政治學分支學科的比較政治學

國專業史學》，《北大史學（13）》，2008 年 8 月，第 447 頁。原載 W. *Stull Holt, Historical Scholarship in the United States and Other Essays*, Seattle, 1967, p.4.

〔註51〕 《社會科學人物辭典》指出，亞當斯爲德國學者蘭克的嫡傳弟子。《社會科學人物辭典》，上海辭書出版社，1986 年 12 月，第 155 頁。然有學者指出，德國阿默斯特學院（Amherst College）校長希萊（Julius Seelye）和德國導師布隆奇利（Johann Kasper Bluntschi）爲亞當斯指明了治學方向，未有提及蘭克。張艷玲：《赫伯特‧B‧亞當斯與美國專業史學》，《北大史學（13）》，北京大學出版社，2008 年 8 月，第 444 頁。

〔註52〕 伊多‧奧倫說：「希特勒德國現在是十惡不赦的典型。納粹德國也有『優點』的話題在當前政治學（更坦率地說是指美國文化）中是一個禁區，而戰前它卻在很合法的討論範圍內。」〔美〕伊多‧奧倫著、唐小松、王義桅譯：《中文版序言》，《美國和美國的敵人：美國的對手與美國政治學的形成》，上海人民出版社，2004 年 8 月，第 10 頁。下簡稱：《美國政治學的形成》。按：不僅政治學領域，其他學術領域亦如此。

〔註53〕 鄭世平：《美國比較政治學的發展》，《美國研究》，1986 年，第 198、199 頁。王滬寧：《二十世紀西方新學科評介：當代西方政治學分析》，成都：四川人

主要是二次大戰以後隨著行爲主義的興起而發展起來的」，〔註 54〕已成目前中國政治學界的主流共識。

　　如上所述，美國政治學作爲一學科，從其誕生時起，它本身就是比較政治學，政府學即政治學，比較政府學即比較政治學。近代西方社會學之父之一涂爾幹曾指出，「比較社會學並非社會學的一支，它就是社會學本身」。〔註 55〕套用他的話，我們也可說：「比較政治學並非政治學的一支，它就是政治學本身」。這點前述從政治學作爲一學科比社會學誕生更早，僅次於比較哲學和比較神話學，及使用歷史比較法也可看出。不難想像，自從雷伯以來，比較政治學在美國政治學界中的主流地位。

　　1880 年，哥倫比亞政治學研究院創立，被譽爲美國政治學學科獨立的標誌性事件，約翰・伯吉斯（John W. Burgess）爲創院院長，其代表作《政治學及比較憲法論》於 1890 年發行，從書名可見，深深烙上了比較政治學和歷史比較法的印記。該書後在 1907 年從日文譯成中文，至 1913 年 4 月中譯本有 6 版之多。〔註 56〕與弗里德曼和西萊一樣，伯吉斯也有一名句經常爲民國學者所引用：「歷史而無政治，雖然不是個死屍，也是個跛子，政治而無歷史，好像是閉著眼睛，在暗中摸索的人」。〔註 57〕

　　1889 年，後來當選美國總統的威爾遜（Woodrow Wilson, 1856-192）發表的《國家論》這是美國政治學中第一本比較政治學專著。1893 年，後來擔任第一任美國政治學會會長的古德諾（Frank. J. Goodnow, 1859-1939）出版《比較行政法》。從上述例子，不難想見錢端升所專長的比較政治學在美國政治學

　　　　民出版社，1988 年，第 116 頁。程同順編著：《當代比較政治學理論》，南開大學出版社，2001 年，第 4 頁。陳剩勇、李力東：《20 世紀 50 年代以來的西方比較政治學發展述評》，《政治學研究》，2008 年第 6 期，第 116 頁。

〔註 54〕　孫關宏：《中國政治學：科學與人文的探索》，上海人民出版社，2008 年 4 月，第 37 頁。

〔註 55〕　〔英〕彼得・伯克著、姚朋等譯：《歷史學與社會理論》（第二版），上海世紀集團，2010 年 1 月，第 22 頁。

〔註 56〕　〔美〕巴路捷斯著、日本高田早苗譯、朱學曾等重譯：《政治學及比較憲法論》，上海：商務印書館，1913 年 4 月 6 版。

〔註 57〕　高爾松、高爾柏：《政治學要旨》，《社會學雜誌》，1923 年第 6 期，第 2 頁。陳如暉：《寫給研究政治的朋友》，《政治與經濟》（上海大夏大學法學院同學會編輯委員會編），第 3 期，1934 年 4 月，第 63 頁。亦見張慰慈編：《政治學大綱》，上海：商務印書館，1923 年 2 月，第 18 頁。楊鴻烈：《史學通論》，上海：商務印書館，1939 年，第 267 頁。朱謙之：《現代史學概論》，黎紅雷編：《朱謙之文集》，第 6 卷，福建教育出版社，2002 年 9 月，第 44 頁。

中的地位。在下列前十任美國政治學會會長中，至少有五位或以上曾在比較政治學領域作出卓越貢獻，比較政治學之顯赫地位，可見一斑。

美國政治學會首十屆會長與比較政治學之關係一覽：〔註58〕

屆數	年份	姓　名	譯名	大　學	比較政治學著作
1	1903-5	Frank J. Goodnow	古德諾	哥倫比亞	《比較行政法》〔註59〕
2	1906	Albert Shaw	蕭	紐約城	
3	1907	Frederick N. Judson	賈德森	聖路易斯	
4	1908	James Bryce	布賴斯	華盛頓	《現代民治政體》〔註60〕
5	1909	A Lawrence Lowell	洛厄爾	哈佛	《歐洲大陸的政府和政黨》〔註61〕
6	1910	Woodrow Wilson	威爾遜	普林斯頓	《國家論》〔註62〕
7	1911	Simeon E. Baldwin	鮑德溫	紐黑文	
8	1912	Albert Bushnell Hart	哈特	哈佛	
9	1913	Westel W. Willoughby	韋羅貝	約翰·霍普金斯	✓〔註63〕
10	1914	John Bassett Moore	摩爾	華盛頓	

〔註58〕 *Officers of the American Political Science Association for the Year, 1905-1914*, Proceedings of the American Political Science Association, Vol. 1-10, Annual Meeting 1905-1914.

〔註59〕 〔美〕古德諾著、白作霖譯：《比較行政法》，中國政法大學出版社，2006年。

〔註60〕 Bryce James, *Modern Democracies, Vol. I & II*, The MacMillan & Co., 1921. 〔美〕蒲徠士著、楊永泰譯：《現代民主政治》，上海：泰東圖書局，1924年再版；〔美〕蒲徠斯著、梅祖芬譯、張慰慈校：《現代民治政體》，第1編，上海：商務印書館，1923年6月；第2編上，趙冠青譯、張慰慈校，1927年7月初版，1933年1月國難後第1版；第2編中，趙蘊琦譯、張慰慈校，1923年6月初版，1926年7月再版；第2編下，張慰慈譯：出版地年月不詳。〔美〕蒲徠斯著、張慰慈、梅祖芬、趙蘊琦、趙冠青、陳建民譯述：《現代民治政體》，14冊，上海：商務印書館，1935年9月初版。

〔註61〕 A. Lawrence Lowell, *Governments and Parties in Continental Europe*, Vol. 1 &2, Harvard University Press, 1896.

〔註62〕 Wilson Woodrow, *The State: Elements of Historical and Practical Politics, A Sketch of Institutional History and Administration*, Boston: D. C. Heath & Co., Publishers, 1889.

〔註63〕 據《學科與歷史》所言，跟隨雷伯（Francis Lieber）比較政治學步伐的還有伯吉斯（John W. Burgess）、威爾遜（Woodrow Wilson）和威羅貝（W. W. Willoughby）等。Farr, James and Seidelman, Raymond eds., *General Introduction, Discipline and History: Political Science in the United States*, Ann Arbor: University of Michigan Press, 1993, pp.2-3.

五、美國比較政治學的二次衰落

近代美國政治學，大致可分三個階段：

一、1880 年前的學院派政治學，爲起源期。此時期「教學目標最重要在於形成（個人及公民的）道德個性，其次爲參與群眾生活的訓練，如訓練牧師、法官或其他職位。政治學的教學並未形成一學院的政治『學系』」。〔註64〕

二、1880 年至 1903 年美國政治學會成立，〔註65〕爲美國政治學研究制度化時期，亦即「美國化」（Americanization）或「本地化」（Localization）時期，1880 年哥倫比亞研究院的創立就是其標誌，〔註66〕美國政治學開始和英國與歐陸各國分道揚鑣。

〔註64〕〔美〕Dwight Waldo 著、劉聿新譯：《政治學的發展》，《政治科學大全》，第 1 卷，臺北：幼獅文化事業公司，1982 年，第 32～33 頁。此一時期，「政治學依然多少仿照此時英國大學的模式而置於『古典』課程內，且帶有宗教定向的意味。有三種類型的教材資料充做政治學教學基礎：（1）採自古典文學教材，包括歷史，這些教材適於加強政治道德及語言與歷史的教授；（2）第一流的政治思想論著，如古代的柏拉圖與亞里斯多德的作品及近古的洛克與哈靈頓（Harrington）的作品；及逐漸增加的（3）論文與『教材書』。國際法締造者作品亦被廣泛使用。如格勞秀斯（Grotius），普芬道夫（Pufendort），瓦泰爾（Vattel）及波拉馬奎（Burlamaqui）。最爲人所喜愛的爲『哲學』作品。經常爲人研究的爲法蘭西斯哈欽遜的《道德哲學簡論》（A Short Introduction to Moral Philosophy）；其中有幾章熱衷於政治）；及在其一七八五年出版之後最爲重要的威廉佩利的《道德與政治哲學原則》（William Paley's The Principles of Moral and Political Philosophy）」等。同上，第 33～34 頁。

〔註65〕吳清先生認爲美國政治學會成立於 1890 年有誤，應爲 1903 年 12 月 30 日。吳清：《本世紀以來比較政治學在美國的發展》，《國外社會科學》，1994 年第 1 期，第 65 頁。

〔註66〕此時期美國政治學約有三個趨勢：第一「爲教學資料內容增加及日漸分歧。如孟德斯鳩、基佐（Guizot）、亞當·斯密斯（Adam Smith）及托爾維克的作品成爲盛行教學材料」。第二「爲學科的分化與世俗化。『哲學』被分化了且劃分成各個不同的學科。不但『自然』哲學從『道德哲學』分劃出來，且『政治哲學』亦有別於『倫理學』。史學與經濟學亦開始自覺。法律研究亦迅速趨向專業化」。第三「爲趨向『美國化』（Americanization）」，這尤表現在美國獨立與成立聯邦之後，美國本地學者的作品，可與「採自外國的作品相抗」。如「其中最具重要性的爲對美國國家組成的文件、公民的論著的重視。如美國《獨立宣言》與憲法在某些研究上成爲主要的論題。依照時間與政治派別的嗜好而增加了許多作品。如《聯邦論》（The Federalist）、信函、政治家的演說（華盛頓《告別演說》〔Washington's Farewell Address〕）……重要的司法意見、立法決議案、及愛國的演說」等。〔美〕Dwight Waldo 著、劉聿新譯：《政治學的發展》，《政治科學大全》，第 1 卷，臺北：幼獅文化事業公司，1982 年，第 33～34 頁。

三、1903 年至一戰的結束前，爲美國政治學專業化時期，1903 年的美國政治學會的創立就是其標誌。〔註 67〕在此之前，各種與政治學相關之學科專業學術團體相繼成立（詳見下表）。

與美國政治學相關之學科專業學術團體成立一覽：〔註 68〕

學 會 名 稱	年　　份
美國歷史學會	1884 年
美國經濟學會	1885 年
美國政治學與社會科學學會	1889 年
美國社會學會	1903 年
美國政治學會	1903 年

在第三階段，德國的影響力明顯開始逐漸衰退，英國影響力則逐漸上昇。這點從 1908 年，布賴斯（James Bryce）以一英國人身份擔任美國政治學會第四屆主席就可窺見。〔註 69〕布賴斯，即前述民國學者范用寅指出比較政治學之集大成者。日本學者內田滿亦認爲，美國「新政治學的志向性最大起伏年份應該是 1908 年」。他指出，

　　　　眾所周知的是，這一年正是奠定了現代美國政治學的基礎和位置的阿瑟・F・本特萊（Arthur F. Bentley）的《政治過程》被刊行的年份，同時也正是在這一年，發揮了新政治學牽引車作用的洛厄爾和伍德魯・威爾遜相繼出版了《英國的政治》和《美國的立憲的政治》。〔註 70〕

內田滿所言的「新政治學」是美國政治學傾向研究「政治制度的實際活動」，即「行動中的政府」。繼布賴斯之後，洛厄爾和威爾遜分別在 1909 和 1910 年繼任會長，更見比較政治學勢力之增長。

不過，隨著社會科學諸學科發展，歷史學在美國政治學中的優越地位受

〔註 67〕 Farr, James and Seidelman Raymond eds., *Discipline and History: Political Science in the United States*, Ann Arbor: University of Michigan Press, 1993.

〔註 68〕 〔美〕Dwight Waldo 著、劉聿新譯：《政治學的發展》，《政治科學大全》，第 1 卷，臺北：幼獅文化事業公司，1982 年，第 46～47 頁。

〔註 69〕 Officers of the American Political Science Association for the Year 1908, *Proceedings of the American Political Science Association*, Vol. 4, Fourth Annual Meeting （1907），p.6.

〔註 70〕 〔日〕內田滿著、唐亦農譯：《早稻田與現代美國政治學》，上海：復旦大學出版社，2003 年 10 月，第 224 頁。

到挑戰，梅里亞姆領導的芝加哥學派開始在 20 年代開始脫穎而出。1925 年，梅里亞姆在《政治學的新志向性》裏把政治學的發展劃分為四個階段：一、至 1850 年止為先天的與演繹的方法為主；二、1850～1900 年以歷史的與比較的方法為主；三、1900 年以後的趨勢是觀察、調查、測定；四、約從 1924 年開始為心理學方法的開展。〔註 71〕

　　第四階段，即梅里亞姆領導的芝加哥學派。這四個階段，當時中國政治學界亦有認知。1932 年 6 月，清華政治學會《政治學報》發表《政治學最近之趨勢》一文，將梅里亞姆上述觀點介紹給國人。〔註 72〕其中，第三階段「觀察、調查、測定」，即洛厄爾、威爾遜和布賴斯等人所強調的實地觀察。洛厄爾說：「政治是一種觀察的科學，不是一種實驗的科學……研究政治制度之實況和功用的主要實驗室不是一個圖書館，而是外面政治生活的世界」。〔註 73〕可見在 1900～1924 年間，比較研究法依然大行其道。

　　第三階段的美國政治學之所以轉型，是因為從 1880 年哥倫比亞研究院成立到 19 世紀末，隨著美國工業化、城市化的發展，社會出現了急劇變化。美國憲法已不能適應急劇的社會變化，不僅政府政策與憲法、連政府運作亦與社會脫節，研究現實政治成為 19 世紀末到 20 世紀初美國政治學的一股新趨向。與此同時，其他新興學科的出現（見上表），也吸引了美國政治學家的目光，比較政治學迎來了它的第一次衰落。但這次衰落的只是歷史研究法，比較方法仍然盛行。

　　《政治科學大全》一書指出，「歷史比較法在美國幾乎從其開始便遭到反對。威爾遜（Woodrow Wilson）於一八八○年在約翰霍浦金斯大學研究所研究時，他便反對經由文件的『翻查』對政治『生活』的觀察。隨即極少數政治學家放棄了嚴謹的歷史研究而轉注於實際的政治事務。其他學科亦相繼提出

〔註 71〕　〔日〕內田滿著、唐亦農譯：《早稻田與現代美國政治學》，上海：復旦大學出版社，2003 年 10 月，第 241～242 頁。

〔註 72〕　清華大學政治學會：《政治學最近之趨勢》，《政治學報》，國立清華大學政治學會，1932 年 6 月，第 1 頁。

〔註 73〕　〔美〕加納著、孫寒冰譯：《政治科學與政府（1）》，上海：商務印書館，1946年 11 月，第 49 頁。《政治學大綱》指出，「蒲徠士頗注重觀察的方法，即先審視實際在工作的政府，和其政治制度，然後再進而研究之。他訪問他所要研究的國家，和各該國公務人員談話；並直接觀察政府的工作，及其已往的工作」。按：布賴斯（即蒲徠士）關注的「在工作的政府」即洛厄爾的「行動中的政府」。〔美〕高納原著、顧敦鍒譯：《政治學大綱（上）》，上海：世界書局，1946 年 9 月，第 24 頁。

其本身許多具有吸引力的觀念與方法。歷史比較法的『大』（Grand）時代消失了。……到了二十世紀中葉，歷史不再被視爲政治『法則』的基本淵源，或甚至爲政治『瞭解』的基本法則，而被視爲其他許多『淵源』中的一個」。〔註74〕

上述所言，前半不免言過其實。事實上，歷史比較方法依然大行其道。謝潑德（W. J. Shepherd）在《社會科學史綱》（1925 年）中指出，「政治學在過去三十年中之發展具有若干特性，至今猶甚顯著。第一，歷史方法已得到一致之公認。……歷史與比較之著述日漸增多」。〔註75〕「過去三十年中」，即約 1895 年。此前 10 年，威爾遜在其成名著《國會政府》（1885 年），對「行動中政府」作出研究同時，其 1889 年所著第一本美國比較政治學專著《國家：歷史和現實的政治要素》（即《國家論》）亦問世。當時有學者指出，威爾遜認爲「比較和歷史研究方法是研究政治唯一完善的方法」。〔註76〕本文檢閱原文，完整原話是：「比較和歷史研究方法是研究政治唯一完善的方法，我現在當然並不是要爭辯這一點。本書的出版目的，我相信不用再行解釋或證明，我唯一需追問的是，對它錯誤使用的寬容」。〔註77〕

至於「『大』時代消失」，是因爲比較政治學從宏觀分析層面進入了微觀層面，及研究以現實政治爲導向。但無可否認，世紀之交前後，歷史研究法

〔註74〕 〔美〕Dwight Waldo 著、劉聿新譯：《政治學的發展》，《政治科學大全》，第 1 卷，臺北：幼獅文化事業公司，1982 年，第 40 頁。

〔註75〕 〔美〕謝潑德著、王造時、謝詒徵譯：《社會科學史綱》，第 8 冊（政治學），長沙：商務印書館，1940 年 7 月初版，第 557 頁。按：《社會科學史綱》，即 "The History and Prospects of the Social Sciences" 一書。該書沒顯示原版日期。據錢端升等撰寫書評顯示，該書出版於 1925 年。陳翰笙、高仁山、錢端升："H. E. Barnes and Others: The History and Prospects of the Social Sciences（書評）"，《國立北京大學社會科學季刊》，第 3 卷第 4 號，1925 年 9 月，第 598 頁。下簡稱《北大社科季刊》。

〔註76〕 Benjamin E. Lippincott, Bias of American Political Science（1940），Farr, James and Seidelman, Raymond eds., General Introduction, Discipline and History: Political Science in the United States, Ann Arbor: University of Michigan Press, 1993, p.149. 按：作者未注明資料來源。

〔註77〕 該書若不計 29 頁目錄、前言和書後索引，僅內文共有 668 頁，這樣厚的書，以至威爾遜不得不說：「希望最近幾年英語世界興起這麼多的比較政治學研究能對教師們接受它有所幫助」。可見威爾遜並未反對歷史比較法本身。Wilson Woodrow, Preface, The State: Elements of Historical and Practical Politics, A Sketch of Institutional History and Administration, Boston: D. C. Heath & Co., Publishers, 1889, pp. xxxv-xxxvi. 按：該書在 1890 年再版，1898 年修訂時，目次和內容作了更動。

是衰落了。「比較方法雖然脫離了嚴謹的歷史研究，但仍用於兩個主要領域。其一為外國政府研究。但是對於外國政府的研究限於大多數歐洲及參照歐洲形式的政府；且傾向於描述的及形式的『比較』。其二為研究地方及州政府。那些政府，尤其是州政府經常被視為可從事比較試驗的『實驗室』」。〔註78〕

　　至於第二次衰落，即比較法的衰落。在 30 年代，不僅民主政治退潮，即連七大國中也只剩下三個民主國家，比較基礎已經崩潰，國外比較政治學研究自然衰落。在此之前，社會科學其他諸學科在獨立或成立專業學會後，政治學研究繼續趨向社會科學化。在各種「推」和「拉」因素影響之下，比較政治學研究直到二戰後才再次復興。在此期間，儘管其經歷二次衰落，但由於其深厚的歷史淵源，比較政治學勢力仍存。

　　據美國學者索密托等人研究結果表明，在 1910 年，「大學生非常頻密地面對的科目是由『比較政治』和『一般政治』的組合搭配，『美國政治』是列於第二位的，但大致僅只 5 年之後，『美國政治學』就佔據了第一位，『比較政治』就此被拉開距離降至第二位」。〔註79〕1924 年，時在威斯康辛大學習政治學的清華學生李迪俊特意為清華學生介紹了當時美國政治學頂尖的人學和教授，茲臚列如下：

Professor（教授）	University（大學）
Ⅰ. On Constitutional Law（憲法）	
E. S. Corwin ·················	Princeton
T. R. Powell ·················	Columbia
R. E. Cushman ·················	Cornell
J. P. Hall ·················	Chicago
Ⅱ. On Administration Law and Administration（行政法和行政）	
F. J. Goodnow ·················	John Hopkins
E. Freund·················	Chicago
J. H. Fairlie ·················	Illinois
E. Kimball ·················	Smith College（女校）

〔註78〕 〔美〕Dwight Waldo 著、劉聿新譯：《政治學的發展》，《政治科學大全》，第 1 卷，臺北：幼獅文化事業公司，1982 年，第 43 頁。

〔註79〕 〔日〕內田滿著、唐亦農譯：《早稻田與現代美國政治學》，上海：復旦大學出版社，2003 年 10 月，第 217 頁。原載 A. Somit and J. Tanenhaus, *The Development of American Political Science: From Burgess to Behavioralism*, 1967, pp.61-62. 按：「美國政治」和「美國政治學」，原文如此。

III. On Political Parties（政黨）	
E. M. Sait	California
C. E. Merriam	Chicago
R. C. Brooks	Swarthmore College
P. O. Ray	Northwestern
IV. On Political Theories（政治理論）	
F. W. Coker	Chio〔Ohio〕
C. E. Merriam	Chicago
R. T. Crane	Michigan
R. G. Gettell	ealifornia〔California〕
V. On Comparative Government（比較政府）	
F. A. Ogg	Wisconsin
L. Rogers	Columbia
A. H. Holcombe	Harvard
VI. On Municipal Government（市政）	
W. E. Munro	Harvard
H. L. Hcbain〔Mcbain〕	Columbia
F. J. Goodnow	John Hopkins
T. H. Reed	Michigan
R.T. Crane	Miehigan〔Michigan〕

資料來源：李迪俊：《遊美一夕談》，《清華週刊》，第 318 期，1924 年 6 月 13 日，第 59 頁。

在列表中，從李迪俊仍將比較政府學單獨列為重點介紹，可見其在 20 年代美國政治學中仍有分量，其中哈佛大學教授何爾康，即錢端升的博士論文導師，是繼洛厄爾之後的比較政府學學術重鎮。〔註80〕1925 年 12 月 28～30 日，美國政治學會召開了以「比較政府」為主題的年會，探討最近歐洲國家的政府與政治發展。〔註81〕1961 年《美國政治學會傳記通訊錄》（簡稱 APSP），

〔註80〕 1919 年何爾康繼洛厄爾之後，出任哈佛大學政府學系主任。1928 年訪華，回國後在 1930 年出版《中國的革命》和《中國革命的精神》二書，這是他在實踐洛厄爾所提倡的「行動中的政府」，即實地觀察、調查和研究現實中的政治。

〔註81〕 Kenneth Colgrove, *Comparative Government, Reports on Round Table Conference Held in connection with Annual Meeting of the American Political Science Association*, New York, December 28-30, 1925, *The American Political Science Review*, Vol. 20, No. 2 （May, 1926）, pp.396-399.

對 1930 年代學會年會已認可之嚴謹次學科範疇的最後巡禮包括：〔註 82〕

一、美國的全國政府；	五、政治理論；
二、比較政府；	六、公共行政；
三、國際法和國際關係；	七、公法；
四、政黨；	八、州和地方政府。

　　除第三項外，APSP 所列八大學科與李迪俊所舉大致不差。這是因為國際關係學作為一學科在 1919 年成立還剛不久。〔註 83〕從「比較政府」學科在 1930 年代仍名列第二，更可見其勢力仍存（部分原因是德國仍在民主陣營內）。因此，它的衰落有一緩慢過程：從 1917 年俄國革命始，到 20 年代法西斯主義興起、30 年代日本脫離憲政常軌〔註 84〕及納粹主義的興起，國外比較政府學才真正衰落了。

〔註 82〕　《原序》，《政治科學大全》，第 1 卷，臺北：幼獅文化事業公司，1982 年，第 14 頁。

〔註 83〕　就國際關係學而言，它作為一門年輕的學科出現於一戰之後。在成立初期，挪威學者托布約爾·克努成指出，「許多課程在理論上是貧乏的，許多著作在思想上是短見的。早期的國際關係學學者大多局限於威爾遜的國際政治觀」。這是有原因的，愛德華·卡爾認為，每一新學科都是應某種需求和願望而產生的。一戰之後，「避免戰爭的熱切期望決定了最初的研究方法和方向。正如其他學科一樣，國際政治學具有明顯的烏托邦性質」。另外一個原因：「國際關係學成長的領域主要局限於北大西洋文化。它的語言是英語；它的理論傳統是自由主義；它的戰爭、財富、和平、權力等概念來自於啟蒙主義。歐洲大陸的學者也研究國際政治，但是他們的研究是在傳統的法律、社會學、歷史學、地理學及其他較為成熟學科的範圍內進行的」。1919 年，威爾士大學開設了國際關係學的第一個教席，其他大學紛紛仿傚。國際關係學很快成為最受歡迎的課程。但「在研究方法上，這些課程更多地依賴歷史調查和法律探討而非社會科學方法」。而英美之間的分差是，英國的大學較強調歷史根源和外交含義，美國則較強調法律，往往重視法律的正式義務與國家實際行為之見的差異。〔挪威〕托布約爾·克努成著、余萬里、何宗強譯：《國際關係理論史導論》，天津人民出版社，2004 年，第 215、218 頁。

〔註 84〕　1924～1931 年間，日本議會政治的「憲政常道」之所以能勉強維持，是因為政權的授受並未委諸眾議院多數，首相的奏薦權掌握在「桂園時代」碩果僅存的元老西園寺公望手中。西園寺的立場是維持議會政治，堅持對英美協調。1930 年 10 月倫敦條約的成立，是西園寺、民政黨內閣、海軍條約派的勝利，也是政黨內閣達到頂峰，下跌的轉折點。由於「滿洲事件」和「五·一五事件」（即「九·一八事變」和 1932 年 5 月 15 日，日本首相犬養毅被暗殺事件），政黨內閣崩潰了。〔日〕升味準之助著、董果良，郭洪茂譯：《日本政治史》，第 3 冊，北京：商務印書館，1997 年，第 543～544、547 頁。

　　從上可知，在美國政治學發展史當中，比較政治學曾出現過兩次衰落期。第一次爲世紀之交前後，即威爾遜在美國第一本比較政治學專著——《國家論》（1889 年）中——提出反對「錯誤使用」歷史比較法約 10～15 年後，至美國政治學會（1903 年）成立前後。

　　在此之前，威爾遜和洛厄爾分別在 1885 年《國會政府》〔註85〕和 1889 年《政府諸論》中提出美國政治學研究應注重「行動中的政府」。〔註86〕7 年之後，洛厄爾在《歐洲大陸的政府和政黨》（1896 年）中亦再次強調有必要對「現代政府的實際活動」的「徹底研討」的必要。〔註87〕加上其他社會科學諸學科的牽引，在內部「推」和外部「拉」的相互作用之下，導致了歷史研究法第一次衰落。歷史研究法的衰落約與美國進步主義運動同步，因爲隨著憲法和社會脫節，政治學開始關注現實政治。

　　這次衰落誠如《政治科學大全》所言，是國內政府學或個別國家政府的歷史研究法的衰落，亦即從歷史上的研究轉向現實中的政府研究，趨向貼近現實政治（real politick）。借用當代術語表示，近、現代史仍歸屬歷史學範疇，當代史則被劃分爲政治學範疇，政治學將最近發生的「歷史」作爲它的研究對象，這就是威爾遜和洛厄爾所提「行動中的政府」的劃時代意義。簡言之，第一次衰落爲政治學與歷史學脫鉤。這點從 1911 年哈佛大學政府學系由「歷史學與政府學系」改爲「政府學系」就可以看出，洛厄爾（1909～1933）出任校長僅兩年後，憑其在學界的影響力，將「歷史學」從系名去掉，可見美國政治學風向之改變。

　　與此同時，國外政府學研究，則仍在採用歷史比較研究法，1921 年布賴

〔註85〕 "My chief aim in these essays has been, therefore, an adequate illustrative contrast of these two types of government, with a view to making as plain as possible <u>the actual conditions</u> of federal administration."Wilson, Woodrow, *Preface, Congressional government, A study in American politics,* Second Edition, Boston: Houghton, Mifflin and Co., 1885, pp. v-vi.「因此，我寫這些文章的主要目的在於充分說明這兩種政府（按：議會制政府和國會制政府）的差別，以便盡可能清楚地表明聯邦政府的各種實際情況」。〔美〕威爾遜著、熊希齡、呂德本譯：《前言》，《國會政體：美國政治研究》，北京：商務印書館，1986 年，第 15 版。按：橫線爲本文所加。

〔註86〕 "the real mechanism of a government can be understood only by examining it in action." Lowell, A. Lawrence, *Essays on Government,* Boston and New York: Houghton, Mifflin and Co., 1889, p.1.本文將之概括爲「行動中的政府」（government in action）。

〔註87〕 〔日〕內田滿著、唐亦農譯：《早稻田與現代美國政治學》，上海：復旦大學出版社，2003 年 10 月，第 224 頁。

斯的《現代民治政體》（Modern Democracies），是此一時期的代表兼巔峰之作，但在此巔峰之後，即使連國外比較政府學也隨即衰落，30 年代初期，梅里亞姆曾一度倡導比較公民教育研究，但這也只是迴光返照而已。〔註 88〕

第二節　近代中國比較政治學發展概述

近代日本政治學對中國的影響，目前已有學者進行研究。如孫宏雲的《小野冢喜平次與中國現代政治學的形成》對近代日本「科學的政治學的創始人」小野冢的《政治學大綱》七個中文譯本進行了研探。〔註 89〕就近代中國政治學而言，除譯介政治學著作外，也十分關注研究方法的介紹。〔註 90〕這是因為，研究方法本身是否科學，決定著其研究結果的客觀性，亦即代表著政治學是否科學這一要旨。與美國政治學發展稍有不同的是，近代學者在譯介時，有調和歷史和哲學的傾向。

1902 年 5 月 28 日，在被梁啟超認為較《時務報》儘勝的《選報》上，〔註 91〕有一篇佚名《那特碪政治學小引》〔註 92〕指出，政治學雖源於古希臘柏拉圖和亞里士多德二大家，但「二千餘年間，已逡巡委縮。……名則稱為學科，而實則不過鹵莽糅雜之政治論耳」，直到四五十年前，歐洲政治社會一新，「政治學亦遂變其面目，一躍而達學科之堂奧」。該文認為其進步最顯著者，有以下因素：「第一理論與事實之調和」；「第二哲學派與史學派之合體」；「第三國家批評之考究」。該文並將當時國家理論學派分為四個：一、哲學派；二、君權派；三、神權派；四、民權派；研究方法則分為五個：一、歷史學派；二、法理學派；三、心理學派；四、比較學派；五、分析學派。〔註 93〕可見社會科學諸學科仍處於萌芽階段。

〔註 88〕　〔美〕麥理安著、黃嘉德譯：《公民教育》（The Making of Citizens），北京：商務印書館，1935 年。

〔註 89〕　孫宏雲：《小野冢喜平次與中國現代政治學的形成》，《歷史研究》，2009 年第 4 期。

〔註 90〕　〔英〕彼得·伯克著、姚朋等譯：《歷史學與社會理論》（第二版），上海世紀集團，2010 年 1 月，第 9 頁。

〔註 91〕　《紹介新著：〈選報〉》，《新民叢報》，第 6 號，1902 年 4 月 22 日，第 9 頁。

〔註 92〕　此文有可能出自馮自由的譯筆。北京大學圖書館目錄顯示《政治學》一書「那特碪著、馮自由譯」，光緒 28 年（1902 年），上海廣智書局出版。

〔註 93〕　佚名：《那特碪政治學小引》，《選報》，第 17 期，壬寅四月廿一日（1902 年 5 月 28 日），第 6〜9 頁。

　　除《新民叢報》上的譯介外，1902 年楊廷棟〔註94〕所著的《政治學教科書》出版，這可能是近現代中國較早期的政治學教科書之一。若將之視爲正式政治學著作，則比嚴復 1905 年的《政治學講義》還早三年。此書雖小，全書僅 47 頁，但五臟俱全，且行文短小精悍，幾乎凡與民主政治相關之議題及主要國家，均有涉及，僅將目錄臚列如下：

第一章	政治學及學派	第十章	自治制度
第二章	國家	第十一章	法國政治
第三章	法律	第十二章	德國政治
第四章	權利自由	第十三章	普國政治
第五章	政體	第十四章	瑞士國政治
第六章	國憲	第十五章	澳地利匈牙利政治
第七章	主權	第十六章	瑞典瑙威政治
第八章	三權說	第十七章	英國政治
第九章	大臣官吏及政黨	第十八章	北美合眾國政治

　　關於民國時期比較憲法著作，其編目大致有兩種方式。一爲王世杰、錢端升合著的《比較憲法》，以憲法條目爲主；一爲上述楊廷棟的編目，以國家爲主。在第一章《政治學及學派》中，楊廷棟指出近代政治學研究方法，雖「其法至不一」，但「要不外乎二派，一曰哲學派，二曰史學派」。他指出兩派各有弊端，前者流於空想，後者拘於事實。「要之哲學派，以思想爲主，而徵之事實以定其說。史學派曠觀當世之事實，而考求其進化。兩者實相輔相行，不可偏廢，惜古之學者，往往得其偏而未得其全，蓋直至十九世紀，兩派始有相合之勢，而政治學乃大爲進步云」。〔註95〕

　　近代西方政治學集歷史和哲學之大成，1913 年的《進步》雜誌上的一篇《國家原理與政治學沿革史》也曾指陳之。該文作者將國家原理與政治學的發展分爲七個階段，包括：（一）中興時代學派；（二）天然人權學派；（三）

〔註94〕　楊廷棟（1878～1950），字翼之，吳縣人。早年即有遠志，捨科舉而習新學，由隱貧會資助，蘇州中西學堂畢業。光緒 23 年（1897），考入南洋公學。「國文冠其曹，下筆千言，頃刻而就」。次年，被擇爲第一批公費生去日本早稻田專門學校學習法政。歸國後，應南通張謇之聘，主講法政講習所。後與松江雷奮，爲張謇左右手。此書應當爲法政講習所教科書之一。參見《楊廷棟》，《吳縣歷史名人》，1990 年，第 211 頁。

〔註95〕　〔清〕楊廷棟：《政治學教科書》，上海：作新社，1902 年 11 月 5 日印刷、11 月 19 日發行，第 1～2、3 頁。

威權派；（四）治安國家派；（五）史學派；（六）哲學派；（七）哲學史學聯合派。〔註96〕錢端升在 30 年代亦表示：

> 治政治學的方法細別之〔，〕本種類甚多，然大別之則僅兩種：
> 一種偏重主觀、直覺、抽象、理論、演繹；它一種則偏重客觀、事
> 實、歸納，前者我們不妨叫玄哲的方法，而後者科學的。就希臘學
> 者而言，我們可以柏拉圖代表前一種的方法，而以亞里斯多德代表
> 後一種……〔不過，〕兩者的差別本是比較的，而不是絕對的。重
> 理論者不能完全不以事實為根據，而重客觀者亦未必能盡掃一切的
> 主觀。所謂科學的方法即比較的方法。〔註97〕

可見比較政治學研究方法，直到 30 年代仍未脫離上述兩大範疇。不過，就錢端升而言，他的治學方法是偏向後者，輕哲重史。從清末京師大學堂開始，歷經朝陽、北大、清華，教學超過 20 多年，直到 30 年代仍擔任法學教席的程樹德曾指出，「沿革法學比較法學皆為歐洲一大學派，盛行於大陸法系諸國。余少時入日本和佛法律學校（今為法政大學）沐其遺風，故講學言從比較入手」。〔註98〕沿革法學即歷史法學，亦因此，他將書命名為《憲法歷史及比較憲法》，一葉知秋，可見歷史比較法在日本也曾大行其道。

　　在該書中，程樹德將憲法的研究方法分為四種：

一、成義的研究法	此派之研究，以解釋本國條文為主，而以慣習及判例附之，他國之制度，及學理之爭論，則不之及，英美法繫屬之。
二、理論的研究法	此派之研究，專注重學理，如國家發生原因，及存在理由，統治權原理等，皆其主要部分，至條文之解釋，則不重視，甚有全不涉及者，德國法繫屬之。
三、歷史的研究法	此派之研究，專注重憲法之歷史，每條必討論其沿革，謂之沿革法學派，亦盛行於德國，蓋歷史派本哲學中之一派，其後應用於法學，於法律之進化，有極縝密之研究云。
四、比較的研究法	此派之研究，以本國條文為主，比較各國現行制度而論其得失，以促憲法之改良，法國法繫屬之。

〔註96〕 曉洲：《國家原理與政治學宗派沿革史》，《進步》，第 3 卷第 5 期，1913 年 3
月，第 1～8 頁。

〔註97〕 T. S. Chien, *Preface, Modern Democracies, Four Political Classics Abstracted:
Abridged and Annotated with a Preface in Chinese*, Shanghai: The Commercial Press,
1931, p.Ⅷ.

〔註98〕 程樹德：《例言》，《憲法歷史及比較研究》，北平：朝陽學院出版部，1933 年，
第 1 頁。

資料來源：程樹德：《憲法歷史及比較研究》，榮華印書局，1933 年 9 月初版，第 1～2 頁。

顯而易見，程樹德的憲法學研究仍未脫離「法律主義形式」的窠臼。所謂「法律形式主義」，即注重法律條文，相對忽視其運行的具體條件及其結果，即相對忽略現實政治。在上述分類中，值得注意的是，程樹德指出比較研究方法爲「法國法繫屬之」。他說：

> 比較法學，爲法學中之一派，盛行於法國法系諸國。法國有比較法學會，其研究不特憲法而已，即民刑商法，亦以比較方法研究之。比國有比較法制雜誌，所有各國之立法例，無不搜羅殆盡云。〔註99〕

聯繫到王世杰留學法國及 1927 年所撰獨著版《比較憲法》，其歷史意義和淵源不言自明。上表中，歷史研究法「盛行於德國」，這點前文亦曾指出。錢端升雖留學美國，除美語之外，還精通德、法語，其《德國的政府》和《法國的政府》所列舉參考書目，百分之九十五以上爲德、法文，其治學方法除受美英影響外，明顯受德法著作影響甚巨。因此，合著本《比較憲法》一書實集英美歐陸各派所長，其成爲經典名著自非偶然。

在 1926 年的《清華週刊》上，刊登了錢端升的《政治學》演講稿，其中研究方法共有 9 種，包括：1.歷史學派；2.法律學派；3.心理學派；4.統計學派；5.人種學派；6.生物學派；7.經濟學派；8.社會學派；9.比較派。〔註100〕可惜除最後的比較派，列舉亞里士多德、布丁（Bodin）、孟德斯鳩和布賴斯（J. Bryce）等著作書目外，對各種方法均缺乏具體介紹。從錢端升所臚列的方法，與前述相較，可見美國政治學在 1903 年前後受其他社會科學諸學科如心理學、統計學、人類學、生物學、經濟學、社會學等影響，〔註101〕這是錢端升與其前輩程樹德等人大不同之處。

〔註99〕 程樹德：《憲法歷史及比較研究》，榮華印書局（朝陽學院出版部發行），1933 年 9 月初版，第 2 頁。

〔註100〕 錢端升：《政治學》，《清華週刊》，第 24 卷第 17 期總 366 期，1926 年 1 月 1 日，第 5～6 頁。

〔註101〕 1940 年，商務印書館發行《社會科學史綱》共十冊，分別爲：歷史學、人生地理學、人生生物學、社會心理學、文化人類學、社會學、經濟學、政治學、法學和倫理學。每冊作者、譯者和出版年份不一，不贅。

第三節　四國議會委員會研究

一、內容大綱簡介

錢端升的博士論題，《自選集》譯爲《議會委員會：比較政府研究》，英文全稱爲「Parliamentary Committees: A Study in Comparative Government with special reference to the British House of Commons, American Congress, French Chamber of Deputies, and German Reichstag」，全名應譯爲：《議會委員會：以英國下院、美國國會、法國下院、德國國會爲主的比較政府研究》，但《自選集》譯名已廣爲流行，且較簡潔，因此從之。具體目錄如下：

〔註102〕原意爲：「並非眞正意義上的委員會」，現譯爲「非正式委員會」。

全文計內文 537 頁，加前言、目錄和參考書目共 593 頁，幾可與布賴斯的《現代民治政體》相輝映。與清華學生劉師舜、陳之邁和王季高三人分別在 1925 年、1933 年和 1934 年提交給哥倫比亞大學的博士論文，計前言、參考書目和索引在內，分別為 235 頁、〔註103〕148 頁〔註104〕和 174 頁〔註105〕相較，其篇幅不可謂不驚人。〔註106〕

由於各國歷史背景不同和發展過程各異，各國委員會形態也有所不同。工業革命後，社會發展迅速，對政府服務的需求增加，各國政府職能逐漸擴大，遂分別設立各種議會委員會，分工合作，以增效率。以英國言，內閣制行政和立法權力高度集中，在委員會發展過程中，內閣牢牢掌握著議會的控制權和主動權，對新興的議會委員會制度，採取壓抑和控制的手段，從而令自己變成議會中唯一的「超級委員會」。法國則受法國大革命和拿破崙復辟影響，政治搖擺在兩極之間，始終未能建立一穩定的政體，不論議會政治，還是議會委員會制度，均受到影響。美國則得天獨厚，在美洲大陸發展出異於英法德的委員會制度。然隨著普選權的擴大，新移民的引入，美國民主政治也經歷了一場瘟疫。〔註107〕德國則自俾斯麥（1862～1890）執政以來，議會

〔註103〕 Shi Shun Liu, *Extraterritoriality：Its Rise and Its Decline*, New York: Columbia University Press, London: P. S. King & Sons, Ltd, 1925.

〔註104〕 Chim Mai Chen, *Parliamentary Opinion of Delegated Legislation*, New York: Columbia University Press, London: P. S. King & Sons, Ltd, 1933.

〔註105〕 Chi Kao Wang, *Dissolution of the British Parliament, 1932-1931*, New York: Columbia University Press, London: P. S. King & Sons, Ltd, 1934.

〔註106〕 按：錢端升博士論文為雙行打字機稿，劉、陳、王的著作為單行出版物。儘管如此，篇幅仍約為陳之邁和王季高的一倍。

〔註107〕 20 世紀初期，美國發生了一場廣泛的社會、經濟和政治改革運動，美國史學家將其稱為進步運動時期或進步時代（Progress Era）。當代人所熟知的新聞學術語——「耙糞者」（Muckrakers）誕生於此時期。當時美國總統西奧多·羅斯福借用英國作家班揚《天路歷程》中的故事，把揭發黑幕的新聞記者和反叛文學家們，譏稱為「耙糞者」。張茲著：《美國兩黨制發展史》，河北教育

未能採取有效的措施，擴大社會的參與權，政治走向越走越窄，最後更導致
1918 年的革命。〔註 108〕

　　從宏觀層面言，在縱的方面，錢端升鳥瞰了從中世紀委員會的起源到現
代發展的經過。在橫的方面，從英美到法德，詳盡地方考察了各國議會委員
會的權力變化過程。在微觀層面，錢端升仔細分析了四國委員會的具體運作
模式，從個案到個案，互相比較優劣得失。

　　關於議會委員會的重要性，美國眾議院議長里德（T. B. Reed）曾經這樣
形容：「委員會是議會的眼睛、耳朵和手，甚至通常是大腦」。〔註 109〕錢端升

出版社，2003 年，第 334 頁。一般認爲，1900 年到 1917 年美國參加一戰，
爲進步主義時代，但也有人追溯到 19 世紀 90 年代。進步主義運動主要針對
美國民主政治在實行接近一百年後所呈現的各種腐敗現象，布賴斯在《現代
民治政體》中就有不少記載，僅引一美國史研究者均耳熟能詳的例子說明其
餘。1789 年，紐約城內成立了一個慈善團體。1805 年後，命名爲坦曼尼會
（Tammany Society）。1822 年，該會勢力擴展到全城後，即據代議制原則改
變組織。最初會員大都爲美國本地人，且有許多名望人物。1850 年後，會員
逐漸增加了歐洲新移民，會長一職後落在一個叫特威德（William Marcy
Twood）的投機家手裏。布賴斯說，他是一個失敗、但樂觀、粗暴、破虛的
商人，「他的嗜好是粗俗的，教育是澆薄的」。1863 年，他當上了該會組織委
員會委員長，成爲紐約城實際上的統治者。照蒂爾登（S. J. Tilden）的說法：
特威德「可以支配全部的政府機關，及其用度與用人權，至少可以雇用一萬
二千人。此外，所有警察、法官與選舉時的檢察官與調查員也都在其勢力範
圍之內」。後因分臟不均，兩名黨中「優秀分子」在 1871 年驅逐了這群盜賊，
並把二個領袖與三個腐敗法官的二個送進監獄。但不到六年，該會故態復萌，
回復舊狀。布賴斯說，這是因爲 「多數選民都不甚注意於城市政府怎樣被人
搶掠。因爲他們都是不納稅的，並且有許多人還懊悔地說，特威德是一個好
人」。〔英〕詹姆斯·布賴斯著、張慰慈等譯：《現代民治政體（下）》（1935
年），吉林人民出版社，2003 年 1 月，第 612～613 頁。

〔註 108〕德國君主立憲制的發展頗類中國，但又有所不同。據香港學者郭少棠研究，
德國在 1848～1862 年間，自由主義者一度在議會中處於優勢地位。由於各種
原因，「他們以妥協與讓步的姿態，換取國王較大的支持，以維持穩步的改
革」，但得不到國王應有的支持。如 1862 年的憲政危機，議會三次拒絕政府
兵役預算。亦是這一年，俾斯麥出任首相，從而走上了與一條與英國憲政不
同的道路。俾斯麥出任首相後，利用憲法第 109 條「緊急情況下，政府可繼
續管理財政」，維持其四年的「違憲」統治。在俾斯麥執政期間，「以高壓政
策，迫害支持民主派的官員，限制新聞及言論，並試圖影響議會政治」。亦因
此，社會學家韋伯在 1920 年代尖銳地批評俾斯麥，指責他沒有爲德意志民族
留下一個民主的傳統。郭少棠：《權力與自由：德國現代化新論》，華東師範
大學出版社，2001 年 1 月，第 88～89、97 頁。

〔註 109〕 "The committee is the eye, and ear, and hand, and very often brain, of the assembly."
T. S. Chien, *Parliamentary Committees: A Study in Comparative Government*, p.523.

也指出，「這並不需要我們費力去想像以下的畫面，譬如說將美國的各種委員會和英國的內閣去掉，議會會亂成如何樣子」。〔註110〕

委員會的好處是明顯的，但弊端也是嚴重的。1885 年，伍德羅·威爾遜出版《國會政體》，對議會委員會大加鞭撻。威爾遜指出，美國國會「可以說，它被分散到四十七快領地裏。在每一領地，常設委員會就是宮廷貴族，委員會主席就是領主」。〔註111〕「眾議院開會，並不是爲了要認眞的討論，而是要盡可能迅速批准委員會的決議。它的立法在委員會的辦公室產生，不是由多數人決定，而是根據少數特殊任命的人的意志，因此，國會不過是裝裝門面，而國會在委員會裏的房間裏才正式工作這種說法，並不太多脫離事實」。〔註112〕

《國會政體》一出版即風行天下，至世紀末已發行至 15 版。因此，對於威爾遜的觀點，錢端升是耳熟能詳的。他引用說：

> 在美國的國會中，尤其是眾議院，特別是所有的事務是通過常務委員會來完成的。威爾遜在國會政府中說，「議會在會議（congress in session）中，是議會在做政治秀，議會的工作眞正完成的地方是各委員會的房間」。〔註113〕

議會在表面上草擬議案、提出於議會，並在議會辯論。實際上，它所呈現的只是冰山一角，更多的議案是付諸議會委員會，在不見天日情況下，無聲無色地由十數位不同黨派的委員通過。因此，國會通過的草案一旦出現問題，到底誰負最後責任無從稽查。

因各國議會委員會處於政治動蕩的年代，它的發展呈現不同的病態。在很大程度上，錢端升所展示的是一份西方議會政治病歷史。它所記載的不僅僅是四國議會委員會制度發展史，亦是一部人類在工業革命後，各國政府面對日益繁多的社會事務，如何採取種種對策和解決困境的歷史。從委員會本身來說，它在人類歷史上並非新鮮事。然在近現代工業社會與議會發展過程

〔註110〕 T. S. Chien, *Parliamentary Committees: A Study in Comparative Government*, pp.523-524.

〔註111〕〔美〕威爾遜著、熊希齡、呂德本譯：《國會政體：美國政治研究》，北京：商務印書館，1986 年 3 月，第 52 頁。

〔註112〕〔美〕威爾遜著、熊希齡、呂德本譯：《國會政體：美國政治研究》，北京：商務印書館，1986 年 3 月，第 46 頁。

〔註113〕 T. S. Chien, *Parliamentary Committees: A Study in Comparative Government*, p.532a. 按：此頁爲附加頁。

中，它扮演了一個無可替代的角色，錢端升選題的意義恰在於此。

由於論文篇幅龐大，只能擇要簡述，以攝其餘。論文有三大主題比較值得關注：第一、議會委員會作爲議會屬下的機構，它與議會之關係如何？第二、作爲議會的替身，它和政府的關係如何？第三、西方國家一般實行政黨政治。委員會與政黨政治之關係，又如何？

西方議會機關普遍有三大職權：一爲制定法律；二爲確定預算；三爲監督政府。〔註114〕亦因此，在眾多的委員會之中，以立法、預算和財政委員會三者爲最要。〔註115〕此外，較重要還有，議會調查委員會和議會內部事務委員會。錢端升將此五大功能，分六章敘述，合成博士論文的第四部分委員會的功能（The Functions of Committees）。就分量而言，此六章共225頁，占全文537頁，約42%比重，是博士論文的核心部分。

第十一章	立法和立法委員會
第十二章	私人草案立法和私人草案委員會
第十三章	財政和財政委員會
第十四章	委員會作爲政府的監控者和批評者
第十五章	調查和調查委員會
第十六章	議會內部事務委員會

由於各種委員會除議程外，程序和權限亦大同小異，基本跟隨議會議事規則，因此，本文再此縮小範圍，僅分析第11章，較重要的立法和立法委員會來統攝其他章節。

二、議會委員會與行政部門之關係

在宏觀上，委員會受行政與立法關係影響甚巨。理論上，英、法、德三國同是責任內閣制，委員會與議會關係應大致相同。揆諸實際，三國歷史發展各異，出現三種不同情況。英國爲兩黨制國家，內閣爲議會大多數黨組成，不但強而有力，且能控制議會。法國自1789年大革命後，內閣則由多黨組

〔註114〕錢端升：《法國的政府》，上海：商務印書館，1930年11月初版、1934年5月國難後第1版，第128頁。

〔註115〕私人草案委員會並非不重要，不過凡涉及公帑草案，均須得到政府的同意，才能提出。這體現了現代議會負責制的精神。議員若可輕易提出動用政府公帑議案，則類似議案將泛濫成災，負責任的卻是政府。

成，經常意見不合倒臺，不但不能控制議會，反受政黨政潮左右。一戰前的
德國，與法國相反，首相只向皇帝負責，政府控制著議會，官僚制度流行，
委員會相對惟命是從。〔註116〕美國情況又有不同，總統與國會互相制衡；
一般來說，只要多數黨控制國會，則委員會草案大多均能通過。但亦有例外
情況，如二戰前的中立法。〔註117〕

在現代議會政府中，除下院外，還有上院。關於兩院權力的關係，有些
國家兩院權力大致相當；有些國家上院有修正、駁回和否決下院所提交草案
的權力。就英、美、法、德四國而言，英國下院佔絕對優勢爲人所共知；德
國直到在1918年革命後，國會下院才佔優，此前一直受到打壓。美、法兩院
則權力大致相當。〔註118〕

現簡述錢端升對四國立法委員會立法過程與權限比較如下：

在憲法修訂方面，四國基本上並無大的分別。〔註119〕在普通立法方面，
如前所述，委員會作爲議會的替身，它的議事規則和權力類似議會，在很大
程度上，它是議會的縮影。委員會一般擁有四種權力，包括：提議（Initiation）、
審查（Examination）、修正權（Amendment）和否決權（Veto Rights）四種。
一般來說，委員會用得最多的是修正權。

關於提議權，內閣制國家，重大議案由內閣提出，總統制國家則由各委

〔註116〕錢端升指出，「在聯邦中普魯士爲龐然大物，面積占全體三分之二，人口五分之
三。各邦間的實力相差這樣的大，聯邦的精神自不易貫徹」，因此德國聯邦制亦
跟隨普魯士模式，國會「不能推翻政府，政府卻可以得聯邦院的同意而解散國
會」。錢端升：《德國的政府》，上海：商務印書館，1934年4月，第7、8頁。

〔註117〕儘管政府作了努力，但反對修改中立法的人仍然佔了上風。下院外交委員會
共有23位成員，11人贊成，10人反對，二人未表態。由於羅斯福在1938
年選舉時，曾公開地反對他們，結果被孤立主義者拉了過去。同時，由於參
院已有34位參議員明確表態，如將中立法修正案提交上院，將無限期擱置修
訂，因此下院外交委員會主席皮特曼乃以12:11票，否決了羅斯福的要求。〔美〕
羅伯特・達萊克：《羅斯福與美國對外政策，1932～1945（上）》，商務印書館，
1984年1月，第272～273頁。

〔註118〕"In both the United States and France where both the lower and upper chambers
have substantial influence in legislation". T. S. Chien, *Parliamentary Committees:
A Study in Comparative Government*, p.300.

〔註119〕錢端升說：「四國憲法的修訂，不是按照傳統慣例就是立法機關處理，而它的程
序與一般立法無異，所以無須特別處理」。T. S. Chien, *Parliamentary Committees:
A Study in Comparative Government*, pp.287-288. 錢端升的看法與洛厄爾相近。詳
參〔英〕羅威爾著、秋水譯：《關於憲法的引言》，《英國政府：中央政府之部》，
上海人民出版社，1959年8月，第2～3頁。按：羅威爾即洛厄爾。

員會重要領袖提出，不論出自議員還是政府相關部門，都必須以國會議員身份提出。委員會即使在理論上沒有動議權，在實際運作中，它有充分的權力的，它可以通過修正權變相獲得提議權。〔註 120〕

在審查權方面，議會的審查（examination）和審議（deliberation）權，在很大程度上賦給了委員會。美、法國委員會可以毫無顧忌和習慣性於將不受歡迎的草案和決議擱置，這點在美尤其如此。〔註 121〕在審查過程中，委員會擁有全權（a free hand），除非提議人是委員，否則草案通過機會很渺茫（faint recognition）。法、德委員會接受動議人提出的草案或修訂時十分謹慎。當動議人動議時，被認為默許多於他的權利；如果動議人和委員會的看法不一致，他可以長篇大論演講，但不會被接受。〔註 122〕美國則不存在這個問題，大多草案為委員會提出。相較而言，德國委員會遷就政府部長多於法國。〔註 123〕在德國，官員有權出席委員會和參與大部分討論（ministers have a right to appear and take part in its discussion）。在法國，委員會對官員的客氣僅出於禮貌，官員通常卑躬屈膝多於採一嚴正立場（usually coquet with the committee rather than take a positive stand）。同時，委員會若對政府部長或專員的口頭報告不滿意，可要求提交書面備忘錄。〔註 124〕

至於美國，部分委員會事先將草案提交相關政府部門，並請其在限時內提出意見。即使委員會沒有任何動作，相關部門也可自動提出意見或敦促國會行動。一般情況下，委員會均會跟隨相關部門的建議。美國委員會的這種做法剛好與法國的相反。在美國，委員會賦予行政部門憲法所沒有賦了的權力；與美國做法相反的是，法國委員會不僅不讓參與，還倒過來侵奪行政部

〔註 120〕 T. S. Chien, *Parliamentary Committees: A Study in Comparative Government*, pp.290-291.

〔註 121〕 "the standing committees of the French Chamber of Deputies and more so the standing committees of Congress have no scruples and are accustomed to ignore bills and resolutions unacceptable to them." T. S. Chien, *Parliamentary Committees: A Study in Comparative Government*, p.291.

〔註 122〕 "In both the French Chamber of Deputies and the Reichstag, a committee admits a mover of a bill or amendment to the committee with deliberative voice, but he is there by sufferance rather than by right if he is at odds with the committee he will be harangued rather than heard." T. S. Chien, *Parliamentary Committees: A Study in Comparative Government*, p.292.

〔註 123〕 "A committee of Reichstag accommodates the ministers more than French Chamber of Deputies." T. S. Chien, *Parliamentary Committees: A Study in Comparative Government*, p.292.

〔註 124〕 T. S. Chien, *Parliamentary Committees: A Study in Comparative Government*, p.292.

門的部分權力。〔註125〕

美國還有一項獨特的制度，這就是聽證會。錢端升認爲，很難確切知道聽證會對委員會和立法的有何種影響。一般來說，聽證會對國會立法的影響不大。不過，若利用適當，它還是有影響力的。這牽涉到草案是否涉及黨派和複雜程度。他指出，若是前者，聽證會並不會改變它的本質，只是利用聽證會加強它的合法性。若是議案簡單，則委員容易決定。因此，只有非黨派和複雜的草案利用聽證會，才能獲較佳效果。〔註126〕

關於修訂權。在美國，報告草案（reported bill）在提交參眾兩院辯論前，不能有任何修正。但在實際運作中，委員會幾乎可以作任何的修訂，只要它高興。當委員會將草案修改到面目全非時，可索性另提一案。新的草案一般由委員會重要成員在國會提出。這個機制破壞了上述對委員會提議權的限制。〔註127〕

在法國，從提出草案那一刻起，可以隨時修正，委員會有權否決這些修訂或接受它，唯一的條件是必須說明原委。同時，重要的修訂來自委員會而非下院。當牽涉到重大草案時，各種修正均隨時可以加入，甚至到最後面目全非。〔註128〕

至於德國，在 1919 年前，委員會不是無能就是卑躬屈膝於政府。它沒有多大的權力去修正政府草案，除非事先得到政府的同意。從 1919 年開始，大量政府的法案被委員會修正。如勞資協調局草案（Work Council Bill）剛提出時只有 56 條，修訂後增加到 106 條。到最後提交委員會時，共有 235 項修訂。〔註129〕可見革命前後之變化，不啻霄壤。

〔註125〕 T. S. Chien, *Parliamentary Committees: A Study in Comparative Government*, p.293.

〔註126〕 錢端升對聽證會的討論頗爲詳細和有見地。如他認爲，議員雖然代表公眾，但不能代表各種形形式式的意見。因此，他們需要專家和一些重要公共人物的意見。專家的意見可以通過行政部門獲得，但重要公共人物的意見則可通過聽證會獲得，這種做法較英國下院特設委員會僅開放給利益團體代表爲優。T. S. Chien, *Parliamentary Committees: A Study in Comparative Government*, pp.294-296.

〔註127〕 T. S. Chien, *Parliamentary Committees: A Study in Comparative Government*, p.297.

〔註128〕 T. S. Chien, *Parliamentary Committees: A Study in Comparative Government*, pp.297-299.

〔註129〕 "Prior to 1919 when the Reichstag was either impotent or subservient to the Government, a committee of the Reichstag did not to any great extent modify the contents of a Government bill without the consent of the Government." T. S. Chien, *Parliamentary Committees: A Study in Comparative Government*, p.299.

　　至於英國，它的立法自成一格。錢端升指出，儘管不同公法學家對英內閣是否委員會有不同的意見。但有兩點可以確認：第一、它不是一般意義上的委員會；第二、它的功能與其他國家的委員會一樣。因此，本文將之命名為「超級委員會」。英內閣的做法恰與美國相反，草案必須在議會徹底討論及由內閣批准，才能遞交委員會處理。私人草案若沒有內閣的同意或默許，提出的機會很渺茫。〔註130〕這種做法，嚴重窒礙了英國議會委員會的發展。

　　錢端升認為，四國立法唯一不同之處在於：英內閣沒有壟斷草案審議權，其下院有充足時間去辯論重要議題。這與美、法、德放棄了（surrendered）大部分的審議功能做法不一樣。與其他三國委員會按黨派實力分配不同的是，英國特設委員會是單一黨派的。因此，英國採用的是內閣加特設委員會立法。〔註131〕不過，英國後亦採用常務委員會輔助之。

　　以上為四國委員會普通立法權之比較。就行政部門與委員會關係而言，美法德三國中，法國委員權力是最大的。美國委員會賦予政府部門一些立法權力，法國委員會則倒過來剝奪了政府部門的部分行政權。其次是美國，最小的是德國。在革命前，帝制時代的德國政治主要由上院各邦代表控制。在《德國的政府》中，錢端升說：

> 扼要的說起來，帝國時代的政府是和民權說背道而馳的。主權不由代表全國人民的，而由代表各邦君主的機關行使；所謂國會，既不能完全代表人民，又沒有進退政府之權，結果，不負任何法律上或政治上責任的普王和隨他的文武官吏得以控制一切，而造成專制的，不負責任的軍閥政治和官僚政治。〔註132〕

也就是說，下院通過的，上院可否決之。英國的情況則十分特殊，行政和立法權兩者合一，其內閣本身就是一個「超級委員會」。若勉強比較，自然比法國委員會更大，或許這亦是它的致命弱點。大英帝國在一戰後開始衰落，未嘗與這個「超級委員會」的存在，嚴重窒礙了其他常務委員會的功能不無關係。政府事務繁多，一個委員會即使如何超級，也不堪負荷戰後各種繁重的重建任務。

〔註130〕T. S. Chien, *Parliamentary Committees: A Study in Comparative Government*, p.315.

〔註131〕T. S. Chien, *Parliamentary Committees: A Study in Comparative Government*, pp.315-316.

〔註132〕錢端升：《德國的政府》，上海：商務印書館，1934年4月，第8～9頁。

三、議會委員會與議會之關係

當一個立法草案經委員會審議完畢後，下一步驟就是提交議會批准。錢端升說，毋庸贅言，如果委員會所作的修訂，得不到議會的同意，就是白費氣力。但一般來說，草案大多會被議會接受，有些甚至是盲目接受的。就下院尊重委員會的決議來說，在美國，草案很少被委員會以外的議員閱讀（seldom read by members other than members of the committee），只要草案或修正得到委員會重要成員的支持，議會接受草案幾乎理所當然（almost taken for granted）。同樣，委員會拒絕的草案議會很少會接受。相對美國言，法國下院和德國議會對委員會的意見較少尊重，及比美國國會更像辯論。但這並不表示法、德國委員會所施加的影響力比美國少。事實上，它一點也不比美國的為少。〔註133〕錢端升認為，主要有幾個原因：

第一、法、德國會所討論的草案，是在委員會修訂的基礎上，原草案早已被遺忘。兩國政府若想恢復最初提交之草案，希望是很渺茫的，尤其是法國，前景比德國更黯淡。〔註134〕

第二、委員會實質上掌控著草案的修訂權。在美國兩院，多數黨議員通常都會忠誠地遵循黨的路線。〔註135〕在法國，委員會不論在名義還是實質上對草案修訂擁有絕對實權，以及議會通常站在委員會一邊。〔註136〕

第三、議會賦予委員會發言人特權，他們控制著辯論。在美國下院，可以負責地說，大多數發言人為草案報告人和委員會成員。〔註137〕法、德情形

〔註133〕 T. S. Chien, *Parliamentary Committees: A Study in Comparative Government*, p.302.

〔註134〕 "First, the text of the bill as reported by the committee forms the basis of discussion in the Chamber of Deputies and in the Reichstag; the original bill is forgotten. The hope of the Government to restore the bill originally introduced by it is dim in Germany and dimmer in France." T. S. Chien, *Parliamentary Committees: A Study in Comparative Government*, p.302.

〔註135〕 "Second, the committee has virtual control of amendments offered on the floor. In both houses of Congress, amendments to the bill are moved to the floor and are not committed, but the word or other signal of the chairman or any other leading majority of the committee is faithfully taken to heart by members of the party." T. S. Chien, *Parliamentary Committees: A Study in Comparative Government*, p.303.

〔註136〕 "In the Chamber of Deputies the power of the committee over amendments is absolute in name as well as in fact...... The chamber is usually on the side of the committee." T. S. Chien, *Parliamentary Committees: A Study in Comparative Government*, p.303. 按：第二點沒提及德國委員會。

〔註137〕 上院則有些不同，非委員會成員亦積極參與討論，但這是上院較有辯論氣氛而非委員會本身弱點所致。"Thirdly, the spokesmen of the committee are

亦類似。以法國爲例，1913 年的軍隊草案（Army Bill），15 位討論人當中，5 位是委員會成員，2 位政府代表，8 位部長。在 107 次辯論中，51 次爲草案報告人，36 次爲委員會主席發言。1913 年德國軍隊法案（Army Law）亦大致如此。〔註 138〕

　　第四、委員會擁有延遲或加快報告草案的權力。在美國下院，個別委員或主席可提議暫停議事規則，以通過草案或決議。〔註 139〕法、德亦類似。在法國下院，草案動議者不論是否官員，提交後即可進行審議，只要委員會同意。同時，只有委員會認可的草案（favorable report）獲得審議，不受歡迎草案不是立即拒絕就是被變相拒絕（延期五天）。在法國，政府官員表面上在議會提出草案並侃侃辯論，但草案早經委員會修訂。同美國一樣，法國下院通過或否決草案，基本與委員會一致。至於德國，在議會全會（plenary sitting）提出的修訂不是無關重要，就是被拒絕（defeated）或被接受二種。任何修訂如要在國會通過，首先得在委員會通過，反映了國會的立場（opinion）。因此在德國，委員會所擬的草案正式被議會批准的規律性要比法國強，甚至與享有絕對影響力（paramount influence）的美國委員會一樣大。〔註 140〕

　　就議會與委員會關係來說，美、德、法三國委員會均對議會有巨大影響力。就影響程度而言，三者不相伯仲。就規律性而言，美、德委員會比法國稍微強些。至於英國「超級委員會」，即內閣與議會之關係，兩者相生相剋。所有草案在遞交給委員會前，須符合議會通過的草案原則。但議會和內閣二

granted special privileges for speaking in the assembly. They dominated the debated. In the House of Representatives it may be said with safety that most of the speakers on a certain bill are members of the committee speak on the bill reported by the committee. In the Senate it is less true ; the debated on a certain bill is perhaps shared equally by senators not members of the committee and members of the committee. But this is due to the freedom of debate in Senate rather than to the weakness of the committee." T. S. Chien, *Parliamentary Committees: A Study in Comparative Government*, p.304.

〔註 138〕 "What is true in the Chamber of Deputies is also true in the Reichstag." T. S. Chien, *Parliamentary Committees: A Study in Comparative Government*, pp.304-305.

〔註 139〕 "Fourthly, the committee has power either to delay or to hasten the business which it has reported. In the House of Representatives, individual members as well as chairmen may moved to suspend the Rules and to pass a bill or resolution with dispatch; but chairman's motion has precedence over an individual member's motion, and it is the chairman's motion that is usually carried." T. S. Chien, *Parliamentary Committees: A Study in Comparative Government*, p.305.

〔註 140〕 T. S. Chien, *Parliamentary Committees: A Study in Comparative Government*, pp.305-306、309.

者在很大程度上是合一的，及在多數場合，內閣領導議會多於議會領導內閣。英國議會接受內閣提出草案的規律性似遠較其他三國爲強。

四、議會委員會與政黨之關係

關於委員會與政黨之關係，錢端升將之列爲第十七章「非官方委員會（Unofficial Committees）」，顧名思義，不難理解其在議會中的非正式影響。美國的兩黨制度，每一黨派都有它自己的政黨委員會（party committees）。共和黨的政黨委員會下分兩個委員會：一、指派委員會（committee on committees）；二、議程委員會（committee on the order of business），即俗稱的「指導委員會」（steering committee）。指導委員會，主要在議會指導議員進行辯論、投票等工作，使政黨草案獲得通過，及阻礙反對黨草案。民主黨黨部會議（Democratic Caucus）只有一個指導委員會，但它同時具備上述兩個功能。〔註141〕

歐洲大陸國家的多黨制度，沒有上述黨部委員會，但有多黨委員會（multi-party committees）。以德國爲例，它的功能有多種，包括：分配委員會議席、委員會主席、委員和秘書，以及在各黨派之間分配國會秘書；安置各黨各議員在議會的坐席；擬定議事程序和發言程序名單；決定辯論的時間和絕對控制議會的進程。多黨領袖會議的決議由國會議長執行，各黨必須服從之。〔註142〕法國多黨委員會的權限則不如德國的廣泛（less extensive）。它唯一的任務是：檢查議會每日的事務和制定議程。〔註143〕

政黨的出現，在西方政治或政制發展史當中，十分特殊。錢端升指出，它是一個法外組織。它的存在通常不被憲法明文規定，無論是國家還是議會的法律。〔註144〕但這樣一個法外組織，幾乎操縱了議會一切。以英國下院爲例，執政黨內閣控制著議會議程，決定哪些事務該被考慮。它的每一字都是法律（Its words is law），反對黨對其亦無可奈何。因此，在全世界議會政治中，

〔註141〕 T. S. Chien, *Parliamentary Committees: A Study in Comparative Government*, pp.511-513.

〔註142〕 T. S. Chien, *Parliamentary Committees: A Study in Comparative Government*, pp.519-520.

〔註143〕 T. S. Chien, *Parliamentary Committees: A Study in Comparative Government*, p.521.

〔註144〕 "Their existence is often under unrecognized by express provisions either in the rules of assembly or in the laws of the land." T. S. Chien, *Parliamentary Committees: A Study in Comparative Government*, p.511.

英內閣是最強大和最有權威的指導委員會。〔註 145〕至於其餘三國，錢端升指出，不論有效與否，它們均為指導委員會（are truly steering committees, whatever be their efficiency or inefficiency）。〔註 146〕

　　政黨在議會委員會中所扮演的角色異常複雜，尤在指導議會政治的責任上，更是面目難辨。在美國，只要執政黨贏得兩院大多數，通過議案一般暢通無阻，但有時又並非如此。錢端升以美國第 67 屆國會共和黨政府為例，指出它在議會中的影響不是很大（enjoyed no great influence）。部分原因是組織上缺陷，如政黨指導委員會未必是國會議員；部分原因缺乏有個人魅力的領袖和很難管理數量龐大和意見不一致的議會大多數。共和黨領袖在兩院的影響力均很弱（spread thin）。相對而言，民主黨雖為少數黨，領袖在兩院較有凝聚力，指導工作也較為順利和有效（smoothly and efficiency）。但不論如何，兩者均有共同的缺點。這就是它們並不向全國大多數或議會內的黨負責（they are responsible neither to the country at large nor the party in the house.）。錢端升建議，指導委員會直接由政黨幹部會議（party caucus）選舉，及賦予指導委員會全權，並向幹部會議負責，這樣就能改善大部分缺點。〔註 147〕葉昇秋，其他國家亦有類似情況。尤其是多黨制國家，議會與政黨之間的情形更是複雜。

五、對議會委員會的批評和建議

　　在最後第十八章中，錢端升對議會委員會的評析，不但觀點精彩絕倫，且行文清晰，文筆優美，以至本文可直譯原文，避免贅述。他對美英法三國委員會的批評是頗嚴厲的：

> 　　如果議會在物質的意義上，曾經存在過統一的話，那麼，它已大部分消逝。它被風吹成了碎片，殘存下來的委員會正是瓦解它的元兇。但常務委員會的存在，又至少表明統一的觀念是真實的。以美國的下議院為例，與其說下院是一個立法機關，還不如說是一個甄選各種委員龐大的小組（a huge panel）。下院的各種事務由幾個常

〔註 145〕T. S. Chien, *Parliamentary Committees: A Study in Comparative Government*, p.522.
〔註 146〕T. S. Chien, *Parliamentary Committees: A Study in Comparative Government*, p.521.
〔註 147〕T. S. Chien, *Parliamentary Committees: A Study in Comparative Government*, pp.515-516.

務委員會處理，一個常務委員會的委員對另一委員會的事物很少關注，通常兩個委員會之間的鬥爭像同一個部落中的兩個敵對的氏族（rival clans）。迄今為止，議會對兩個交戰中的委員會的處置是微弱無力的。議會的議長，曾經是常務委員會的協調者，現在甚至已不再是統一的象徵。黨的幹部會議和指導委員會原本可成為仁慈的獨裁者，但它沒有。確實，下議院像一個沒有首領的氏族部落。法國的情況也比美國好不到哪裏去。黨派首領和委員會主席會議沒有權威去干涉個別的委員會。〔註148〕

在另一方面，常務委員會也癱瘓了議會。對一個普通的議員來說，議會的生涯並不代表什麼，但參與一個重要的委員會就是一切。立法生涯變成委員會生涯：一名議員名注定不經傳，除非他被安置在一個重要的委員會中。議會委員會制結果演變成有利於專家的發展多於雄辯家或政治家（orators or statesmen）的培育。〔註149〕

委員會所釋放的巨大摧毀力量不但分裂了立法機關也干擾了行政部門。在立法與行政的直接較量中，以早期的英格蘭的國王和議會為例，毫無疑問誰是贏家誰是輸家一覽無遺。但委員會本身的情況複雜，它可能損害行政們部門的權威，然立法機構所贏得的結果未必是清晰的。在英國，唯一替政府的行為負責的是內閣，在法國，常務委員會削弱了部長的責任，這部分責任直到目前無可替代。〔註150〕

英國內閣制的優勢是明顯的，但弊端也是易見的：

英國的內閣是議會腐化的唯一保護者。它領導著下院中的大多數，以及它同時向議會負責和為政府的行為負責。下院可以讓政府下臺，但沒有一個委員會被允許損害由內閣——一個有無限權力且消息靈通的議會委員會——主持的政府權威。〔註151〕

〔註148〕T. S. Chien, *Parliamentary Committees: A Study in Comparative Government*, pp.524-525.

〔註149〕T. S. Chien, *Parliamentary Committees: A Study in Comparative Government*, p.525.

〔註150〕T. S. Chien, *Parliamentary Committees: A Study in Comparative Government*, p.525.

〔註151〕T. S. Chien, *Parliamentary Committees: A Study in Comparative Government*, p.526.

在僭越全部立法機關責任方面，英國內閣超越了它應有的界限。它不僅要爲它應負責的事務負責，也須爲它一些不必負責的事務負責。有些事物被一個下議院非黨派委員會來考慮，要比一個黨派內閣好得多，內閣的這種責任僭越剝奪了下院應有的立法權。〔註152〕

至於美國委員會，

在許多措施上，美國國會受政黨政治的影響。負責考試的委員會，本來是可以像英國內閣一樣，自由討論這些措施，而無須擔心任何偏見，以達到一個與國家利益一致多於單純黨派委員會的結論。〔註153〕

錢端升認爲：

美國和法國的常務委員會是英國內閣制的解毒劑。它有許多優勢，一方面，國會議員將會得到更多政府內部的消息。另一方面，它讓行政主導立法成爲不可能。部分與部長權責無關的事務可以由各種委員會自由和公正討論。〔註154〕

但常務委員會也不是理想的制度，它「最大的弊端是損害了部長責任制。重要的常務委員會可以找到很多藉口，像內閣成員一樣行事」。〔註155〕錢端升指出，

由常務委員會組成的政府是徒勞無功的。威爾遜經常引用說國會政府（congressional government）不是一個字面意義上的政府，政府的運作必須由各部長負責，不論總統是由全國選舉還是首相由議會選出。立法機關的正當功能是傳召各部長出席交代失職行爲和委託的工作（omissions and commissions）。一個不甚合人意的結果是，所有國家的常務委員會暴露了干預政府政策和行政部門的每一個行政細節的趨勢。〔註156〕

〔註152〕 T. S. Chien, *Parliamentary Committees: A Study in Comparative Government*, p.526.
〔註153〕 T. S. Chien, *Parliamentary Committees: A Study in Comparative Government*, p.526.
〔註154〕 T. S. Chien, *Parliamentary Committees: A Study in Comparative Government*, p.527.
〔註155〕 T. S. Chien, *Parliamentary Committees: A Study in Comparative Government*, p.527.
〔註156〕 T. S. Chien, *Parliamentary Committees: A Study in Comparative Government*, p.528.

至於特設委員會，雖然不受民眾青睞（decline to public favor）和在許多方面不及（inferior）常務委員會，但無可爭議的是，它比前者更有優勢。它不能被指控爲將議會解體，或擁有將部長弄得很尷尬（discomfort）的權力。議會容易控制它，在議會指定的事務上，它可以組成最佳陣容，勝任有餘。錢端升引用邊沁的說法說：「臨時委員會（occasional committee）如果包容對某問題有專門研究的反對黨成員，可以更好地瞭解問題，及他們僅負責一個任務，可提出更多的建議和爲議會選擇更佳的決策」。〔註157〕

不過，特設委員會也有明顯的缺點：「在議會事務日益種類繁多（multifarious）時，同一時間設立大量的特設委員會，僅依賴特設委員會將會變得無法忍受」。〔註158〕「這點正如法國下院因特設委員會過多，最後導致常務委員會制度的誕生一樣。至於美國下院，依目前議會活動量，如果廢除常務委員會，僅依靠特設委員會，幾乎是不可思議的」。〔註159〕錢端升認爲：

> 很明顯，在現代議會中，常務委員會、內閣和特設委員會制度，三者沒有一個是令人滿意的。即使將三者合一，得到的結果也是一樣令人不滿意。事實上，上述三種制度，均在法國可以找得到，但在現實中，只有常務委員會制度在運作。〔註160〕

有鑒於此，錢端升提出了他的理想制度。他認爲：

> 一個完全理想的委員會制度應牽涉到政府的幾個基本形式和實際運作（forms and practice）的改變。第一，立法機關應該一院制，一院制的立法機關無須聯席會議或圓桌會議委員會（joint or conference committees）的存在。立法機關議員數目應縮小，譬如說縮小到二百人。一個細小的立法機關可以容易辯論和控制其委員會時保持警惕。第二，立法機關的功能必須限定在涉及公共利益和公共法律的制定，議決撥款和徵稅，以及當行政機關失責時，向立法機關負責。第三，關於立法與行政的關係。當各黨派意見不同或涉及重大政策

〔註157〕 T. S. Chien, *Parliamentary Committees: A Study in Comparative Government*, p.529.

〔註158〕 T. S. Chien, *Parliamentary Committees: A Study in Comparative Government*, p.529.

〔註159〕 T. S. Chien, *Parliamentary Committees: A Study in Comparative Government*, p.529.

〔註160〕 T. S. Chien, *Parliamentary Committees: A Study in Comparative Government*, p.529.

時，行政部門應介紹和贊助全部的草案。立法機關應召開全院會議
去考慮、修正、接受或拒絕這些草案。行政部門與立法機關的合作
最好是從非黨派觀點進行（按：重點爲本文所加），以便立法機關享
有行動的自由。在這基礎上，立法機關應成立特設委員會，在處理
政府各種草案時，它的職權類似於內閣。每一屆議會委員會的理想
數目最好是三十或四十個。每一委員會的組成，委員數目不超過十
五個。這樣的話，一個普通的委員只參加三或四次委員會。〔註161〕

對於實現上述理想的委員會制度，錢端升表示，在最近將來，不存幻想（no
disillusions），因預設了太多的變更。因此，較有益的做法是，在不涉及變更
憲法的前提下，逐個國家來討論各種改革方法。〔註162〕

　　錢端升認爲，要英國內閣爲下院的一切行爲負責是說不通的。同時，政
府官員受縛於內閣立場，完全公正的討論亦不可能。要改變這種狀況，英國
1918年的人民代表法案（Representation of the People Act）是一個比較有益
的例子。該法案是兩院私人草案委員（private members）組成的議長會議的
成果。最後導致兩個或超過了兩個類似會議的出現，儘管它們沒有甚麼實質
成果，但可以肯定的是如果這種會議能被委任，特設委員會也同樣能夠勝
任。「如果將內閣負責的每一件事務改爲由內閣指定各種特設委員會處理非
黨派性質的事物，很明顯，一個公正的討論就會出現，而內閣不會喪失權力，
國家將會獲利」。〔註163〕

　　至於美國，錢端升建議如下：一、下議院需要更多的辯論；二、議會必
須更好地控制常務委員會；三、兩院應更緊密合作。除上述三點以外，行政
和立法部門也應緊密合作。要達到上述第一、二個目標，每年草案的數量必
須減少。如果減少至二、三百個草案，和成立約15～20個常務委員會或聯席
會議委員會（joint committees）更佳，這樣草案就能獲得明智的意見和議會易
於控制。要達成後兩個目標，則必須讓總統在國會提出草案。同時，兩黨舉
行的幹部聯席會議（joint caucausses〔caucuses〕），除必須讓總統或他的代表
出席外，還應成立一個指導委員會（steering committee）。在這個指導委員會

〔註161〕T. S. Chien, *Parliamentary Committees: A Study in Comparative Government*, pp.529-530.

〔註162〕T. S. Chien, *Parliamentary Committees: A Study in Comparative Government*, p.530.

〔註163〕T. S. Chien, *Parliamentary Committees: A Study in Comparative Government*, pp.532-532a.

中，行政首腦（the executive）有發言權，並且應適當公告公眾。這個指導委員會與國會之關係，正如英內閣與國會之關係一樣（The steering committee is to be to Congress what the British cabinet is to Parliament.）。〔註164〕

　　對於法國，錢端升看來有點束手無策。他指出，法國委員會本身並無問題，它是其中一個最完美（one of the most perfect）的組織，問題在於部長們的個性（personalities）。在法國部長們的眼中，常務委員會不是幫倒忙就是眼中釘。法國議會制政府最令人不滿意的地方是，在於部長們地位不穩定和部長們的無能。如果議會對部長們多點友善態度（charitable view）和部長們的個性強硬點，常務委員會就不會對部長制造成如此大的危害。〔註165〕

　　最後是德國。錢端升指出，在帝制時代，眾所周知，各委員會臣服於部長們（ministers）。雖德國自從1918革命以來，情況有所改觀，但受制於當時魏瑪憲法實行剛不久，因此「就目前為止，我們對現行的德國委員會制度所知道的還很少」，不過，「我們可以說，德國的委員會制度，是最接近上述理想的制度。德國國會採用了一院制，它相對較小，它通過的法律每年不超過40～60件。大部分的政府項目盡可能交由特設委員會進行」。〔註166〕

　　錢端升上述的批評和建議，除其隱藏的預設外，見解十分精闢和令人印象深刻。從他的陳述中，可以發現他所追求的是一個「公正的討論」。但正如美國憲法之父之一麥迪孫在《聯邦黨人文集》所言：「黨派是人的天性」。到目前為止，還沒有任何有效的控制手段，有的僅是疏導措施而已。錢端升上述建議中，似乎預設了人性本善，以及議會委員會討論的公正性，是可實現的目標。從他對美國委員會的建議來看，似乎成立一個各派、包括總統在內的大委員會，就可以解決黨派紛爭，不免有點忽視人類自私和黨派的天性。

四、對《議會委員會》的評價

　　1924年，美國歷史學家巴恩斯（H. E. Barnes）〔註167〕在評述錢端升導師

〔註164〕T. S. Chien, *Parliamentary Committees: A Study in Comparative Government*, p.534.
〔註165〕T. S. Chien, *Parliamentary Committees: A Study in Comparative Government*, p.536.
〔註166〕T. S. Chien, *Parliamentary Committees: A Study in Comparative Government*, p.537.
〔註167〕巴恩斯為二十世紀初美國「新史學」倡導者魯賓遜的弟子。他先後撰寫了《新文學與社會科學》、《生活在二十世紀中》、《史學》等著作，用以闡述「新史

何爾康的專著《現代國家的立國基礎》時，借用了比爾德（C. A. Beard，1933年任美國歷史學會主席）對當時美國政治學的概括。比爾德指出當時美國政治學發展有四個階段：

第一階段爲憲法階段（constitutional law stage），以斯托利（Story），肯特（Kent），伍爾西（Woolsey）和伯吉斯（Burgess）爲代表，以明顯憲法條文（explicit provisions of constitutions）爲研究焦點。

第二階段爲法律條文階段（statute law stage），以古德諾（Goodnow），費爾利（Fairlie）和麥克貝恩（Machain）爲代表，關注與政府有關的法律條文多於憲法本身，以及嘗試通過分析各種政府部門法律條文及其賦予的權力，以更貼近政治現實。

第三階段爲具體及陳述階段（concrete and descriptive stage），以洛厄爾（Lowell），布賴斯（Bryce）和奧斯特洛戈斯基（Ostrogorski）爲代表，他們注重的是，在法律之外萬能政黨機器隱秘操控之下，根據既定的憲法和一套明確的法律條文，對實際行動中的政府作出研究。

上述三階段，若從宏觀、微觀角度言之，第一階段爲宏觀階段；第二階段爲半宏觀半微觀階段；第三階段是微觀階段。在這過程中，同時注重從歷史過渡到現實政治的分析。在上述眾人中，巴恩斯認爲，何爾康不屬於以上四種的任何一種，相反，他是上述三階段集大成者。〔註168〕可見何爾康與洛厄爾一樣，是當時美國政治學界深具影響力的領軍人物。

巴恩斯的陳述亦大致可應用到錢端升身上。他的議會委員會研究基本濃縮和體現了上述三階段之大成，即從憲法階段，到法律條文階段，再到具體

學」派的理論和方法。其中《史學》一書在 30 年代引入中國，是「新史學」派理論著作中，較有影響的一部。

〔註168〕第四階段，即當時最新的階段爲「社會學階段」（sociological stage），主要是通過分析決定或制約政治過程、政府在憲法、律條文和政黨系統下的功能和活動的各種力量，這些力量包括：地理學的、生物學的、心理學的、人類學的和社會學的及經濟學的。其中以克羅里（Croly），斯莫爾（A. W. Small），本特利（A. F. Bentley），羅斯（E. A. Ross），沃爾特·韋爾（Walter Weyl）和李普曼（Walter Lippmann）爲代表。巴恩斯認爲，這階段主要代表還應包括提出這四階段的比爾德。由於第四階段發生在錢端升哈佛畢業之後，因此存而不論。在上述第三階段中，比爾德沒有提及的還有一位重量級的政治學家，這就是後來成爲學者總統的威爾遜。Harry Elmer Barnes, *The Foundations of the Modern Commonwealth by Arthur N. Holcombe*, Journal of Social Forces, Vol. 2, No. 2, Jan., 1924, pp.294-296.

及陳述階段——委員會的微觀運作。1919 年何爾康出任哈佛大學政府學系主任，是繼洛厄爾之後的後起之秀，所長者爲政黨政治研究，其治學繼承了洛厄爾的政治學特徵。就師弟二人而言，一治政黨政治，一治議會委員會，殊途同歸，均屬於洛厄爾倡導「行動中的政府」研究。

因此，在當時 20 年代哈佛和美國政治學界，以至整個西方政治學界，錢端升的研究實處於學術前沿。這點他在其文獻回顧中亦指出，威爾遜和麥康納基（L. G. MacConachie）的著作只注重美國國會研究，且屬於素描性質。洛厄爾和布賴斯對英、美委員會的研究與皮埃爾（Pierre）和海因斯（Hinds）對法、美委員會的研究雖同樣不朽，但一部像他那樣的四國委員會比較研究專著仍未出現，〔註169〕可見其研究在美國政治學中之貢獻與地位。錢端升以「三年又二個月」時間，哈佛碩博畢業，並得到校長洛厄爾的推薦信，周遊歐陸各國議會。應當說，不僅顯示出其學業成績卓越，還可看出洛厄爾對這位異國再傳弟子青眼有加。

就當代中國學術發展而言，無可諱言，有不少人文學科的水平仍有待追趕。因此，有不少當代學人，有意識地將這一代人的學術建構，上溯至民國，如人類學家王銘銘對吳文藻、潘光旦和費孝通等的研究和繼承。然在政治學方面，民國時期著作相對乏人問津。錢端升的博士論文沉睡在北大校史館和哈佛大學圖書館裏，無人問津。2005 年 7 月，《各國立法機關委員會制度比較研究》一書前言指出，「在我國憲法學和政治學界，近年來對代議制度的比較研究，取得了較大的成績……迄今爲止，國內學術界尚未開展以各國立法機關委員會爲專題的比較研究」。〔註170〕實際上，北京大學法學院在 1998 年 6 月和 2001 年 5 月分別通過了常希葆的碩士論文《議會委員會制度研究》和姜業清的博士論文《議會委員會制度比較研究》。然三者均對這本近現代中國政治學史上議會委員會研究的開山之作未予提及。

2008 年，北大政府管理學院博士生孔新峰發表《對詹姆斯哈林頓研究史的簡略回顧》一文，〔註171〕對這位前北大法學院院長兼政治系主任錢端

〔註169〕T. S. Chien, *Parliamentary Committees: A Study in Comparative Government*, p.1.
〔註170〕周偉：《前言》，《各國立法機關委員會制度比較研究》，山東人民出版社，2005 年 7 月，第 2 頁。
〔註171〕孔新烽：《對詹姆斯‧哈林頓研究史的簡略回顧》，李強主編：《政治的概念》，北京大學出版社，2008 年，第 200～216 頁。

升〔註172〕所撰的《詹姆斯·哈林頓》一文也視而不見。〔註173〕因此，重新
發掘、梳理和評估錢端升的學術思想價值，實有其必要。應當說，錢端升這
篇博士論文不僅是美國比較政治學發展的一個里程碑，也是中國近現代政治
學發展史上一部重要的奠基和開山之作。儘管研究對象是外國政府，他山之
玉可以攻錯，對理解西方民主政治的發展，尤其對近代西方議會運作的弊
端，應當說，至今仍超越時代，有借鑑意義。

　　錢端升曾指出，「要明瞭代議政府運作，尤其是議會政府來說，就有必要
獲得議會委員會與立法和行政機關之間的關係和它對行政機關相關的知
識」。〔註174〕但他不滿足於簡單的關係陳述，還分析和追究三者之間的「責任」
關係。錢端升從「責任」層面出發，應當說，掌握了當時西方憲政民主的關
鍵。與過去皇帝做錯事，相對不用負責不同的是，「責任」二字實是一切現代
政府和社會立足根據。現代議會政制其中一個最重要的原則，就是責任制政
府（Responsible Government）。有權就有責，所謂「責任制政府」就是責有所
歸。〔註175〕而一個責任制政府與個人自由息息相關。哈耶克指出，它是一個
自由社會生存的關鍵：

　　　　自由不僅意味著個人擁有選擇的機會並承受選擇的重負，而且
　　　還意味著他必須承擔其行動的後果，接受對其行動的讚揚或譴責。
　　　自由與責任（responsibility）實不可分。如果一個自由的社會成員不
　　　將「每個個人所處的境況乃源於其行動」這種現象視為正當，亦不

<hr>

〔註172〕1939 年 7 月 27 日，錢端升分別兼任北京大學法學院院長和政治學系主任。
　　　　《國立西南聯合大學史料（四）教職員卷》，雲南教育出版社，1998 年 10
　　　　月，第 294 頁。1949 年 5 月 4 日，錢端升再度出任法學院院長。《北京大學
　　　　紀事（上）》，北京大學出版社，1998 年 4 月，第 405 頁。

〔註173〕《自選集》所附的《主要著作目錄》有「James Harrington」一文。1930 年
　　　　12 月，錢端升在《國立武漢大學社會科學季刊》第 1 卷第 4 號上所發表的《哈
　　　　林吞政治思想的研究》，應從此文翻譯而來，此文甚長，共有 51 頁，是一篇
　　　　研究哈林頓共和思想的鴻文。下簡稱《武大社科季刊》。

〔註174〕T. S. Chien, Summary, *Parliamentary Committees: A Study in Comparative
　　　　Government*, p.1.

〔註175〕這點古代中國政治家和學者均有所認知，如司馬光說：「夫公卿所薦舉，牧伯
　　　　所糾劾，或謂之賢者而不賢，謂之有罪而無罪，皆有迹可見，責有所歸，故
　　　　不敢大為欺罔」。〔北宋〕司馬光：《體要疏》。朱熹也說：「先有司，然後綱紀
　　　　立，到責有所歸」。〔北宋〕朱熹：《答陳允夫》。限於中國皇權獨大，未能建
　　　　立起類似近代的責任制政府。近代西方即如英國，亦是在光榮革命後，才慢
　　　　慢形成責任制政府這一傳統。

將這種境況作爲其行動的後果來接受，那麼這個自由的社會就不可能發揮作用或維護自身。〔註176〕

個人如此，政府官員作爲社會成員，其自由權和責任自然相應較大，更當以身作則，明晰責任。這亦是西方民主社會強調「責任制政府」的背後緣由。

關於自由與責任的關係，康德認爲：「有理性的人本身在道德領域中是絕對的東西，是道德的自在的絕對目的，人絕對不應成爲實現任何道德目標的工具。因爲如果人本身成爲某種目標的工具，他就進入某種必然關係之中，對自己不能自主，也就不再能負責任。責任與自由是絕對一體的東西」。〔註177〕早在五四時期，胡適指出「發展個人的個性，須要有兩個條件。第一，須使個人有自由的意志。第二，須使擔干係、負責任」。〔註178〕20年代人權論戰，胡適再次提出「言論上的責任問題」。〔註179〕30年代《獨立評論》徵稿規定：「凡只有筆名而無眞姓名住址的文字，恕不登載」。〔註180〕《汪蔣通電裏提起的自由》一文中，胡適又舊話重提。〔註181〕可見錢端升從「責任」這一角度切入，深握西方議會政治之神髓。

六、對《議會委員會》之評價

從錢端升分析而言，除德國因1918年革命逃過一劫外，三國的例子是令人失望的。在微觀層面上，議會委員會在討論立法、財政預算和監督政府的過程中，議會內外各種勢力均在介入。在眾多勢力當中，其中以委員會本身和政黨一內一外爲左右議會的兩大勢力。英國內閣雖未有其他三國常務委員會制度的弊端，但作爲一個「超級委員會」，又僭越了全部立法和行政機關。美國委員會各據山頭，國會陷於分裂狀態，法國則政黨林立、溺於人事浮沉。

〔註176〕〔美〕哈耶克著、鄧正來譯：《自由秩序原理》，北京：三聯書店，1997年12月，第83頁。

〔註177〕陳宣良：《理性主義》，四川人民出版社，1988年5月，第201頁。

〔註178〕胡適：《易卜生主義》，張寶明、王中江主編：《回眸〈新青年〉》（哲學思潮卷），鄭州：河南文藝出版社，1998年4月，第85、86頁。原載《新青年》，第4卷6號，1918年6月15日。

〔註179〕胡適：《告壓迫言論自由者》，《人權論集》，上海：新月書店，1931年8月，第104頁。

〔註180〕《獨立評論社啓事》，《獨立評論》，第4卷第77號，1933年11月19日，第17頁。

〔註181〕胡適：《汪蔣通電裏提起的自由》，《獨立評論》，第6卷第131號，1934年12月16日，第5頁。

因此，錢端升不免對革命後的德國委員會制度充滿憧憬，尤其是 1919 年通過的《威瑪憲法》——當時被認爲是歐洲最民主的憲法。

關於議會委員會與國會的關係，錢端升在進一步分析後發現，上述所揭示的種種毛病，主要原因在於委員會本身，及政府體制外的政黨政治。從他贊成一院制來看，兩院制似乎對他造成了困擾。與孫中山一樣，在錢端升看來，要中央政府強有力，議會的制衡應減至最低。這與他回國後，贊成國民黨一黨專政，有一定的關聯，兩者均意在增加和提升政府的行政權和效能。錢端升在抗日戰爭期間，預測戰後民主國家亦將會實行一黨制，似對一黨政治情有獨鍾（詳參本文第五章第二節）。實際上，不論兩黨或多黨政治，若可達到錢端升所倡導的「公正的討論」，則與一黨政治或更確切地說，與無黨政治是無異的。

錢端升上述所言的弊端及提出的理想的常務委員會，也對其 30 年代政論主張產生了一定的影響。在評論 30 年代憲草時，亦運用類似上述原則，認爲國民大會人數不宜過多，權限應縮小至至少能靈活討論程度。否則，應削弱國民大會的職權，以提升效能，清晰權責。

錢端升曾表示，論題雖爲四國，但範圍不僅四國，還涉及歐陸其他國家，如西班牙、荷蘭、比利時、意大利。〔註 182〕但就具體而言，超出四國外的內容實少得可憐。即令四國而言，研究分配比例也大小不一。其中以美國最爲詳盡、英、法次之，德國最弱。

從錢端升陳述的各國委員會發展歷史來看，美國雖跟隨英國，但在殖民地時代，政制已開始分道揚鑣，發展出以常務委員會爲主的議會委員會制度；德國委員會雖大致跟隨法國，但在宏觀政制發展上有很大差別，如法國爲第三共和、德國在 1918 年前採君主立憲，比較基準頗不一致。而英美和德法委員會制度最大的分別是，前者有全院委員會（committee of the whole house）、後二者有委員會股（sections），均爲對方所無，這是英語系國家與歐陸國家不同之處。〔註 183〕另按錢端升的定義，兩者均爲「非正式委員會」。

〔註 182〕 T. S. Chien, *Parliamentary Committees: A Study in Comparative Government*, pp. 122～123、239.

〔註 183〕 T. S. Chien, *Parliamentary Committees: A Study in Comparative Government*, p. 15. 按：「section」的意思爲「股」或「部門」，但所指實爲委員會，所以譯爲「委員會股」。它最初的作用是審查選舉代表的有效性和初步審議草案（they were originally set up for: the validation of elections and the preliminary deliberation of bills.）全院委員會則是英國獨有的制度，原本是爲免英王指定

〔註 184〕

至於錢端升對四國的診斷和開出的藥方，部分有簡略之嫌，尤其對英國的診斷。就任何一種政制而言，既受著過去歷史的限制，又受到當下人事的制約。與此同時，在解決各種問題之餘，本身也經歷著各種複雜的變化。作為一個「超級委員會」，眾多事務須經過內閣，無疑是英國歷屆政府最頭疼的問題。將一些非黨派性質的事務從內閣分離出去，當然能減輕內閣負擔，但錢端升沒說明這種事務在內閣議案所佔比例。以常理推斷，若非重大和黨派性事務，又何必將之放在已擁擠不堪的內閣議程上？〔註 185〕就其建議將一半或三分之一的事務交給特設委員會而言，可能的結果是，各種特設委員會林立。若無內閣重要成員在內，成事不足。若數目太多，敗事有餘，部分委員疲於奔命，部分乘搭順風車。

關於議會政治之危機，德國學者卡爾‧施米特在 1926 年指出，「辯論和公開性作為議會的基本原則，這觀點在幾代人以前也許很明確，然而，今天的議會制早已建立在完全不同的基礎上」。他在 1923 年斷定：「基於事實的冷靜辯論，遠離黨派政治的利用，不給任何人做宣傳，在今天的大多數人看來，這可能行不通、幼稚或不合時宜」。三年後，施米特認為「似乎至少在溫和的意義上證實了這些悲觀的猜測」。

施米特還指出，「議會制與民主制同步發展，並且與之關係密切，所以在它們之間沒有作出仔細的區分。然而今天，在它們雙雙獲勝之後，自由主義的議會制觀念與大眾民主的觀念之間卻暴露出了分歧，對於兩者的差別也不能再漠然視之。……今天，議會制的優點在於它作惡較少，仍然優於布〔爾〕

議長偏私，因此特設全院委員會選舉議長，以拒英王。後形成慣例，在重要議題上，亦召開全院委員會。錢端升指出，在歐洲大陸國家，可能除前奧地利國會曾採用過全院委員會制度，餘均為英語系國家。"It exists almost exclusively in the English-speaking countries", "In other European countries the committee of the whole house seems to have been adopted only in the former Austrian Die."T. S. Chien, *Parliamentary Committees: A Study in Comparative Government*, pp.18, 46-47.

〔註 184〕關於議會委員會的定義，錢端升指出，是一個由議會議員所組成、由議會所委任、并執行議會所委託的職務和向議會負責的團體。任何一個委員會缺乏上述四種定義中的任何一種，它就不是議會委員會。T. S. Chien, *Parliamentary Committees: A Study in Comparative Government*, p.23.

〔註 185〕現代議會特徵之一，凡是任何草案凡是涉及政府開支的，須得到政府的同意。這種草案，必然會出現在內閣議程上，及相對而言，內閣提出的草案，一般黨派爭議性較大。

什維克主義和專政；議會制無法預測的後果將會使人們摒棄議會制，『從社會和技術的角度看』，議會制是一高度實踐性的事物——這些觀點都很有意義，而且部分地說是正確的」。〔註186〕

　　錢端升對西方議會政治弊端，相對只是從內部作了微觀解剖，對於大時代環境改變，缺乏應有探討。錢端升的解決方案，追求「公正的討論」，依然是利用施米特所言，傳統議會兩大基本原則——辯論和公開性，來解決一戰後議會制弊端，忽視了施米特所言，議會制在取得勝利後，出現「自由主義的議會制觀念與大眾民主的觀念之間」分歧，亦即「間接代議」和「直接民主」之間的衝突，這亦是困擾30年代中國憲政運動的關鍵之一。〔註187〕

　　在治學方法上，錢端升十分強調研究歷史背景的重要性，因而他從各國委員會的起源入手。不過，他對各國政治的歷史發展未有足夠的提示。以法國爲例，先後受法國大革命、拿破崙復辟兩極影響，以致國民對專制抱有深深的不信任感，這是法國未能產生穩定政府，議會委員會制度未如人意的背後原因，未必如其所言是政府部門個別部長的人格問題。又如德國，若非參閱錢端升30年代出版的《德國的政府》一書，幾乎誤讀其議會委員會。

　　就更宏觀的政制發展而言，若將四國擬人化，「成熟」程度亦十分不一致。英國的憲政發展歷史相對較爲悠久。美國承襲英國地方自治，發展較法、德順利。法國因經過拿破崙專制，政制搖擺在集權與分權之間。亦因此，法國政黨特多，導致內閣不穩。德國在1918年革命前行君主立憲制，在俾斯麥（1862～1890）控制下，議會功能不太彰顯。在《德國的政府》中，錢端升指出，

> 　　在帝國時代，聯邦院本爲憲法上權力最大的機關。就它的組成而論，它是德意志各邦全權使臣的會議；就它的職權而論，兼有立法行政的大權，……它不是德意志人民的代表，而它的權力則大於

〔註186〕〔德〕卡爾・施米特著：《引論：論議會制與民主制的牴牾（1926）》，見氏著，馮克利等譯：《政治的浪漫派》，世紀出版集團、上海人民出版社，2004年8月，第159～160頁。施米特所言議會制「是一高度實踐性事物」，是因爲它無法預測後果，這也是改良與革命最大不同處。一般而言，自由或改良分子通常沒一套可即付諸執行的現成方案，即不能事先提出一幅完整的實踐藍圖；即使有之，也需經一番辯論和修正，取得共識。因此，議會制需要高度的政治智慧和高巧的實踐藝術。

〔註187〕受「直接民主」影響，國民政府取消了國民大會中的國民委員會。詳參本文第四章第五節。

代表人民的國會。三權分立的憲法為一般國家的制度，而它絕不能
劃歸於某一種的權（按：重點為本文所加）。〔註188〕
易言之，德國政制在革命前，類似英國行政和立法高度集中，但又有不同，
也是一種獨特的制度。四國歷史和國情背景之如此大不同，比較之下，差異
之大自然難免。然此缺點或許是論文的優點亦未可知。從當時研究水平來看，
各國政府比較研究仍未深入。錢端升的研究仍略帶開拓性研究的性質。從宏
觀層面而言，四國政制均屬近代議會政治（德國處於發展初期）。議會委員會
作為近代議會不可或缺的機構，錢端升以此為切入點，從微觀層面觀察和探
討四國委員會在現實政治中具體運作之得失，及相關之行政與立法關係及責
任等問題，揭示出議會委員會在近代民主政制下，各種不同的面相，應當說
相當不易。就整體而言，他的論文實在是一篇難得的佳作，尤其最後一章對
各議會委員會之比較批評和建議，不僅入木三分，且精彩觀點迭出不窮，令
人印象深刻（至於研究方法之得失批評，詳參下）。

第四節　治學方法及思想特色

一、歷史比較研究法簡介

沈宗靈先生在《再看〈比較憲法〉一書——為紀念錢端升先生百歲冥壽
而作》一文中說，若干年以前，他曾見過兩位學者寫過一篇短文，講到中
國憲法學界對比較憲法研究的內容，體例和方法並未達成共識，究其原因
出於兩個方面：一是比較方法把握不准；二是比較憲法學研究未作細緻探討。
〔註189〕筆者無意於苛責前賢，但可指陳的是，民國時期的比較政治學，不
僅顯赫一時、著作之多，尤如過江之鯽，且人材輩出，其中以比較憲法居多，
如王世杰、錢端升、張慰慈、沈乃正、劉迺誠、費鞏、薩孟武、陳之邁等。
錢端升作為其中的佼佼者之一，他為上海商務印書館選編的經典英文政治學
著作所撰寫的《編者導言》，體現了民國時期比較政治學研究方法的一些特
徵，或許值得借鑒。本文以為，錢端升的治學方法與當代劍橋學派有不少暗

〔註188〕錢端升：《德國的政府》，上海：商務印書館，1934 年 4 月，第 140 頁。
〔註189〕趙寶煦、夏吉生、周忠海編：《錢端升先生紀念文集》，中國政法大學出版社，
　　　　2000 年 2 月，第 73～74 頁。莫紀宏、李岩：《比較憲法學研究方向舉隅》，《社
　　　　科參考報》，1991 年 8 月 26 日。

合之處，這是值得注意的地方。〔註190〕

　　1931 年，錢端升應王雲五等人邀約，爲商務印書館社會科學名著選讀叢書選編經典英文政治學著作，並撰寫四篇《編者導言》。他所選取的四本著作，全爲比較政治學作品，包括：亞里士多德的《政治學》、馬基雅維利的《霸術》、孟德斯鳩的《法意》和布賴斯的《現代民治政體》。〔註191〕其中，錢端升最爲欣賞的是布賴斯，其爲《現代民治政體》所撰寫的述評，可說是他一生治學方法的寫照。這四篇《導言》除顯示錢端升的治學方法外，也顯露了他思想中的幾大特質，是理解他學術與政治思想的鑰匙。這些特質包括：一、理想主義；二、中庸主義；三、現實主義、四、法治主義、五、憲政民主思想。

　　須指出的是，本文所引用的四卷選注合訂本爲國內孤本。筆者遍查北京和上海各大圖書館均未曾發現此書。〔註192〕此合訂本，爲十六開本，短小精悍，封皮類似普通筆記本，封皮紅黑斑斕，內頁有紅黑波浪折紋，書脊位置有紅色封皮包住，呈陳舊暗黑。若非將北京大學政府管理學院圖書館錢端升捐書全部翻了一遍，幾乎不能發現此書。從其他藏書觀之，這種封皮似爲當時西方政治學書籍所通用。

　　所謂選注合訂本，顧名思義，是指錢端升從四本經典英文政治學著作中，選取精華章節，然後爲每一本撰寫一《編者導言》，合訂而成。除版權頁中英對照外，四篇《編者導言》均爲中文，一方面似爲照顧中國讀者，一方面爲方便教學需要。〔註193〕現將合訂本簡介如下：

〔註190〕或者甚至可以倒過來說，劍橋學派重拾了過去的歷史研究法。斯金納指出，「從20 世紀 60 年代後期開始，另外有些學者也以相同的方式繼續從事研究，使劍橋大學成爲更重視歷史方法來研究道德和政治思想史的重要中心。當這一方法得到人們認可時，一個有益的結果就是原先把政治理論史與政治史分隔開的那堵高牆現已經倒塌了」。〔英〕昆廷‧斯金納著、李宏圖譯：《自由主義之前的自由》，上海：三聯書店，2003 年 10 月，第72～73 頁。

〔註191〕「最先用比較方法的是亞理斯多德（Aristotle），其後有孟德斯鳩，最近有德托克維耳（De Tocqueville），拉部雷（Laboulaye），蒲萊士等」。〔美〕高納原著、顧敦鍒譯：《政治學大綱（上）》，上海：世界書局，1946 年 9 月，第21頁。

〔註192〕除合訂本外，還有單行本行世。在發現合訂本前，筆者只擁有單行本《近代平民政治》，《霸術》則見世界圖書館目錄 http://www.worldcat.org。餘兩種單行本，國內外圖書館目錄均未曾見。

〔註193〕如 1924 年的北京大學法學院就設有「政治學（英文選讀）（一）」和「政治學（英文選讀）（二）」。負責教師爲張慰慈。蕭超然、寧騷等編：《北京大學政治學與行政管理系史》，未刊稿，1997 年，第 18～19 頁。

四選注本前均冠有中英文「社會科學名著選讀叢書，主編者王雲五、何炳松、劉炳麟」。爲省篇幅，英文版權不贅。據年份排列如下：

1. 《政治學》，原著者希臘亞里斯多德，英譯者英國昭厄特，選註者錢端升，1931 年 4 月。

2. 《霸術》，原著者意國馬基亞弗利，英譯者英國利雲，選註者錢端升，1931 年 5 月。

3. 《近代平民政治》，原著者勃賚斯，選註者錢端升，1931 年 6 月。

4. 《法意》，原著者孟德斯鳩，英譯者紐眞特，改訂者普立拆德，選註者錢端升，1931 年 9 月。

此四篇《編者導言》最大的特色，是在體例上均採用了歷史比較法。每一篇《編者導言》，首先介紹作者生平和時代背景，然後考察著作的版本，與其他作品之間關係，後評介其學說之特色及優劣長短，並在最後附一相關之版本或研究參考書目。此四篇書評，不僅透露了他的治學方法，同時亦展現了他思想中一些十分重要的特質，是理解其一生學術和政治思想的鑰匙。爲方便行文，頁碼置於文中，不再加注。篇幅所限，除第一篇較爲完整敘述外，餘三篇將作不同程度省略，特此說明。

所謂歷史比較法（Historical-Comparative Method），主要從二種方法合成而來，即歷史法和比較法。據清華政治學會 1932 年《政治學最近之趨勢》一文介紹：「這兩種方法的貢獻，是收集歷史上的各種材料，加以選擇，比較，與去捨，以求得政治制度的〔歷〕史的發展」。對於現代各國制度的研究，「以比較方法爲主，歷史方法爲副，以免去主觀的錯誤。這種研究可以發現各國政治現象中的共同趨向」。〔註 194〕

民國時期通行教科書《政治學大綱》亦指出，比較政治學「研究現行和過去的政治制度，蒐集一定的材料，加以選擇，比較和分析，而啓發理想的政制和政治史進步的動力」。不過，「比較法的危險，即在其應用上容易發生錯誤，因在求發現普通〔遍〕原則之時，對於複雜的環境，如民族性質，經濟社會情形，道德法律標準，以及政治訓練與經驗的種種殊異之處，常易忽視而造成很大的錯誤」，〔註 195〕因之有歷史研究法的補充。但即便如此，在面

〔註 194〕清華大學政治學會：《政治學最近之趨勢》，《政治學報》，國立清華大學政治學會，1932 年 6 月，第 4～5 頁。

〔註 195〕〔美〕高納原著、顧敦鍒譯：《政治學大綱（上）》，上海：世界書局，1946

對當代政治史時，所謂的「政治事實」或「歷史事實」仍未沉澱下來，若強行比較，十分容易發生錯漏。本文後文將會述及的錢端升在分析西班牙、波蘭和蘇聯新憲法時，明顯有此漏弊。

在評價布賴斯《近代平民政治》時，王世杰說：「比較法，係對於事實，求得普遍的觀察；歷史法，係對於所觀察之事實，考其因果關係，求得精密的分解」。〔註196〕樸洛克（F. Pollock）亦指出，歷史比較法「不單在求解釋制度的現實情形，及其將來的趨勢，而尤在說明它們的已往情形，及其如何會變到現在的情形，不盡在瑣瑣碎碎的分析現情而已」。歷史比較法，若用一句話概括，就是它相信「憲法是自由生長而非人造」。〔註197〕因為憲政不能一蹴而就，它需要時間發展。這是錢端升從 20 年代開始直到抗戰後期反對驟然行憲的原因。

民國時期其他學者亦指出，「一制度之存在，必有其相當之理由，此理由惟歷吏〔史〕法能發現之」，但因「社會現象非常複雜，決非以簡單因子所能說明的，歷吏〔史〕材料並非社會現象之全部，若恃以發現因果，所得者必難真確」。〔註198〕因之又有比較法的補救，所以兩者在很大程度是二合一的。〔註199〕這點錢端升亦說：「所謂歷史的方法本即比較的方法，不過所比較者涉及歷史上的事實而已」。〔註200〕

就民國政治學而言，歷史比較法實為當時主要的研究方法之一。1926 年，

　　　　　年 9 月，第 21 頁。
〔註196〕王世杰：《James Bryce: Modern Democracies（書評）》，《北大社科季刊》，創刊號，1922 年 11 月，第 143～144 頁。
〔註197〕〔美〕高納原著、顧敦鍒譯：《政治學大綱（上）》，上海：世界書局，1946 年 9 月，第 22 頁。此一名句亦見《政治學說史概論》：「制度並不是人造的，而是生長的（Institution are not made, but grow）」。〔美〕波拉克著、張景琨譯：《政治學史概論》，上海：商務印書館，1936 年 9 月，第 140 頁。
〔註198〕范用寅：《政治學中的歷史法》，《國聞周報》，第 6 卷第 34 號，1929 年 9 月 1 日，第 9 頁。
〔註199〕更多介紹，請參閱：宓賢弼：《今後政治學應走上自然科學的途徑》，《東方雜誌》，第 25 卷第 13 號，1928 年 7 月 10 日，第 69～74 頁；何慶榮：《政治學研究法》，《復旦大學政治學報》，創刊號，1931 年 5 月 20 日，第 1～5 頁；張素民：《社會科學之研究方法談》，《申報月刊》，第 2 卷第 4 號，1933 年 4 月 15 日，第 67～69 頁；趙康節：《凱德林之政治學方法論及政治學說》，《民族》，第 1 卷第 6 號，1933 年 6 月 1 日，第 973～988 頁。
〔註200〕T. S. Chien, *Preface, Modern Democracies, Four Political Classics Abstracted: Abridged and Annotated with a Preface in Chinese*, Shanghai: The Commercial Press, 1931, p. VIII.

錢端升在清華政治學會發表《政治學》演講時指出，「比較方法，用之者日多
一日」。〔註201〕1932 年 6 月，清華政治學會亦指出，「歷史與比較方法的並用，
已成普遍的現象」。〔註202〕在民國時期政治學當中，比較憲法是比較政治學中
最爲熱門的學科，其冠有「比較憲法」的各種譯著數量相遠較其他著作爲多。
如下列所示：

1.	王世杰著：《比較憲法》，上海：商務印書館，1927 年。
2.	鄭毓秀著：《中國比較憲法論》，上海：世界書局，1927 年。
3.	王戴煒著：《比較憲法學》，北京：中華印字館，1928 年。
4.	程樹德著：《比較憲法》，上海：華通書局，1931 年。
5.	黃公覺著：《比較憲法》，北平：好望書店，1931 年。
6.	丁元普著：《比較憲法》，上海法學編譯社，1932 年。
7.	程樹德著：《憲法歷史及比較研究》，北平：朝陽學院出版部，1933 年。
8.	章友江編：《比較憲法》，北平：好望書店，1933 年。
9.	呂復著：《比較憲法》，北平：中華書局，1933 年。
10.	費鞏著：《比較憲法》，上海：世界法政學社，1934 年。
11.	阮毅成著：《比較憲法》，上海：商務印書館，1934 年。
12.	汪馥炎著：《比較憲法綱要》，上海：法學書局，1934 年。
13.	王世杰、錢端升著：《比較憲法》，上海：商務印書館，1936 年。
14.	薩孟武著：《政治學與比較憲法》，上海：商務印書館，1936 年。

上表所載並未完全包括民國時期比較憲法學的著作，〔註203〕其他異名的
還有如：1913 年潘大逵的《歐美各國憲法史》、〔註204〕1917 年吳昆吾、戴修

〔註201〕錢端升：《政治學》，《清華週刊》，第 24 卷第 17 號總 366 期，1926 年 1 月 1
日，第 6 頁。
〔註202〕清華大學政治學會：《政治學最近之趨勢》，《政治學報》，國立清華大學政治
學會，1932 年 6 月，第 4～5 頁。
〔註203〕如譯著有：〔美〕巴路捷斯著、日本高田早苗譯、朱學曾等重譯：《政治學及
比較憲法論》，上海：商務印書館，1913 年 4 月 6 版。〔美〕約翰·溫澤爾著、
楊鉨森、張萃農合譯：《美法德四國憲法比較》，上海：中華書局，1913 年 7
月。〔英〕黑德蘭——莫黎著、黃公覺譯：《歐洲新民主憲法的比較》，上海：
神州國光社，1930 年 11 月初版。另一版本：〔英〕A. Headlam-Morley 著、
李鐵錚譯、周鯁生校：《歐洲新民主憲法之比較的研究》，上海：太平洋書店，
1931 年 9 月初版。
〔註204〕潘大逵：《歐美各國憲法史》，上海：大東書局，1913 年 11 月。

駿譯述的《萬國比較政府議院之權限》、〔註205〕沈乃正和劉迺誠同名著作《比較政治制度》，〔註206〕胡越的《比較政治》等。〔註207〕在市政和地方自治領域，有劉迺誠的《比較市政學》、〔註208〕張銳的《比較市政府》、〔註209〕喬萬選的《比較地方自治》、〔註210〕呂復的《比較地方自治論》、〔註211〕王孟鄰編著的《比較縣政府》等。〔註212〕

二、歷史比較研究法的演繹

　　由於歷史和國情的不同，民國時期政治學，出於建國需要，需借鑒國外政府以成立一現代化政府，因此當美國比較政治學在 20 年代末期開始衰落時，正值中國比較政治學蓬勃發展時期。比較政治學之所以在民國時期成為一枝獨秀，除美國庚子賠款外，亦與美、中兩國創立政治學目標接近有關。1880 年，美國哥倫比亞研究院成立時，其目標有二：一、「政治諸學科的全部分野的發展」；二、「為了青年得以從事全部政治部門的公職加以準備」。〔註213〕1932 年，中國政治學會成立時，其宗旨為：（一）促進政治科學之發展；（二）謀貢獻於現實政治；（三）幫助後學示以研究方法。〔註214〕1935年召開第一屆年會時，其中大學政治學課程，目標在於造就下列兩種人才：「一、實際行政人才；二、學術研究人才」。〔註215〕目標與美國政治學相當

〔註205〕吳昆吾、戴修駿譯述：《萬國比較政府議院之權限》，上海：商務印書館，1917
年 8 月初版。
〔註206〕沈乃正：《比較政治制度》，上海：中華書局，1934 年 3 月、1940 年再版。劉
迺誠：《比較政治制度》，上海：商務印書館，1934 年、1947 年再版。
〔註207〕胡越：《比較政治》，上海：神州國光社，1933 年 3 月。
〔註208〕劉迺誠：《比較市政學》（國立武漢大學叢書），上海：商務印書館，1937 年。
〔註209〕張銳：《比較市政府》，上海：華通書局，1931 年。
〔註210〕喬萬選編著：《比較地方自治》，上海：大陸書局，1932 年。
〔註211〕呂復：《比較地方自治論》，上海：商務印書館，1943 月 5 月；《增訂比較地
方自治論》，上海：商務印書館，1947 年 3 月。
〔註212〕王孟鄰編著：《比較縣政府》，重慶：正中書局，1943 年 7 月渝出版、1946
年 3 月滬一版。
〔註213〕〔日〕內田滿著、唐亦農譯：《早稻田與現代美國政治學》，上海：復旦大學
出版社，2003 年 10 月，第 214 頁。
〔註214〕《中國政治學會，昨在京開成立會》，《中央日報》，1932 年 9 月 7 日，第 7
版。
〔註215〕漢勳：《中國政治學會十年簡史的敘述》，《中央日報》，1942 年 11 月 6 日，
第 5 版。

一致。在上述目標中，值得注意的是「幫助後學示以研究方法」，錢端升所選注的四本經典著作和四篇《編者導言》，其突出貢獻在於歷史比較法的示範和介紹。

　　亞里士多德與《政治學》。從錢端升的介紹可知，亞里士多德跟隨柏拉圖 20 年，當亞歷山大大帝的老師只有或不足 2 年，其在雅典講學則約有 13 年之多。除生平外，錢端升在介紹著作時，十分關注著作的原本面目。他指出，亞里士多德「著作極富：舉凡生理，物理，解剖，數學，修詞〔辭〕，邏輯，倫理，政治，經濟，詩學，玄學，無所不備，而尤以《邏輯學》，《倫理學》，及《政治學》為鉅著。不幸全部著作都經過長時間的埋藏，出世後復經亞歷山大里亞的學者、阿剌伯學者，及中古學者的輾轉傳抄，往復翻譯，穿插竄改，考訂注釋，以致原文失傳，而眞面目無復可窺。它們（著作）雖經近代學者嚴格且科學的整理，然而殘缺者仍無法彌補，矛盾者仍無法融通。《政治學》之形式不但不是例外，它的章句凌亂或且甚於其他著作：各卷間無論如何排列總有不能銜接之苦，衝突重複之處更不一而足。著者在某處明說將在下文引申某事，而始終不見有何引申之例亦極多」。（第 4～5 頁）

　　在版本方面，錢端升亦十分關注它的權威性：「照最通行本，《政治學》共分八卷都百零三章。〔註 216〕第一卷首述國家的意義及組成的基礎；……第八卷續論理想國的教育，……。上述的次序為通行的柏克（Bekker）版的次序，亦為昭厄特（Jowett）英譯版的次序，然而上下不一貫之處仍所在皆是。我們所可自慰者，即據近代人知識之所及，柏克版中之《政治學》的大體必是亞里斯多德的原意而已」。（第 5 頁）可見他對《政治學》這一巨著版本的來龍去脈甚為瞭解。

　　除版本外，錢端升也十分強調著作與其他作品之間的關係。在他看來，若要瞭解一個歷史人物的思想，則必須梳理人物與各種著作之間的脈絡關係。他指出，「與《政治學》相關最密者有三書，即《倫理學》，《經濟學》，及《憲法》。《憲法》今僅存關於雅典的那部分，於一八九○年發現，其它百五十七國的憲法則已失傳。《倫理學》討論個人求完美生活之道，《經濟學》討論家庭求富裕之道，而《政治學》則討論全社會求生活完美之道。三者中，《經濟學》最不重要。《倫理學》及《政治學》為前後相接之書，承上啓下，關連極密。凡想貫通亞里斯多德的政治思想者，不能不兼讀相關的諸書」。（第

〔註216〕按：「八卷都百零三章」，原文如此。

6頁）

　　至於時代背景，錢端升更是珍而重之。他認爲，要理解亞里士多德的思想和著作，還須瞭解當時希臘的政治狀況。他指出，除斯巴達外，所有希臘公民均「一視同仁，都可參加政治……公民對於國家則關係異常密切，有如信教者之崇奉宗教，念茲在茲……幾無一不可說是政客」。（第6～7頁）除奴隸外，「幾無一不可說是政客」！一語道破「人是天生的政治動物」這一名句的來龍去脈，任何人處在上述環境裏，不免產生亞里士多德的感歎！

　　《政治學》爲西方政治學經典之作，西方學者對它高度評價和推崇，錢端升自不例外。然他並非一味盲目推崇，而是既帶有批評性、又有瞭解之同情來審視這一巨著。對於亞里士多德的「歷史比較法」，他的批評火力是頗爲猛烈的。

　　在比較研究法上，錢端升認爲亞里士多德的方法是既非科學又非歷史的，其歸納法甚至與近代相反。他說：「在上古時，用比較及解析的方法以研究政治者，亞里斯多德固爲第一人，新方法之有裨於後世者厥功固亦極偉，然我們也不能張大其詞，而承認亞里斯多德的方法爲科學的或歷史的。他的歸納方法往往適和近代的相反」。（第8頁）

　　錢端升還認爲，《政治學》一書明顯有理論在前，事實在後的傾向，有時甚至違背邏輯：「科學的方法應從許多相關的事實中以探求眞理；但他往往將自己所樂知的『眞理』提出……即有反對方面之事實亦不過拉做陪襯〔襯〕……論學時，邏輯的形式或者尙能維持一二，邏輯的眞諦則相差還遠，眞正的科學方法更不用說起」。（第8頁）

　　至於歷史研究法，情況也好不到哪裏。亞里士多德「不能根據歷史以觀察政治。他雖有百五十餘個憲法可供比較，但對於各個國家歷史上的過程或人類政治組織的演進則他並不注意」。除批評亞里士多德擁護奴隸制外，錢端升還指出，「第四世紀之城市國家雖成強弩之末，但亞里斯多德咬定了城市國爲唯一適宜與人類政治生活的組織；亞歷山大儘管雄併天下，建立帝國，而他可熟視無睹，一若比城市國更大的政治結合終不能成立者」。（第8頁）

　　儘管批評火力甚猛，但錢端升隨即話鋒一轉，以瞭解之同情態度說：「亞里斯多德的所以不能進而用歷史的方法，我們要歸罪──或者我們可說歸功──於希臘的文化」。這是因爲，他解釋說，希臘文化實在當時其他文明之上，「在希臘人之宇宙中，祇有希臘人是有文化的，而其他種族盡是鄙野

的，……凡希臘人所視爲當然之事，即亞里斯多德亦難獨異」。（第 9 頁）一言蔽之，亞里士多德是他自己文化的俘虜。〔註 217〕

錢端升解釋說：「亞里斯多德之所以不能放棄倫理說，城市國，且擁護奴隸制，提倡音樂教育等等，實皆狃於希臘人的成法。主觀太深，則客觀的事實轉不易生正當的印象。……也正因他是希臘人而不能採用歷史的方法」。（第 9 頁）亞里士多德在當時是「當代人」，「當代人」寫「當代史」，當然不能採歷史研究法了。

有趣的是，在治學方法上，錢端升雖偏向實證，注重事實，但對柏拉圖師弟的評價，卻推崇後者。「老實說，亞里斯多德……的意象力遠不如柏拉圖浩瀚，他的直覺力遠不如柏拉圖的深邃而已。有人謂柏拉圖的觀察好像坐飛機這從雲霧中俯矚新地，祇灼見地勢高下之一般；而亞里斯多德的思想則像一工程師在該地建築道路。從這譬喻中我們固可分別二人的不同處，但亞里斯多德仍爲一固守希臘成法的工程師，而所見之大則終不及柏拉圖」。（第 9～10 頁）錢端升的看法正好與浦薛鳳相左。浦薛鳳認爲，阿里士多德「彼之方法精神因而見解學說異於柏拉圖；且有青出於藍勝於藍之譽」。〔註 218〕

錢端升認爲，亞里士多德的《政治學》根本貢獻有二：第一、政治學作爲一門相對獨立的學科出現，開始擺脫倫理學的糾纏。

〔註217〕借用柯文話，是他自己環境的囚徒。〔美〕柯文著、林同奇譯：《在中國發現歷史：中國中心觀在美國的興起》，北京：中華書局，1997 年，第 175 頁。

〔註218〕浦薛鳳：《西洋近代政治思潮》（上），重慶：商務印書館，1944 年 4 月蓉 1 版，第 53 頁。關於錢端升與浦薛鳳之關係，孫宏雲在《中國現代政治學的展開》說，浦薛鳳將其《政治五因素》一稿「存他在哈佛讀書時的導師何爾康（A. N. Holcombe）處」。由於兩人治學路數和風格的不同，前者治比較政治制度；後者治政治思想史，引起了筆者的注意。錢端升的導師何爾康專長爲政府學和政黨政治研究。若按照孫宏雲的說法，二人應爲同門。但筆者在編輯《錢端升先生年譜》過程中，除浦薛鳳回憶錄外，發現兩人甚少接觸。若是同門似不應如此。另浦薛鳳在回憶錄中雖有數則錢端升的記載，但負面居多。因此檢索了浦薛鳳原文，發現爲「英文此稿，現尚在哈佛何爾康師處」，並無「導師」字樣。浦薛鳳在回憶錄另一處明確記載了其師承：「哈佛政治系老教授，大多星零散落，只剩下業師麥琪爾文（Mac llwin〔Mcllwain〕）即授予西洋政治思想者」。估計何爾康是當時哈佛政府學系主任，因此浦薛鳳才將稿件交給他，意欲獲其認同。孫宏雲：《浦薛鳳「政治五因素」論的形成與展開——兼論其在中國現代政治學史上的意義》，《中山大學學報（社會科學版）》，2004 年第 4 期，第 105 頁。孫宏雲：《中國現代政治學的展開》，北京：三聯書店，2005 年 5 月，第 198 頁。浦薛鳳：《太虛空裏一遊塵——八年抗戰生涯隨筆》，臺北：商務印書館，1979 年 7 月，第 73、163、265 頁。

　　　　亞里斯多德的長處，本不在一言一事所見的獨到，而在根本的
　　貢獻。第一，他是政治學的始祖。……《政治學》……不但不是倫
　　理學的附庸，而且隱隱然爲討論到人類活動最基本的學問或智識倫
　　理學中之政治學必注重何者爲最善的政治生活。……此層實非《共
　　和國》之所能比擬。（第 11 頁）

第二、亞里士多德「尚有兩種教訓絕不受時代及政制〔治〕的影響」：

　　　　一爲他的理想主義，二爲他的中庸主義。亞里斯多德對於政治
　　動物的人類是樂觀的，所以他把政治也看作人類實踐最高理想的場
　　所。……不以理想爲最後目標，則政治終無向上的途徑。……他的
　　中庸主義與他的理想主義相附而行。理想是亞里斯多德政治的目
　　的，而中庸是亞里斯多德政治的方法，一則由於內心的信仰，一則
　　由於實際的觀察。他主張階級間貧富不相差太遠，平民政治（窮民
　　的）及寡頭政治（財閥的）應調和，自由及服從應兩不相悖：凡此
　　種種皆爲萬世不泯的眞理，並可爲近令推行極端政治者之當頭一
　　棒。（按：所有重點爲本文所加。第 12 頁）

　　馬基雅維利與《霸術》。錢端升指出，馬基雅維利是一個很有才華的作
家，若非因《霸術》一書，很可能以文藝復興時代著名戲劇家，聞名於後世。
但正如眾所周知，他之所以成名，「全賴於政治性質的著作」，其中以《霸術》，
《書後》（即《李維史論》），及《菲稜徹史》（即《佛羅倫薩史》）最爲有名。
錢端升認爲，後二書對瞭解馬基雅維利思想有不可分割的作用。「欲澈底明
瞭馬基亞弗利的政治思想，除《霸術》外實非兼讀《書後》不可。從《菲稜
徹史》中，我們亦可以得到許多補充的知識，對於著者的政治觀念有所旁
徵」。（第 6 頁）

　　至於馬基雅維利的思想和治學方法，錢端升將之與同時期之人比較。
「要明瞭這兩點，我們先得知道文藝復興時期思想家及學者們對於中古耶教
社會的反動」。（第 6 頁）原來「中古時，耶教的勢力絕大，舉凡制度，思想
以及文藝……總逃不了神道設教的範圍，及拘泥引徵的刻板方法」。自從文
藝復興以來，這種局面有了很大的改變。錢端升認爲，馬基雅維利實「深得
文藝復興的精神；他雖私人道德甚佳，而他的思想則絕不受中古虛僞教會的
拘束，而已回復古希臘，古羅馬的自由及非教的精神」。（第 7 頁）

　　除思想承襲古希臘外，其治學方法，亦跡近亞里士多德，與當時「博學

派絕不相同」。錢端升說：「兩人的立身處世雖不相同，而見聞之廣及經驗之富則如出一轍；因之兩者俱極重視實際的觀察，俱能採用歸納的方法」。（第 7頁）錢端升還指出，博學派在論政時，「必不能擯棄宗教及倫理而不談，且往往玄而又玄；即丹第的《君權論》亦未能盡脫此種惡習」。與之相反，「馬基亞弗利則深恨教皇之有政治權；他以爲國家及政治是世俗之事，不應與宗教混爲一談。故他的《霸術》不涉宗教及倫理的觀念，亦從未——引宗教法（Cannon Law）或——及自然法，更談不到耶教《聖經》」。（第7～8頁）這是他們兩人「異曲同工」的地方。

既然馬基雅維利直承古希臘之餘緒，不難想見，其對中世紀政治學的貢獻亦在此處，即政治與倫理的分離。同樣，部分古希臘政治學的缺點，馬基雅維利也具備。錢端升認爲，馬基雅維利「在《書後》中固然也曾提倡歷史的方法以研究政治學，但他自己卻沒有一些歷史學的精神。……然他自己早已胸有成見，初不受歷史材料的拘束。至於比較的方法也說不到。他只引用了許多十五世紀的事變以充實他自己的主張，但並不藉無偏的事實爲比較以得到客觀的結論」。（第8頁）

從馬基雅維利頻繁出訪外國可知，儘管佛羅倫薩的文藝處於巔峰，但軍事力量卻不足以抵抗鄰國侵擾。因此，《霸術》的「目標是統一的意大利，而統一的工具則爲強有力的意大利君主」，作爲馬基雅維利思想的結晶，「他的思想完全是實際主義的」。（第 8 頁）這是他作品最值得推崇的地方。與過去阿奎那斯和丹第主張「完全是中古式」不同的是，錢端升指出，前者主張教皇統一意大利一，後者主張神聖羅馬帝國黏合破碎的意大利，馬基雅維利則破除一切成見，將責任歸諸未來的意大利君主：

> 要統一成功，則必須強而有力。爲成功起見，爲取得及保持強有力起見，則舉凡一切合眾連橫的雄略，欺世盜名的技術，皆爲必須的，無所謂善，亦無所謂惡；而道德及宗教上的考慮則可以置之度外。只消目的是正當，則手段可以不擇：這就是馬基亞弗利的教訓；而爲後世所詬病者。（按：重點爲本文所加。第9頁）

在內容上，錢端升認爲，《霸術》只爲統治者著想，不但偏狹，且其學說並無系統的條理可言。不過批評過後，他又以瞭解之同情爲其解脫干係：「就內容論，《霸術》祇論及爲政之術，專爲治人者設想，而從不爲被治者設想，範圍的狹小亦於此可見。但這是不足爲奇異的。馬基亞弗利本是政治家，而

不是政治學家。他寫《霸術》的原因，乃欲以經驗及觀察之所得，貢獻於有志統一意大利的雄主，他並不求於政治原理有所立說」。（第8頁）

錢端升還認爲，上述評價不但不足取，且對馬基雅維利有失公允。他指出，必須從當時歷史處境中去認識他的作品。當時的「意大利實爲地名而非國名」，而其他國家已初步具備近代國家的形態。「當時的歐洲則近代國家已逐一代封建而興。英經亨利七世，法經路易十一世，十二及查理八世，西班牙經斐迪南，而俱成統一的強國」。（第9頁）

更重要的是，這些國家的強盛與其君主所採用的手段是分不開的。「這些國家之所以興，和雄主之所以成功，俱逃不了詭譎的手段，此固馬基亞弗利之所熟知而無疑者。路易十二及馬克西米連，他且親自見過。還觀意大利則四分五裂，而爲列強角逐之地」。（第9頁）在錢端升看來，面對內部四分五裂，外部爾虞我詐無政府狀態之下的歐洲，弱小的佛羅倫薩只能靠一強有力的君主實行獨裁，才能挽救於頹勢於萬一。

因此，錢端升不但持同情的態度，還爲馬基雅維利叫屈。他說：

> 馬基亞弗利以觀察所得而發爲言論，希冀脅國（意大利）之君起而實行，以收統一之功；他之不能忘情於上述的手段，自亦當然之事。我們如果以近世的標準衡量馬基亞弗利的立說，又那〔哪〕會對著者有公道？且近代國際的關係尚爲強凌弱，無公理，無信義的關係，此正和馬基亞弗利所說的一致。然而後人棄實際的狀態不管，而專以理想的，不實在的標準來攻擊古人，更那〔哪〕是公道？
>
> （第9頁）

聯繫到近代中國積弱，與錢端升一再強調「強有力政府」之重要，不難理解其國家自由主義立場與馬基雅維利之間所產生的同理心。上述評價似亦可用錢端升身上。他在30年代提倡的獨裁極權的理由，基本如同馬基雅維利。

錢端升引用金岳霖甚爲佩服的哥倫比亞大學政治學教授兼導師鄧寧的話，認爲是最中肯之言，可見其對馬基雅維利不僅持同情態度，還產生了共鳴。「膽寧（Dunning）說：馬基亞弗利祇是不管道德而沒有不道德，只是不問宗教而沒有反宗教；這最爲中肯之言。《霸術》本是專論治術之書，與宗教及倫理俱無關係，馬基亞弗利又何必狃於宗教及倫理的觀念而忽視實際的狀況？」換言之，在一個無政府狀態下之世界，像春秋時期的宋襄公，狃於倫理觀念打仗，焉能不覆？錢端升說：「馬基亞弗利的私德是很好的，然而於政治中，他儘可祇問成功不成功，而不管道德不道德」。（第10頁）

　　錢端升持同情態度，並非就此結束，他還為我們提供了另一個馬基雅維利：

> 有人以《霸術》提倡專制而謂馬基亞弗利亦信仰專制。此亦莫須有之事。《霸術》論人君治國之法，以君為主，故他主專制；但於論古羅馬共和國之《書後》內，則他又顯然左袒共和及自由。於此可見他〔不〕是專以強有力為重，而不問專制或自由的。亦有人謂《霸術》乃迎合美地奇家心理之作，而藉以自顯者。此亦膚淺之言。
> （按：重點為本所所加。第 10 頁）

這點正如孫中山提出憲政三階段論，並非期望國民黨永久訓政那樣，30 年代錢端升提倡獨裁，亦是如此。錢端升指出，若馬基雅維利像許多人所言，著《霸術》的目的在乞憐於美地奇家族，則他在《佛羅倫薩史》中「絕不應有同情於自由及共和政治之表示」。他說，須知馬基雅維利的主旨：

> 在意大利的統一，而統一則非有強有力的意君不行。所以他於《書後》及《菲稜徹史》中隨處流露對於共和及自由政治的同情，而為十六世紀有志統一意大利的人君方面著〔著〕想，則仍不取專制途徑不可。我們如謂《霸術》中所示的方式是專制的則可；如謂馬基亞弗利根本就篤信專制則不可。我們尤須認清在事實上，《霸術》雖獻給於美地奇羅稜操彼得，而推著者之意，則在獻給於一個不定的君主，一個能以統一意大利為職志的意君。（按：重點為本文所加。第 10～11 頁）

相同的評價也可用在 30 年代的錢端升身上。我們若將評述中的馬基雅維利轉換一下，無一不可用在 30 年代提倡獨裁的錢端升或丁文江身上。像馬基雅維利一樣，他們也旨在為國家民族謀求一線之生機，而非欲邀約於當局。以錢端升為例，他在美國所浸染的、回國後所教授的，無一不和憲政民主相關。錢端升雖在戰時推崇蔣介石，但他推崇的是一個抗戰建國、戰後將實行憲政民主的蔣介石。因此，我們如謂錢端升主張獨裁極權則可，如謂他從根本上篤信則萬萬不可。若說因提倡而信仰獨裁極權，則不免犯了不察究竟的毛病。

　　錢端升還有一個與本文相近的看法。本文以為，獨裁這東西無須向誰學習，任何一個專制政府，只要它願意均能做得到，問題可能只是誰做得「更好些」罷了。錢端升亦認為，後世君主的不擇手段，未必與《霸術》有關：

> 《霸術》對於後世的影響固然極壞，梟雄的教皇，君主，以及

> 大臣……無不奉《霸術》為圭臬，而施其譎詐的權術。我們固無取
> 於這種權術，我們也絕不能縱容《霸術》中的立說，然我們又烏能
> 以後世的譎詐盡歸罪於馬基亞弗利？普魯士的大腓特烈於未即位前
> 亦嘗著《反馬基亞弗利》一書以痛斥《霸術》，然他即位後的施設又
> 無一不與《霸術》若合符節。於此亦可見政治上的惡濁正時勢使然，
> 未可集眾矢於馬基亞弗利。（按：重點為本文所加。第 11 頁）

此言雖不能說石破驚天，卻不禁讓人擊節讚賞之感。更重要的是，從上我
們可知，在「九：一八」事變前，錢端升並沒有否認馬基雅維利在「傳授
邪惡」，且甚為反對之。錢端升還認為：

> 在政治思想史中，以人而論，盧梭為最受攻擊及最被誤解之
> 人；以書而論，則要推《霸術》。我們如果明瞭十六世紀的政治狀
> 態，尤其是意大利的，更認準了馬基亞弗利的主旨，則著者提倡的
> 詐術殊不能使《霸術》減色。而著者愛意大利的熱誠及所指示的統
> 一意大利的方法，則是不能不令人佩服其識見的遠大。他更有助長
> 政治學成獨立學問的功績；此層我們更不能不感激《霸術》的著者。
> 有人謂馬基亞弗利結束中古，而開啟近代，亦良以《霸術》能脫離
> 中古的舊習，而與近代的崇實精神相貫通。（按：所有重點為本文
> 所加。第 11 頁）〔註219〕

可以說，在近現代中國以至當代學界中，從來沒有一個學者像錢端升那
樣，如此出色地為馬基雅維利辯護過。從他對馬基雅維利的高度讚賞和維護，
可以想見，馬基雅維利的這種「崇實精神」影響了 30 年代的錢端升思想，成
為他思想中的一大特色。

孟德斯鳩與《法意》。像馬基雅維利一樣，若非《法意》一書，孟德斯鳩
也將會以文學家的形象流芳百世。《波斯人手札》為孟德斯鳩成名作，1821 年
出版時未署名，然「著者之名仍不脛而走，文豪的地位亦即確立而不移」。錢
端升指出，18 世紀的法國以「沙龍」生活著名，孟德斯鳩雖假借漫遊法國之
波斯人之口諷刺法國社會，但他的「辭旨謔而不暴，故能深合『沙龍』社會
的口味」。《手札》出版後 4 年，即被舉為法蘭西大學院學士（即院士），「徒
以不能居住巴黎之故，旋即宣告無效」，「為與文藝界接觸起見」，於 1726 年

〔註219〕錢端升的看法與當代英國學者懷特立場相近。詳參〔英〕邁克爾·懷特著、
　　　　周春生譯：《馬基雅維里——一個被誤解的人》，東北師範大學出版社，2008
　　　　年 12 月。

依當時習俗，把官職賣了卜居巴黎。不到兩年，1728 年再度被選爲法蘭西學院院士，「儼然爲四十聞人之一，而與華爾態及狄德羅等濟濟一堂」。（第 3～4頁）「華爾態」即伏爾泰，狄德羅即《百科全書》編撰者。

在進入法蘭西學院後，孟德斯鳩即周遊列國，所到之處包括：奧地利、德意志各邦、匈牙利、瑞士、意大利、荷蘭及英國等，其中以逗留英國兩年甚爲重要，對孟德斯鳩的思想，以至生活習慣，產生了巨大影響。「威斯敏斯式（Westminster）國會逢開會時，亦時見有此法國旅行家之旁聽。……自英回後，他常居於故鄉拉不勒德，其花園構造一如英式，而生活狀態亦多模仿英吉利的鄉紳」。孟德斯鳩周遊列國的原因是，素有「著書論法律精神的志願，旅行本爲補書藉〔籍〕所不及」。在赴英前，孟德斯鳩「早有尊崇自由政治的傾向」，經過「二年英土生活」，其自由主義傾向更益明顯。（第 4～5 頁）

《法意》完成於 1748 年。此前，孟德斯鳩寫了一部《羅馬盛衰的原因》（1734 年）。錢端升指出，此書除年份「適居上述二書之中，以內容及文筆而論亦居二者之中」。此書「不像《手札》的輕爽，也沒有《法意》的沉重；不像前者的拉雜閒談，也沒有後者的布置周詳。他著此書的用意，或者即在給讀者們以一種預告。讀了《手札》以後，即讀《法意》不免有突如其來，出其不意之慨；先有一書以居中間，則當時好讀辭句爽利，主意尖刻之法國文人或者不至以《法意》爲呆板而不讀」。（第 5 頁）

上述評述雖略帶後見之明多於事實之嫌，但卻不得不佩服錢端升對三本名著之間文理脈絡的處理，既可讓讀者有一概括印象，又可從選擇適合自己脾胃的著作入手閱讀。

自 1743～1748 年，爲孟德斯鳩專心一意，從事《法意》著述時期。然預備時間，卻有二十年之久，其稿次「亦屢易」。相較「比馬基亞弗利之於數月內完成《君〔主〕論》不啻有霄壤之別」。錢端升指出，孟德斯鳩因早年即有著書以論法律精神之意，所以在旅行以及回住梓鄉時，「無日不在搜輯材料，悉心研究。即在著《羅馬盛衰的原因》時，他的心緒亦未嘗一日離開預備中的鉅著。故《法意》一書實代表二十年的工作。著者用心之專亦於此可見」。（第 5～6 頁）

在《法意》付印前，還發生了一段小插曲。當孟德斯鳩徵詢友朋意見時，他們大都不以爲然，認爲「它不和法國當時的政治思想，或政治習慣相沆瀣一氣」。不過，孟德斯鳩「思之有素，胸有成竹，故不顧友朋的勸告，而毅然

於日內瓦出版（亦不署名）」。《法意》出版後，風靡一時，不到二年出了 22
版，「成爲自由政治及有限君主政體之代表者」之一。（第 6 頁）

　　孟德斯鳩晚年是在安穩的學者生涯中渡過的，「《法意》雖遭僧侶們的攻
擊，然而畢竟反對者少而受歡迎者多」。他於 1749 年還著《法意辨》（Defence
de l'Espirit des lois），以解除誤會。美中不足的是，他晚年因近視，最後五年
「幾成半瞎狀態，讀書著述的工作亦難以進行」。孟德斯鳩死於 1755 年，「臨
終時，耶穌教會人猶勸他懺悔，勸他撤回詆毀舊教的狹窄語調，但他仍無動
於中〔衷〕」，因此「死時仍爲信仰自由，堅持自由之大儒」。（第 6 頁）從這
個讚譽，可見錢端升對思想自由之嚮往。

　　限於篇幅，《法意》內容介紹略去。在方法論上，錢端升將三者作了縱橫
比較，「三人都重事實的觀察，而不尚理想的空論；都偏向於比較的及歷史的
方法，而都不能完全脫離主觀的成見。三人都和當代的政治思想家不同其
法」。（第 6 頁）錢端升所言的「當代的政治思想家」指的是他最推崇的布賴
斯（詳見後）。

　　下爲錢端升論述三人歧異之處，因其評述頗爲精彩，故大量引用之。

　　　　孟德斯鳩本爲博聞強見之績學士，但並非意想超群的理想家，
　　所以他論《法意》重實驗而不尚理智。……孟德斯鳩獨能另闢途徑，
　　而以實驗爲依歸，異軍突起正不亞於亞里斯多德及馬基亞弗利。論
　　政而恆憑一己的理智，則總是主觀的，客觀的方法自必循實例之所
　　指引；故以實驗爲重者不能不採用歷史的，比較的，及歸納的方法。
　　不追溯故去的事蹟，且徵引外邦的成法則事例有限，而無實驗之可
　　言；不將已有的事例歸納起來，則眞義隱而不見，有失探求之目的。
　　孟德斯鳩之旁徵博引，溯古追今，誠深合科學的精神。但孟德斯鳩
　　亦未能完全脫離主觀的見解。即以氣候和社會之關係而論，他本有
　　自由宜於寒地，熱地易產專制之論，然此論與亞洲盡專制之說顯然
　　不能相容，因亞洲亦有寒帶；於是他不惜強詞奪理，免以亞洲的河
　　流（十六卷）及中部的高山（十七卷三章）爲解釋。此正不啻先有
　　結論，再找理由，與歸納方法相逕庭，而與實驗主義亦不合。所以
　　致此之故，則先入爲主之成見作祟而已。且孟德斯鳩的方法，亦尚
　　不能算爲眞正的歷史的或比較的方法。關於古事方面他重視羅馬的
　　歷史，關於近事方面，他側重英國的制度……因羅馬共和國及英吉

> 利君主國之制度最足以證實他的得意學説⋯⋯此層亦誠如馬基弗利
> 亞〔馬基亞弗利〕因狃於欲統一意大利非有強有力之君主不可之説，
> 故一再從古羅馬及波爾查徹薩來（Cesare Borgia）的經驗中尋找物
> 證以自圓其説一樣。即亞里斯多德亦往往爲成見所狃，而不能給各
> 個事證以同樣的輕重，同樣的價值。不過三人雖同蹈不離主觀之弊，
> 而程度之不同則已不可以同日語。以馬基亞弗利和孟德斯鳩比，則
> 不特立説的道德觀念完全不同，即著作的精神亦相差相〔甚〕遠。
> 兩人的立説雖同根據於經驗，但馬基亞弗利的主旨在代某種行動找
> 出相當的前例，而孟德斯鳩的主旨則在尋覓事物的公律及理由。⋯⋯
> 因此種種，孟德斯鳩等三人的方法雖大致相同，雖俱有不足，而孟
> 德斯鳩的則已比較的最合科學的精神。（按：所有重點爲本文所加。
> 第 12～14 頁）

限於學力，對於錢端升上述評析，只能作有限度分析。可以說，上述評述，在不同的程度上，顛覆了我們現有的認知。錢端升運用歷史比較法，或褒或貶、或抑或揚，或追本溯源，或縱或橫，與不同時代或同時代人比較，在研究方法上，可說已到了揮灑自如的地步。就內容而言，錢端升對三者的評述，不爲權威所阻，率直指出其作品中不是之處，但同時又指出時代的限制。這種瑕瑜互見書評，更見他學術思想的獨立性。儘管其評述恰當與否，或有商榷餘地。就其上述所言，思想不僅自樹一格，沒有人云亦云之弊，且有發前人未發之言，敢前人不敢之言，具有高度原創性。這些述評不但顯露了錢端升精湛的學術修養，還向後學示範了政治學研究方法。不論歷史法，還是比較法，均運用嫻熟，令人眼界大開。應當說，這均與錢端升在哈佛所受學術訓練和努力鑽研，以及愼思明辨是分不開的。

　　值得注意的是，亞里士多德「亦往往爲成見所狃，而不能給各個事證以同樣的輕重，同樣的價值」。這是歷史比較法注重的「價值中立」，亦即將所有材料一視同仁。就上述三者而言，錢端升認爲他們的研究方法均未達「科學方法」，不同之處在於程度各異而已。

　　布賴斯與《近代平民政治》。在四人當中，錢端升不但對布賴斯的著作，且對其人的評價也是最高的。《美國平民政治》完成於 1888 年。在此之前，布賴斯已三度訪美，熟知美國政情民風制度。書中材料大多「皆自親身的觀察，及私人談話通信中得來」。（第 7 頁）在擔任駐美大使（1907～1913）期

間，布賴斯曾周遊十五國。錢端升認爲這點非他人所及，對他的思想有不可估量的作用：「古今學者或政治家之以旅行著稱者，我們幾找不出一個匹敵的人來」。亦因此，其「著作範圍之廣，正如其人之多能博學，舉凡自然歷史，教育，遊記，傳記，歷史，法律，政治，無不有他的著作，而關於政法之書尤夥」。（第 6 頁）

錢端升指出，在布賴斯著作中，要推《神聖羅馬帝國史》（1864 年），《美國平民政治》（1888 年），《歷史及法理論叢》（1901 年），及《近代平民政治》（1921 年）四書最爲著名，其中後二者「相像之處極多」，「實爲勃賚斯之代表作品，它們可以表示他的人格，可以顯出他的治學方法，更可以看到他的精神所在」。（第 6〜7 頁）

下面一段評述，可見錢端升對其評價之高：

　　以六七十萬言之大書，而所採材料能以個人直接得來者爲主，自希羅多塔斯著《歷史》（亦賴遊歷觀察得來的直接材料）以來蓋尚未有過。勃賚斯又爲極忠實，極忍耐的學者，《美國平民政治》之公平準確諸冠絕一時，誠可當一八八八年北美民治之一幅攝影而無愧。且公平正直，本著者之特長。論政治本不易摒除私見；常人卽欲無私亦須努力而後克成，而勃賚斯則可毫不費力而維持其不偏不倚的態度。（第 7 頁）

自希羅多塔斯「以來未有過」及用「攝影」來形容布氏史筆逼眞程度，可見推崇之高。錢端升如此激賞布賴斯，拜近代以降科學主義所賜。他解釋說：

　　這並不是因爲勃賚斯對於政治制度缺乏善惡的主觀，而實由於他根本不主張以己意罩在讀者的頭上……他的方法是客觀的……因此，他立意祇敘事實而不創理論，祇給讀者以問題而不代爲答復〔覆〕。他曾說：「歷史家之責任在將眞正的事實和盤托出；並加以說明：如在寫史時先有一種理論存在，則他勢必於不知不覺之間偏重利於那種理論的事實」。……他所採的事實則務求詳盡而公正，知之爲知之，不知爲不知，……因求公正之故，大不列顚雖爲最重要平民政治之一，而勃賚斯則避而不論。他以爲以不列顚人而論不列顚的政治易流於主觀；於此更可見著者律己之嚴。（按：重點爲本文所加。第 7〜8 頁）〔註 220〕

〔註 220〕該段引文中有三個括號說明，爲方便閱讀和省略篇幅，已刪除，特此說明。

上述評價，大致亦可用在評價錢端升的學術著作上。除材料豐富、治學客觀外，在方法論上，錢端升也認爲布賴斯是非常優秀的：

《近代平民政治》的方法又是比較的（一卷一七頁）。比較方法的長處在能從許多同樣的原因中測知同樣的結果。如用之得其道，而又無一種先入之理論以破壞客觀的比較，則此方法實爲社會科學中最近似科學方法者。（第8頁）

錢端升認爲，治政治學之方法眾多，但大別有兩類，一爲柏拉圖的「玄哲的方法」，一爲亞里士多德的「科學的方法」，「自亞里斯多德開其端後，凡馬基亞弗利、孟德斯鳩，以至勃賚斯俱可謂於後者一派，因爲他們彼此間的程度雖不同，而在比較方法之同一路上則可以斷言。若就四人彼此互比，則勃賚斯的方法尤爲近似科學的方法」。（第9頁）

布賴斯著作優點雖多，不過也並非白璧無瑕。儘管「講到取材之審愼，疑問之追求，以及政治作用的細察……遠非它書之所得望及項背」，但「《近代平民政治》誠有平淡無奇之感」。（第9～10頁）這是歷史比較法強調「客觀」陳述事實和平等對待材料之結果，錢端升主編的《民國政制史》更是如此，遠較《比較憲法》枯燥乏味。此外，布賴斯的「比較最公正而澈底，而他的主觀則最薄弱。然於不知不覺之間，勃賚斯亦不能完全不受主觀的支配。他是自由黨人而又爲中等階級之代表者，所以他的立論總也脫不了中等階級的口氣」。但錢端升隨即又爲之辯護：「然而這種偏見……即比勃賚斯更能合乎科學的人也是免不了的，不然社會科學眞可變成自然科學，而人類亦不能稱爲萬物之靈了」。（第9頁）

除以上外，「勃賚斯尙有許多出人頭地之處。亞里斯多德等雖都遊歷甚廣，但總遠不及他。亞里斯多德論波斯，而實未至波斯；孟德斯鳩論中國，而實未至中國；但勃賚斯所論之六國則俱爲親身到過之地，美之四十八邦無邦不有他的足跡，瑞士則成書前且特往一視」。（第9頁）這是洛厄爾所強調的實地觀察。

錢端升指出，一戰後，「平民政治在歐戰中及歐戰後數年間所受之劇變」，布賴斯當然不能視若無睹，在序言中亦不能克制自己的悲觀情緒：「雖屢以希望勗後世，而自己卻不免時作悲觀之思」。民治主義到底走向何方？「凡此種種有心人〔，〕尤其立場和勃賚斯不同之人實不能不加以疑問。然而懷疑不是能令人舒服的一件事。我們也希望可以附和勃賚斯而曰：『沒有信仰，則一

事不能成，而希望又是為信仰之所由寄……平民政治在希望未泯以前亦決不會消滅的』。（第 10～11 頁）不難看出，錢端升對平民政治仍持信仰之態度。

　　對於布賴斯，王世杰和周鯁生的評價也相當高。周氏說：「蒲萊思在現代政學界真正佔了一個獨一無二的地位……他的學說，必將於今後長時期間，影響學界後進之研究；他的大名，必將和亞里士多德、孟德斯鳩，在歷史上長放光輝的」。〔註 221〕王氏亦推崇說：「亞氏而後，純用歸納法來研究政治問題的人，我以為自孟德斯鳩而外，或當對於〔數〕蒲徠士首屈一指。孟氏與蒲氏的方法，都是比較法與歷史法；……蒲氏諸書，對於政治思想史上之貢獻，雖或不逮孟氏，然蒲萊士之觀察與分解，蓋較孟德斯鳩，尤為周詳而嚴密，以故布賴斯諸書之方法，對於今後政治學者之影響，應不在孟氏之次」。〔註 222〕可見共同的學術旨趣，將錢端升、周鯁生和王世杰聯繫了在一起。錢端升至少有 5 篇專文和 6 篇書評發表在武漢大學的《社會科學季刊》上。

　　總結上述所言，錢端升治學的特色，可說是直接繼承了上述四本經典著作的血統，這些經典著作的特點和研究方法，其中以布賴斯的著作影響最大。這些共通點包括：一、客觀的敘述；二、歷史比較法；三、持平的態度（即對材料的一視同仁）；四、實證主義等，這些均可在錢端升的著作中找到。

　　由於極端推崇客觀主義所致，錢端升所編的《民國政制史》及專著《法國的政府》和《德國的政府》讀起來十分枯燥無味，背後原因是其研究方法使然。在合著版《比較憲法》中，也力戒玄學的思辨和主觀意見。王鐵崖先生說，錢端升「在研究憲法時著重於憲法的實在法方面，對於憲法的理論並未加詳細地討論」。〔註 223〕孫宏雲也說，錢端升「側重在研究現代憲法上的各種具體問題，對於國家性質的各種抽象問題，不欲詳細討論。這點在他修訂的王世杰《比較憲法》裏得到了體現」。〔註 224〕這些恰是歷史比較研究法的典型特徵。楊宗翰在評述錢端升導師何爾康著作時指出，「作者自序，欲討論國家性質及其存在之原由。但彼僅述諸家學說，未加若何定論；側重政治實施

〔註 221〕松子（周鯁生）：《英國兩大政學家》，《太平洋》第 3 卷第 6 號，1922 年 6 月 5 日，第 5 頁。

〔註 222〕王世杰：《James Bryce: Modern Democracies（書評）》，《北大社科季刊》，創刊號，1922 年 11 月，第 143～144 頁。按：「或當對於」，原文如此。

〔註 223〕王鐵崖：《憲法與國際法——為紀念錢端升 100 年冥誕而作》，趙寶煦等編：《錢端升先生紀念文集》，中國政法大學出版社，2002 年 2 月，第 4～5 頁。

〔註 224〕孫宏雲：《中國現代政治學的展開》，北京：三聯書店，2005 年 5 月，第 199 頁。

之手續，少涉政治哲理之研究」。〔註225〕「僅述諸家學說」以下的批評，亦可用在錢端升身上。

錢端升四篇述評雖各有特色，然均持一客觀和瞭解之同情的態度，運用歷史比較法，對四大名著或敘述，或批評，或夾敘夾議的點評，不但顯示了他學術性格獨立慎思的一面，也顯露了他精湛的學養和淵博的學識。就此四篇《編者導言》而言，可能因筆者孤陋寡聞，任何一篇述評均一改以往之觀感。他對《政治學》和《法意》的批評，是其是，非其非，不爲權威光環所阻。對《霸術》的述評，不爲世俗成見所拘，提出論點不但有理有據，且有令人耳目一新之感。對馬基雅維利之辯護，不禁令人拍案叫絕！對亞里士多德是希臘文化的俘虜分析深入淺出，令人印象深刻。對《法意》三權分立貢獻之辨識，對《政治學》之得失評價，對《近代平民政治》運用之科學方法等，均持歷史主義之態度，力摒先入爲主之觀念，還其本來面目。總之，四篇《導言》立論宏大，意旨幽遠。若非對政治學有精深鑽研之人，不能做出如此精湛的述評。不言而喻，他向後學展示的治學方法和態度，是其對現代中國政治學最大貢獻之一。本文以爲，即此四篇《導言》，已足以使錢端升傲視同儕，在中國現代政治學史上佔一舉足輕重之席位。

三、對歷史比較法的評價

1940 年，美國政治學家利平科特（Benjamin E. Lippincott）發表《美國社會科學中的偏見》，對實證主義作了一次大清算。利平科特說：「實證主義（Empiricism）崇拜兩條原則：第一條是，如果將所有事實收集起來並將之分類，則事實將會自己吐露眞相，亦即自己揭露原則或原理；第二條是，先入爲主的理論或觀念不僅不需要，且十分危險」。他指出，

> 實證主義之所以強調收集事實的重要性，這是因爲……他們認
> 爲與事實有關的先入爲主的理論應該像避毒藥那樣躲開，因爲它們
> 代表了偏見，對經驗主義來說，他們事實的搜索是中立的，和沒有
> 爭議的事實。而這些材料最好的地方，自然是政府機構的法規、組
> 織和結構等領域……既然對理論持敵意的態度，這意味著政治科學
> 家們將會描述法律和政治安排而不是解釋。〔註226〕

〔註225〕楊宗翰：《Holcombe：The Foundations of the Modern Commonwealth（書評）》，《北大社科季刊》，第 3 卷第 1 號，1924 年 10～12 月，第 157 頁。
〔註226〕Benjamin E. Lippincott, *Bias of American Political Science*（1940）, Farr, James

利平科特所描述的恰恰就是錢端升的治學方法和特色。他在其博士論文序中交代說，採用的方法爲「實證的方法（empirical in method）」。〔註227〕

除上述漏弊外，利平科特還指出，「將理論從科學的方法中驅逐出去的結果是，他無法運用價值判斷，因此實證主義者已假定了所有的事實是自由和平等，其後果是他無法區分重要和不重要的事實。他可以將一個政府機構的組織和職權詳盡描述，卻告訴我們很少對這些事情背後的原則或在實踐中如何運作」。〔註228〕這是價值中立（Value Free）所付出的代價。

最能體現利平科特所言弊端的是錢端升在 1925 年 4～6 月發表在北京大學《社會科學季刊》上的《新近憲法中立法行政兩機關之關係》一文。此文用了 14 國憲法作爲比較基礎。對於其分析過程和結論，本文不擬展開。因與其說結論有任何爭議性的話，不如說前提有問題。根據邏輯學三段論，前提有誤，則結論也難保正確。

錢端升此文最具爭議性的是將各國憲法「一鍋端」，亦即忽視各國政治、經濟、社會和文化各有不同。憲法在某種程度上能反映一國的政治情況，但未必能反映全部的情況，這是早期比較政治學研究所謂「法律形式主義」的弊端。不難理解，各國有不同的政治文化，同一條憲法在不同國家的效力未必能完全一致，亦即必須研究其政府實際運作，才能獲得確切的認知。換言之，即用了歷史比較法，仍有跟不上現實政治變化的弊端。

就上述 14 國言，有總統制、內閣制和委員委制及其他的混合制度，錢端升概以「國會」二字籠而統之，基準十分不一致。又將「曹錕憲法」（1923.10.10）也包括在內，其結論有效性可以想像。錢端升這種「法律形式主義」漏弊，對照利平科特上述說法，一目了然。然我們若用上述標準去看待錢端升著作時，則又不免犯了他所言不察歷史語境問題。第一、即連錢端升的哈佛師輩們，如門羅等人在研究國外政府時也難免犯上述毛病。第二、此文是錢端升在哈佛畢業後遊歷歐陸之最新成果，部分已相當接近現實

and Seidelman, Raymond eds., *Discipline and History: Political Science in the United States*, Ann Arbor: University of Michigan Press, 1993, pp.150-151.

〔註227〕 T. S. Chien, Preface, *Parliamentary Committees: A Study in Comparative Government with Special Reference to the British House of Commons, American Congress, French Chamber of Deputies, and German Reichstag*, Harvard University's Dissertation, 1923, p. ii.

〔註228〕 Benjamin E. Lippincott, *Bias of American Political Science*（1940）, Farr, James and Seidelman, Raymond eds., *Discipline and History: Political Science in the United States*, Ann Arbor: University of Michigan Press，1993, p.152.

政治。第三、不論當時還是當代，長時間實地觀察之不易。

利平科特上述批評，其涉及者僅爲技術或枝節問題。更爲重要的是，當實證主義者強調自己著作中的「客觀性」時，核心問題才浮出臺面。他指出，當實證主義者自以爲摒除了主觀成見：

> 〔但〕事實的眞相是實證主義者他是客觀幻象的受害者，客觀的幻象導致了他將不能徹底成爲政治科學家。實證主義者說放下先入爲主的理論，並收集有關事實，法則、原則和趨勢，就有可能出現。但我們如何確定有關事實？顯而易見的是，我們必須面對如何選擇，而選擇是一個理論，必須在選擇行動之前作出處理。以及如何從個別的案例中建立普遍的法則和原則？赤裸裸的事實顯然不會自己演變出法則或揭示自己的功能。〔註229〕

因此，在某種程度上，任何一種選擇均暗含價值判斷，不管在史料還是在研究方法的採用上。也因此，採用歷史比較法者，就必須如利平科特所言，一視同仁地對待及盡可能窮盡所有材料。一視同仁的結果是，爲了避免一個陷阱（價值判斷），卻掉進了另一個陷阱（法律形式主義）。上述漏弊不論從前述四篇《編者導言》，還是錢端升其他著作中均強調力避主觀，但在文中個人觀點屢見不鮮就可知道。利平科特說：

> 對理論運作的無知，將成爲自己偏見無意識的幫兇。而在政治科學當中，大多數政治科學家引入的最大偏見，不論他們有意識還是無意識，是他們的中產階級觀點（按：重點爲本文所加）。不論他們是否有意，他們的作品主要是接受現實並將之合理化。〔註230〕

〔註229〕 Benjamin E. Lippincott, *Bias of American Political Science*（1940）, Farr, James and Seidelman, Raymond eds., *Discipline and History: Political Science in the United States*, Ann Arbor: University of Michigan Press，1993, pp.151-152.

〔註230〕 Benjamin E. Lippincott, *Bias of American Political Science*（1940）, Farr, James and Seidelman, Raymond eds., *Discipline and History: Political Science in the United States*, Ann Arbor: University of Michigan Press，1993, pp.151-152. 民國學者范用寅在指出歷史研究法的缺陷時說：「『政治科學』，亦即樸鹿克（Pollock）所謂『應用政治學』；對於事實下道德的評價，發生善惡應否之問題者，貴氏名之爲『政治哲學』，亦即樸氏所謂『倫理政治學』。歷史派之態度保守或輕觀〔視〕政治哲學者，蓋緣於反對社會契約派以『應如何』作『是如何』，以致矯枉過正，誤將『是如何』強作『應如何』也」。西萊亦有類似看法。「西來〔萊〕教授（Professor Seeley）說：『有人把『應該怎樣』和『是怎麼樣』很容易混在一起』」。在錢端升政論中，亦有此弊端。范用寅：《政治學中的歷史法》，《國聞周報》，第6卷第34號，1929年9月1日，第

就錢端升的政論而言，亦有上述漏弊，帶有「中產階級」之烙印，〔註231〕以及爲了避免價值判斷和根據現存事實來敘述，結果有「凡是存在的都是合理的」之虞，部分不合理的現實無形中獲得了合法性。更爲糟糕的是，「通過降低邏輯、反思和想像力，實證主義者還壓抑思想和創意的發揮。他削弱了創造性的解釋的可能性，並減少了新的發現更深刻的原因和眞相的機會，最後變成常識的奴隸」，〔註232〕這顯然在和科學背道而馳。

對於歷史比較法的批評，我們還可以從利平科特以外的學者當中找出更多。但很顯然，利平科特是站在 40 年代來批評世紀之交的美國政治學。因此，與其說是批評，不如說是反思。本文對錢端升這個研究課題也一樣，採瞭解之同情多於辯護、反思多於批評的態度，來理解他的時代、思想和主張。

四、思想特色：理想主義、中庸主義和現實主義

縱觀上述四篇書評，除研究方法外，也呈現了錢端升思想中的一些十分重要的特質。四篇書評是瞭解錢端升政治和學術思想的鑰匙。尤其是他特別推崇亞里士多德的中庸主義和理想主義——「一則出於內心的信仰，一則由於實際的觀察」。

關於亞里士多德的理想主義和中庸主義，1946 年吳恩裕在《客觀》上也提出類似看法。他引用林賽（A. D. Lindsay）在《近代民治國家》（1942 年）提出的兩個概念：一、「政治的空想（Political Utopia）」；二、「可以實施的理想（Operative Ideals）」後指出，林賽這種思想早在亞里士多德的《政治學》中就已存在。〔註233〕

10 頁。〔美〕高納（James W. Garner）原著、顧敦鍒譯：《政治學大綱（上）》，上海：世界書局，1946 年 9 月，第 23 頁。

〔註231〕像王世杰、周鯁生一樣，錢端升所走的是「上層路線」，即精英路線。不同之處，在於幕前幕後。對於下層民眾，錢端升是頗不信任的，這點從他多次反對驟然行憲可知。胡適雖也強調精英的重要性（如專家政治），但他在 30 年代將選舉權賦予一般民眾，不能不說對下層民眾還是有一定程度的信任，儘管他本身也不無懷疑（如民主政治幼稚園論）。至於丁文江，精英意識在《少數人的責任》中一覽無遺。

〔註232〕Benjamin E. Lippincott, *Bias of American Political Science*（1940）, Farr, James and Seidelman, Raymond eds., *Discipline and History: Political Science in the United States*, Ann Arbor: University of Michigan Press，1993, pp.152，153，151.

〔註233〕吳恩裕：《現代政治思潮趨勢》，孫本文編：《現代社會科學趨勢》，上海：商務印書館，1948 年，第 147～148 頁。原載《客觀》，第 12 期，1946 年 1 月 26 日。

　　林賽所言的「可以實施的理想」與錢端升的表述「不以理想為最後目標，則政治終無向上的途徑」及「一則由於內心的信仰，一則由於實際的觀察」是一致的，這是錢端升思想和治學政論中須留意的特色。他在 1949 年前的政論明顯且強烈帶有上述色彩。在《中央政制的改善》中，錢端升表示：

　　　　討論政制改善這個問題，我們不能太偏於理想，但亦不能太遷就事實。太偏於理想則很少實現的可能，太遷就事實則不易有所改善。〔註234〕

理想、現實和中庸主義三種思想一覽無遺。在國際政治方面，儘管錢端升亦十分關注現實政治，但在整體上，強調更多的是理想主義。他高懸一個大同的理想，然後根據現實政治，打造出一幅戰後世界之改造的藍圖。在國內政治方面，則相對偏向現實主義。儘管如此，其理想主義色彩亦十分濃厚。他在 20 年代主張一黨專政，作為實現憲政之手段；30 年代提倡獨裁極權。從「開明專制」到「理想的」獨裁極權，可以說兼有理想和現實兩種因子。

　　除受亞里士多德影響外，在現實政治方面，錢端升亦受馬基雅維利影響甚巨，這點結合他的《民主政治乎？極權國家乎？》一文不難得到結論。儘管錢端升在 1931 年表示，「我們固無取於這種權術，我們也絕不能縱容《霸術》中的立說」，但在迫不得已情況下，他只能權衡輕重，這點應當說受益於《霸術》匪淺。從錢端升反對馬基雅維利「傳播邪惡」來看，他提倡獨裁極權，並非是一種常態的應用手段，而是在國難情勢下，一種臨時的應變舉措而已。

　　錢端升選編英文政治學經典著作，雖為方便教學需要，然在選注時則免不了受時局影響。除中庸主義為「推行極端政治者之當頭一棒」外，他也反對當時有人認為有憲法一切問題就解決的看法。他在評述《政治學》時說（按：重點為本文所加）：

　　　　我們所知的憲法是逐漸演進的；而不是一旦可以創造的；所以凡主張憲法可以一手擬制者每不易得我們的同情。但希臘人對於憲法的觀念和近代不同。希臘的所謂立法者實即醫治國家的醫生，他們可以將國家的憲法一手制成或變更，好像來喀古斯（Lycurgus）

〔註234〕錢端升：《中央政制的改善》，《華年》，第 4 卷第 41 期，1935 年 10 月 19 日，第 804 頁。

之於斯巴達或梭倫（Solon）之於雅典。亞里斯多德著《政治學》的目
的本在供給立法者以一本完美的參考書。我們如認識了此層，我們也
可少生許多誤會，或不應有的奢望。（按：重點為本文所加。第 10 頁）
在錢端升看來，希臘憲法之所以可隨時更換，原因是希臘人有守法習慣，更
換憲法，在某種程度上就像禮服換晚裝一樣。但在此之前，憲法是有一漸變
演進過程，這是歷史比較法所強調的。這既是他反對驟然行憲，也是主張一
黨專政的原因，利用訓政加速實現民治。

上述四篇《導言》，除《法意》選注本在 1931 年 9 月出版外，餘均在此
前發行，為我們提供了一個提倡獨裁極權前的錢端升。「九・一八」事後，國
內外形勢的發展，扭轉了錢端升原存思想中的「中庸主義」，上述反對「極端
政治」就是明證。在很大程度上，「九・一八」事變影響了中國思想界原來的
版圖，不少學者思想出現不同程度的裂變，甚至斷層。

從四篇述評可看出，「九・一八」事變前的錢端升思想輪廓大致如下：
第一、反對推行「極端政治」，贊成中庸主義。第二、憲政是一緩進的過程，
反對制憲就能解決一切。第三、主張法治，這點不僅從對《法意》的推崇可
推論之，也可從錢端升在《現代評論》上的主張可以看出。第四、欣賞馬基
雅維里的「崇實精神」，反對他的「邪惡」觀點。第五、對民主政治仍抱信
仰。總之，四篇書評透露了錢端升思想的底色，是瞭解錢端升思想的關鍵。

第五節　各國比較憲法和政府研究

一、各國憲法的研究

美國政治學在世紀之交前已開始注重「行動中的政府」，但在具體實踐
上，錢端升囿於各種客觀條件，始終未能擺脫「法律形式主義」的糾纏。這
些客觀條件包括：一、長時間實地觀察和調查；二、一定的經費周遊列國；
三、有一定的身份地位，獲得各國政要接待等。錢端升所讚賞的阿里士多德、
孟德斯鳩和布賴斯等人，基本具備上述三個條件。20、30 年代錢端升受上述
客觀條件限制，對各國政府研究難免有「法律形式主義」的漏弊。

在《理念人》中，科塞曾將知識分子與政權關係概括為七種形式。其中
第五種為「向國外求助者」，意指「當知識分子與國內的政治趨勢格格不入時，

他們傾向於到國外尋求更和諧的狀態」。〔註235〕錢端升在研究 30 年代的各國憲法以及在民主與獨裁討論時，亦有此傾向。不過，這種現象當時西方部分學者亦具備，不僅錢端升獨有。如 30 年代西方在 1929 年大股災之後出現的崇俄症。〔註236〕

　　在 20 年代，錢端升對各國憲法的研究，尤其對英美德法四國的憲法基本已瞭如指掌，對大部分歐洲國家的憲法也並不陌生。1924 年，錢端升哈佛畢業後，持校長洛厄爾的介紹信，拜訪歐陸各國政要，及各國學者、圖書館。翌年，發表《新近憲法中立法行政兩機關之關係》一文，這是他遊歷歐洲後的最新研究成果。〔註237〕

　　在文中，錢端升將當時世界主要 14 國憲法，作了詳盡比較。之所以窮盡各國憲法，甚至連中歐、東歐的憲法也包含進去，原因是歷史比較法使然。孫宏雲說：「錢端升早期注重研究歐洲政府特別是東歐和中歐新政府」。〔註238〕略有不當，確切地說，世界各國所有政府，都在他的關注範圍之內。

　　在 30 年代，錢端升發表關於其他國家憲法的文章有三篇：

1. 《西班牙的新憲法》，《國立武漢大學社會科學季刊》，第 3 卷第 4 號，1933 年 6 月。

2. 《波蘭新憲法》，《國立中央大學社會科學叢刊》，第 2 卷第 2 期，1936 年 4 月。

3. 《蘇聯新憲法》，《國立武漢大學社會科學季刊》，第 7 卷第 3 號，1937 年 4 月

　　從三篇文章均冠有「新憲法」，可看出錢端升對西方各國憲法動態的追蹤。

〔註235〕〔美〕劉易斯・科塞著、郭方等譯：《理念人：一項社會學的考察》，中央編譯出版社，2001 年 1 月，第 251 頁。

〔註236〕〔美〕劉易斯・科塞著、郭方等譯：《理念人：一項社會學的考察》，中央編譯出版社，2001 年 1 月，第 258 頁。

〔註237〕錢端升：《新近憲法中立法行政兩機關之關係》，《北大社科季刊》，第 3 卷第 3 號，1925 年 4～6 月，第 389～390 頁，注腳 1。《錢端升學術論著自選集》中有一篇《晚近幾年憲法中立法與行政的關係》，年份為 1930 年，疑即此篇。此文亦見何勤華、李秀清主編：《民國法學論文精萃》，第 2 卷，憲政法律編，法律出版社，2002 年，第 375～388 頁。《民國法學論文精萃》將部分譯名曾作更改，但未有說明，如「尤哥斯拉維」改成「南斯拉夫」。

〔註238〕孫宏雲：《中國現代政治學的展開》，北京：三聯書店，2005 年 5 月，第 191 頁。

《新近憲法中立法行政兩機關之關係》一文，分兩大部分：一、對當時各國政制的傳統分類方法，亦即總統制、內閣制和委員會制，提出質疑；二、根據當時各國憲法中行政和立法關係作出剖析兼預測趨勢。

錢端升表示，自孟德斯鳩以來，當時各國政制演變已與傳統分類方法，即總統制、內閣制和委員會制，有所不合。他以法德俄三國爲例，指出「此種分類法既不甚精確，又不甚概括」。〔註 239〕除對上述傳統三分法提出挑戰外，他也對孟德斯鳩三權分立說也不甚滿意，後因孟德斯鳩學說風行已久，所以還是跟隨了他的分析路徑。

對於總統制、內閣制和委員會制，錢端升認爲，就近代各國行政與立法關係而言，可分爲四種：一、國會政府分峙制；二、國會政府協行制；三、國會專權制；四、政府專權制。〔註 240〕爲說明四種分法的特點，錢端升用家庭倫理關係來喻之：

名　稱	關　係	隸　屬
國會政府分峙制	兄弟	二者平等，各不相屬
國會政府協行制	夫妻	二者亦平等，協調時則難分彼此，不睦時則互有脫離之餘地
國會專權制	國會（母）政府（子）	上下隸屬關係
政府專權制	國會（子）政府（母）	上下隸屬關係

由於人倫關係不適合用作政治術語，錢端升最後放棄了這個念頭：「惜兄弟，夫婦等字不合談法度之用，不然，吾將以是名各制矣」。在這四種制度當中，他指出，若以流行程度來說，「國會政府協行制最通行，國會政府分峙制次之。」；若以進化標準衡量，蘇俄國會專權制爲最優、國會政府協行制次之。〔註 241〕

就任何一種政制分類而言，均不能百分之百臻於精確，即使亞里士多德亦不例外。傳統政制三分法，主要根據權力運作的核心，即政府行政權之所寄。從錢端升的分類來看，主要依據行政和立法兩部門相依或互控程度。相

〔註 239〕錢端升：《新近憲法中立法行政兩機關之關係》，《北大社科季刊》，第 3 卷第 3 號，1925 年 4～6 月，第 389、390～391 頁。

〔註 240〕錢端升：《新近憲法中立法行政兩機關之關係》，《北大社科季刊》，第 3 卷第 3 號，1925 年 4～6 月，第 391～392 頁。

〔註 241〕錢端升：《新近憲法中立法行政兩機關之關係》，《北大社科季刊》，第 3 卷第 3 號，1925 年 4～6 月，第 392 頁。

較傳統三分法，無疑能進一步加深理解行政與立法之關係。不過，這種分類也有一定的弊端。第一、如前所述，任何分類不能完全精確，如將當時蘇俄歸類爲國會專權制，未必恰當；第二、有些國家，如英國，行政和立法二者不能截然分開；第三、在兩黨制國家，協調未必經常出現；第四、「國會」二字囊括太廣，並非所有國家均實行國會制度。第五、某些國家司法部門，在一些重大政治議題上，也有影響全局的權力，如美國。姑勿論錢端升另闢蹊徑，提出的分類的結果如何，從他敢於對傳統三分法提出挑戰，甚至連帶孟氏的學說也間有非議，顯示了其學術勇於創新的一面。

在第二部分，錢端升根據（一）行政權對立法權的干涉和（二）立法權對行政權的侵蝕，分爲兩大類進行分析，從而總結出相關趨勢。錢端升將政府部門對國會機關之干涉分爲兩類：一、立法機關之組成、召集、開閉及解散等；二、立法本身。國會機關對行政部門之侵蝕亦歸爲兩類：一、行政機關之置廢及行政人員之任免權者等；二、關於行政本身。在這兩大類分析中，錢端升一方面根據國會議員之委任、行政人員兼爲議員、國會之召集、閉會、解散、政府建議權、討論權、閣員之投票權、法律之裁可與公佈權等，逐一討論行政權對立法權的干涉。另一方面，根據行政機關之組織、行政首領之推選、閣員之任免、內閣之責任、大政方針之通過、問難權、查問權、彈劾權、國會議決案干涉行政、財政權、締結條約權、宣戰媾和權之參與及國會閉會期間常任委員會等，也對立法權干涉行政權作了詳盡分析。

從分析細目可見，錢端升對西方各國憲政知識的嫻熟。由於所列憲法涉及 14 國，加上各國憲法各有不同和偏重，若不具備一定的憲政知識，簡直是看得眼花繚亂、琳琅滿目。錢端升上文發表在北京大學《社會科學季刊》上，可能因這個原因，引起了王世杰的注意。王世杰南下後，遂將北京大學的憲法學課程交給了錢端升繼授。

在 30 年代，錢端升對各國憲法研究，由於受客觀條件限制（不能實地考察等），研究中的「法律形式主義」漏弊是明顯的。此外，他的理想主義和樂觀主義（或主觀願想）對理解各國憲法也不無所影響。從錢端升對三國新憲法評述來看，他思想中的現實主義似乎很少發揮作用，以至對三國的國內政治缺乏應有的瞭解，有時甚至錯漏百出。

《西班牙的新憲法》研究。錢端升此文甚長，約有萬言以上，是篇幅最長的一篇。全文分三部分：一、西班牙近代史和憲法史；二、新憲分析，包

括：1. 國體及分權；2. 西班牙人的權利與義務；3. 國會及立法；4. 總統；
5. 政府；6. 司法。三、共和國的新猷。

從下列對西班牙憲法（下簡稱「西憲」）的述評來看，他的評價是異常高
的，認爲是繼 1919 年德國魏瑪憲法以來，現行世界憲法中第二個較爲完備的
憲法：

> 最近三四年來的歐美各國，除了蘇聯以外，幾盡爲經濟衰落所
> 侵乘。它們只求能解決失業及平衡預算，它們絕不能有餘力來作政
> 治上或經濟上的改進。國際間的形勢則同是不容樂觀。在此沉悶的
> 空氣中，向被世人視爲落伍沒出息的西班牙忽於短期內推翻了軍人
> 的獨裁及封建式的政治，又確立了「工作者的民主共和國」。不特政
> 治煥然一新，即社會及經濟方面亦有銳進。這種澈底的偉大的改革
> 不特在西班牙的歷史上爲第一遭，即比之法蘭西一七八九年及德意
> 志一九一八年的革命亦無遜色。……就內容而論，新憲法也是最近
> 一二十年來最值得讚美的憲法之一，它和德國憲法或者是現行憲法
> 中最完整的兩個。〔註242〕

錢端升所言西歐國家在 1929 年大股災後忙到焦頭爛額的情形，恰好解釋了
前述西方部分學者對蘇俄的高度讚揚（崇俄症），30 年代中國自不例外。徐
志摩在 20 年代曾指出，「你一出國遊歷去，不論你走到哪一個方向——日
本、美國、英國、俄國，全是一樣——你總覺得耳目一新，精神煥發……除
非是白癡或是麻痺，誰去俄國都不免感到極大的震驚……在那邊人類的活力
幾乎超到了炙手可熱的度數，恰好反照我們這邊一切活動低落到不可信的地
位」。〔註243〕

由於 20 年代西方和中國學界對蘇俄瞭解不夠，及西方資本主義國家仍未
現經濟危機，因此大部分學者持懷疑或觀望態度。當 1929 年發生世界性經濟
危機後，不僅中國學者，不少西方學者也對蘇俄刮目相看。如英國費邊社主
要成員韋伯夫婦對蘇俄「一邊倒」的讚揚，至今仍爲西方學者作爲崇俄症的
案例介紹。〔註244〕

〔註242〕錢端升：《西班牙的新憲法》，《武大社科季刊》，第 3 卷第 4 號，1933 年 6 月
　　　　4 日，第 735 頁。
〔註243〕徐志摩：《一個態度及按語》，《晨報副刊》，1926 年 9 月 11 日，第 17 頁。
〔註244〕詳參《理念人：一項社會學的考察》，第十七章〈向國外求助〉，中央編譯出
　　　　版社 2001 年 1 月，第 251～272 頁。至於其他學者包括美國芝加哥學派創始

在上文中，錢端升繼續指出，

> 四月十四日的革命是西班牙歷史上最光榮的革命。從前革命
> 往往由軍人主持，而這次則是文人主動的革命……它們的領袖也是
> 從未同流合污的偉人。因為革命的基礎好，所以革命的成功也大。
> 〔註245〕

> 自新憲法成立以來，亞長逆阿的政府至今未動，故政府的安定
> 乃遠在法德之上。……共和政府自成立以來〔，〕無論在政治上或
> 經濟上俱已有顯著的進步。舊西班牙的三毒本為僧侶，貴族，及軍
> 人，但今已一一削除。……憲法第二六條既明白禁止耶穌會之存
> 在……貴族的勢力在土地，而依照憲法則土地可被徵收……軍人的
> 勢力今亦不存。〔註246〕

儘管錢端升表示當時西班牙「最大的問題仍是共產黨的問題」，但他樂觀認
為，「政府既能向社會主義道上邁進，勞工問題總不難得最後的解決」，因此，
他推論「然則西班牙及蘇俄豈不是將成為實施社會主義最有成績的兩國？」
〔註247〕

　　錢端升對「西憲」的看法，借用徐志摩對胡適在 1926 年忽然贊成蘇俄
模式時的評語，不僅僅是「可驚的美國式的樂觀態度」，「還加上更樂觀的觀
察」。不到四個月，《東方雜誌》上的一篇通訊《西班牙往何處去？》，將錢
端升上述結論全部推翻。該文追述了西班牙過去兩年層出不窮的農工運動和
罷工狀況後指出，西班牙政局動盪的其中一個歷史因素是它「數世紀來處於
帝制政府極端壓迫下」，因此驟然行民主政治，加上實施社會主義政策，便
出現紊亂。除政治原因亞士那政權「不顧民情之向背而實行其狄克推多制」
外，經濟恐慌也造成政治動盪。而左派未熟習議會慣例，唯一的解決辦法為
罷工，政治更形紊亂。〔註248〕

人梅里亞姆及 30 年代芝加哥大學首席蘇俄問題專家哈珀對蘇俄的讚賞。詳參
〔美〕伊多・奧倫著、唐小松、王義桅譯：《美國政治學的形成》，上海人民
出版社，2004 年 8 月，第 10～11 頁。
〔註245〕錢端升：《西班牙的新憲法》，《武大社科季刊》，第 3 卷第 4 號，1933 年 6 月
　　　　4 日，第 743 頁。
〔註246〕錢端升：《西班牙的新憲法》，《武大社科季刊》，第 3 卷第 4 號，1933 年 6 月
　　　　4 日，第 769～771 頁。
〔註247〕錢端升：《西班牙的新憲法》，《武大社科季刊》，第 3 卷第 4 號，1933 年 6 月
　　　　4 日，第 775 頁。
〔註248〕許德祐：《西班牙往何處去？》，《東方雜誌》，第 30 卷第 18 號，1933 年 9 月

　　這是傾向直接民主選舉之漏弊，社會的輸入超出了政府的應對能力。一葉見秋，錢端升在研究波蘭和蘇俄新憲法時也犯了同樣的毛病。對兩國過去的憲政史，如數家珍，娓娓道來，但對三國的現實政治，缺乏應有的認知，一旦落實到結論，不免過於理想和樂觀了。

　　《波蘭新憲法》研究。 波蘭的憲政發展，除具體國情外，進程頗類 30 年代的中國。由於 30 年代強鄰德國和蘇俄壓境，因此不難理解，憲法有獨裁極權之傾向。波蘭自 1795 年亡國後，1918 年復國。1921 年 3 月 17 日，頒佈正式憲法。錢端升指出，「一九二一年的波蘭憲法是民主的，分權的，責任內閣制的憲法；無論從機構上或從精神上講，他與法國現行憲法最爲近似」。〔註249〕這是受一戰後民主浪潮影響。

　　如同民初故事一樣，這樣一個憲法，顯然不足以滿足獨裁軍人畢蘇斯基的要求。在畢蘇斯基政府控制兩院絕大的多數情形下，〔註250〕1935 年 4 月 23 日，波蘭眾議院批准波蘭新憲法，史稱「四月憲法」。〔註251〕憲法廢除議會制，代之以總統獨裁制。將波蘭的憲政發展，對照 30 年代的中國，基本上大同小異。波蘭從責任內閣制，最後走向總統獨裁制，30 年代中國憲草制訂亦是如此（詳參本文第四章第五節）。

　　在「波憲」第一部分，錢端升指出有極權主義味道，但不明顯。在第二部分中，則明確指出，「一般國家的憲法總有關於分權的規定，只有極權國家是例外。波蘭的新憲法也〔就〕是例外。按照新憲法第二條，『國家以總統爲元首。……國家的唯一不可分之權集中於總統一身』」。〔註252〕換言之，有明顯的極權的味道。

　　波蘭總統集權制主要表現在總統特權上。錢端升指出，「憲法第十三條對此有詳細規定。扼要的說起來，凡涉及總統自身的產生及各機關的組成之權，俱被視爲特權。波蘭新制之異於國會政府制，特權的劃出實爲最重要的

　　　　16 日，第 27、35 頁。
〔註249〕錢端升：《波蘭新憲法》，《中央大學社會科學叢刊》，第 2 卷第 2 期，1936 年 4 月，第 2～3 頁。按：《波蘭新憲法》一文日期據《自選集》，第 715 頁。下簡稱《中大社科叢刊》。
〔註250〕錢端升：《波蘭新憲法》，《中大社科叢刊》，第 2 卷第 2 期，1935 年 4 月，第 4 頁。
〔註251〕姜士林等主編：《波蘭制憲說明》，《世界憲法全書》，青島出版社，1997 年 1 月，第 774 頁。
〔註252〕錢端升：《波蘭新憲法》，《中大社科叢刊》，第 2 卷第 2 期，1935 年 4 月，第 7 頁。

一點。」〔註253〕總統的特權包括：指定繼承人、〔註254〕任免閣員權，參議員權、召集，停，閉，及解散兩院之權、統帥權、外交及和戰權，某幾種公務員和法官的任免權，特赦權等。與之相反，眾議院的權力被削減得很可憐。錢端升說，它雖具備一般議會立法權、財政權、大赦權、詢問權，及監督內閣之權，「但憲法明白規定，統治國家之權不屬於眾議院」，甚至「眾院之權殆尚不能與我們的立法院相比」。〔註255〕由上可知，波蘭新憲法頗類羅隆基在 1936 年批評國民政府頒佈的「五五憲草」爲「一權憲法」。〔註256〕

令人費解的是錢端升的結論，畢蘇斯基在波蘭新選舉法披露不久，就在 1935 年 5 月病故。他樂觀地認爲，畢氏的去世或能促進波蘭邁向民主化亦未可知：「單就份子而言，新內閣已是一種進步。……在新憲法之下，總統固有可獨裁的權力；但如總統一方面不實行其獨裁的權力，而又一方面對反對各黨作寬大的表示，則原來反對新憲法的各黨或者能予容忍，亦未可知。果然，畢蘇斯基的去世豈不轉足以促成新憲法的成功？」〔註257〕

錢端升似將對國內政治形勢，尤其是對蔣介石的冀望，投射到波蘭的新憲法上去。上文中「果然」爲假設之意，加上之前的「但如總統一方面……又一方面……」構成三個假設，如同對西班牙憲法的評述一樣，錢端升十分看重憲法的「進步性」。但實際上，波蘭新內閣成員變化所產生的「進步性」很值得懷疑的。當時就有人指出，「今年六月國會被召集舉行特別會議，通過了新的選舉法，民主政治的餘骸亦不能存在」。〔註258〕錢端升自己在文中亦指

〔註253〕錢端升：《波蘭新憲法》，《中大社科叢刊》，第 2 卷第 2 期，1935 年 4 月，第 7 頁。

〔註254〕「總統對於後繼總統實握有決定之權，只有人民和國會的極大多數一致反對總統時，總統才會失去此權」。錢端升：《波蘭新憲法》，《中大社科叢刊》，第 2 卷第 2 期，1935 年 4 月，第 8 頁。

〔註255〕錢端升：《波蘭新憲法》，《中大社科叢刊》，第 2 卷第 2 期，1935 年 4 月，第 9 頁。

〔註256〕耿雲志等：《西方民主在近代中國》，中國青年出版社，第 2003 年 1 月，第 522 頁；亦見鄧麗蘭：《域外觀念與本土政制變遷——20 世紀二三十年代中國知識界的政制設計與參政》，中國人民大學出版社，2003 年 11 月，第 107 頁。原載：羅隆基：《五權憲法？一權憲法？》，《益世報》，1936 年 5 月 19 日。

〔註257〕錢端升：《波蘭新憲法》，《中大社科叢刊》，第 2 卷第 2 期，1935 年 4 月，第 12 頁。

〔註258〕郭子雄：《波蘭的新憲法》，《人言週刊》，第 2 卷第 38 期，1935 年 11 月 30 日，第 744 頁。

出，是次選舉由政府所操控,「反對黨均未參加選舉」,〔註259〕可見畢蘇斯基執政時,對反對派的鎮壓程度。

從當時國際形勢來說,也看不到波蘭有多少民主化曙光。以常理判斷,波蘭復國不久,夾在強鄰德國和蘇俄之間,正如 30 年代中國,總統獨裁實有其現實需要。當時波蘭駐華公使曾指出,「這個憲法的基礎,不是學理上的原則,不是模仿其他國家的憲法規定,而是我們自己的對於近代國家組織的觀念。其基礎為波蘭的歷史精神,波蘭的民族心理,以及吾人從波蘭歷史痛苦經驗中所獲得之教訓,我們民族的錯誤與缺點曾使古波蘭的國力日就消滅,直至最後被三個鄰邦所瓜分」。〔註260〕言外之意,要求波蘭極權呼之欲出。

錢端升雖曾指出,1933 年 8 月 7 日,國務總理斯拉維克(Slawek)向波蘭參戰軍發表演說時,表示必須增加總統權力。〔註261〕他似乎沒有注意到,1933 年希特勒上臺是波蘭再次啟動修憲,並得以成功的背後原因。國際環境既然如此惡劣,即使畢蘇斯基去世,波蘭民主化前景可想而知。然他卻認為波蘭內閣成員的更迭是一種進步,有民主化之可能。儘管同前文一樣,錢端升在結論中打上了問號,但其傾向性是十分明顯的。

《蘇聯新憲法》研究。1936 年 12 月 5 日,蘇聯蘇維埃第 8 次非常代表大會通過《蘇維埃社會主義共和國聯盟憲法(根本法)》,這是蘇聯第三部憲法。蘇聯是次修憲,源於第一個五年計劃的成功,「為適應新的民情,且為對外宣傳起見」。〔註262〕

同對前兩國一樣,錢端升對蘇俄這次修憲也是十分推崇的。他指出,

> 第一,在政治方面,一切有力的反對已不存在。反對蘇維埃制
> 度的勢力最大者有三種。一為托洛斯基派。……二為農民的反
> 抗。……三為白色〔俄〕的反對。……各種反對勢力既不存在,則
> 統治者亦樂得向一切人民表示一種寬大,而讓人民享有相當的自由。
>
> 第二,在社會經濟方面,階級對立的現象,與夫人民間它種的

〔註259〕錢端升:《波蘭新憲法》,《中大社科叢刊》,第 2 卷第 2 期,1935 年 4 月,第 12 頁。

〔註260〕魏登濤:《波蘭新憲法之性質》,《時事月報》,第 21 期,1936 年 3 月,第 227 頁。

〔註261〕錢端升:《波蘭新憲法》,《中大社科叢刊》,第 2 卷第 2 期,1935 年 4 月,第 5 頁。

〔註262〕〔蘇〕《斯大林論蘇聯憲法草案的報告、蘇聯憲法(根本法)》,外國文書籍出版局,1945 年,第 7 頁。

分裂也漸趨消滅。……換一句話，到了一九三五年時，蘇聯的人民已漸成一個融洽的團體；因此，舊憲法中對於非工人的歧視自然可以除去，而且也必須除去。

第三，蘇聯國際的地位在一九三五年已與一九二四年時迥異。世界革命的理想已於一九二八年隨托派的失勢而埋葬。蘇聯一旦放棄世界革命，則它頓成國際社會中一個善良的道德份子（按：重點為本文所加）。〔註263〕

對於是次修憲，錢端升作了縱橫的比較。除比較蘇俄新舊憲法之外，〔註264〕還與其他一般民主國家作橫向比較。〔註265〕針對當時有人批評蘇憲「不如民主憲法者」，他認為兩者各有不同：「蘇聯憲法與歐美民主憲法比較實無多大意義」、「歐美的民主憲法本亦不是理想中最善的憲法……我們又如何能責蘇聯憲法之不如歐美民主憲法呢？」錢端升此言不免差矣！為撇清對蘇俄憲法的指責，卻只准自己比較，不許他人比較。錢端升還指出，

蘇聯憲法之最值我們注意者，不是新憲與舊憲，或新憲與民主憲法間的任何不同，亦不是任何相似，而是新憲的進步性，繼續性與實在性。……蓋有繼續性而無進步固無可取，有條文上的進步，而缺乏繼續性，則亦往往難以實現。由此以觀，在現狀之下，蘇聯的憲法固已是一種理想的憲法（按：重點為本文所加）。〔註266〕

錢端升推崇蘇俄憲法，與他所習憲法應有一成長過程，及「可實施的理想」看法相吻合，亦即懸掛一憲政理想，根據現實情況，兼程並進。當時蘇俄的修憲，在錢端升看來，就是如此，既延續了理想的一面，又有現實性和進步性，這是他推崇蘇俄憲法的主要原因之一。

〔註263〕錢端升：《蘇聯新憲法》，《武大社科季刊》，第7卷第3期，1937年4月3日，第531～532頁。

〔註264〕在新舊比較方面，主要差別有五點：一、對私產的承認；二、選舉制度的改善；三、權力機關的簡單化及合理化；四、立法權之漸集中於一個機關——最高蘇維埃——及三權分立之漸趨明顯。五、共產黨之正式入憲。錢端升：《蘇聯新憲法》，《武大社科季刊》，第7卷第3期，1937年4月3日，第556～557頁。

〔註265〕與民主國家相較，亦有五點：一、繼續標榜社會主義；二、蘇聯為社會主義國家；三、繼續維持一黨專政；四、行政與立法機關的分權，在蘇聯仍不明顯；五、民族或種族的絕對平等為蘇聯憲法中的特點之一。錢端升：《蘇聯新憲法》，《武大社科季刊》，第7卷第3期，1937年4月3日，第557～559頁。

〔註266〕錢端升：《蘇聯新憲法》，《武大社科季刊》，第7卷第3期，1937年4月3日，第559頁。

憲法到底是一對既定事實事後的追認還是可以憑空開創，從政治學角度而言，約有兩派：一爲歷史學派，一爲哲學派。前者認爲一個制度必須從歷史演變而來，如英國憲政。後者則認爲觀念可以改變現實，如法國大革命。然就實際而論，任何制度的創建，或多或少均包含兩者。就錢端升思想而論，亦是如此，理想主義與現實主義並重。除上以外，錢端升治學傾向歷史比較法，強調制度演變的連續性和進步性，亦影響到他對蘇俄憲法的評價。在《新近憲法中立法行政兩機關之關係》一文中，他就曾指出，以進化標準衡量，蘇俄國會專權制最優。〔註267〕

儘管錢端升強調理想與現實並重，但在上述評述中，不難看出他有偏向理想和忽視蘇聯內部問題之弊。如他認爲蘇聯人民在1935年已漸成一個融洽的團體及它的民族政策絕對平等等，這些觀點均有商榷之餘地。如他曾在文中指出，「喬治亞雖嘗多次圖謀脫離，而終爲蘇聯所阻止，且參加脫離運動之人已備受種種壓迫」。因此，新舊憲法中各邦有「自由脫離聯邦之權」，「純爲一種宣傳政策的表現」。〔註268〕總之，錢端升對蘇俄憲法條文的理解不無樂觀成份，如認爲蘇俄「一旦放棄世界革命，頓成國際社會中的善良道德份子」。

實際上，蘇俄一方面在頒佈「最民主的憲法」，一方面斯大林正在大肆清洗異己，且已頗具規模。錢端升上文發表於1937年4月。在此之前，1936年8月，《東方雜誌》報導，齊諾維夫等16位革命元勳以「反革命」罪被處死。〔註269〕1937年2月，齊諾維夫的「恐怖中心」案剛剛了結，拉狄克的「半行中心」案又告破獲。〔註270〕1937年2〜3月，《東方雜誌》又發表《蘇聯又發生重大反革命案》和《蘇聯反革命案宣判》二文。〔註271〕

正如眾所周知，蘇聯五年計劃是犧牲輕工業成就重工業的。1933年《東方雜誌》上亦有人指出，「時至今日，革命經過十五年，國民的生活水平，毫

〔註267〕錢端升：《新近憲法中立法行政兩機關之關係》，《北大社科季刊》，第3卷第3號，1925年4〜6月，第392頁。

〔註268〕錢端升：《蘇聯新憲法》，《武大社科季刊》，第7卷第3期，1937年4月3日，第539頁。

〔註269〕斛泉：《齊諾維夫等反革命案》（現代史料），《東方雜誌》，第33卷第18號，1936年9月16日。

〔註270〕劉惠之：《一再發生的蘇聯反革命案》，《新學識》，創刊號，1937年2月5日，第18頁。

〔註271〕市隱：《蘇聯又發生重大反革命案》（現代史料），《東方雜誌》，第34卷第4號，1937年2月16日；市隱：《蘇聯反革命案宣判》（現代史料），《東方雜誌》，第34卷第5號，1937年3月1日。

無改善趨勢，反而被那無理的政策強迫到了悲慘的境地」。〔註272〕「毫無改善」未免有點誇張，但也指出問題所在。從事後來看，錢端升說蘇聯人民在 1935 年「已漸成一個融洽的團體」，不免有想當然成份。

就上述三篇對西班牙、波蘭和蘇聯憲法的分析而言，本文以為，除受其治學背景和方法所限外，錢端升思想中有下列幾點值得注意。

第一、在分析的過程中，摻雜了自己個人良好的主觀願望，亦即在評述亞里士多德《政治學》時所提及的「心中的信仰」，影響了對上述三國新憲法的判斷。這源於他的樂觀主義和理想主義，同時亦與其治學方法，強調憲法的延續性有關。令人費解的是，錢端升在 20～30 年代強烈反對中國驟然行憲，但在分析上述三國時，卻一反現實主義立場。

第二、對社會民生的關注，這是錢端升思想中一條若隱若現的脈絡。在主筆天津《益世報》期間，他表示：「吾國民生艱難，久為不可掩之事實。全國大多數之勞苦民眾，無論其為農為工，每不免食牛馬秕糠之食，其尤貧困者甚至一飽之資不可得。且貧家子弟，大半自幼即從事於苦工。此輩勞動有餘而營養不足，幸不夭折，亦難得健全之發育。此種可憐之現像〔象〕，於都市之苦力階層中最為易見」，〔註273〕可見其對民眾利益的關注。

從這個角度而言，三國憲法中的社會主義傾向影響了錢端升的判斷。他是從進步性——經濟民主或國家社會主義——去判斷三國憲法的。〔註274〕若單純用民主化標準去評價，不免有所偏頗。王汎森指出，傅斯年一直相信經濟平等和個人自由應該結合起來。由於敏銳地感覺到窮人的困境，終其一生

〔註272〕蕭百新：《蘇聯兩次五年計劃之比較的觀察》，《東方雜誌》，第 30 卷第 22 號，1933 年 11 月 16 日，第 49 頁。

〔註273〕錢端升：《願國人注意民族健康》，天津《益世報》社論，1934 年 8 月 5 日。

〔註274〕嚴格來說，經濟民主與國家社會主義為兩個不同的概念，但在錢端升思想當中，既含有經濟平等，又有國家統制兩種思想。錢端升的社會民生思想，接近孫中山的民生主義。一方面，利用國家權力，統制資本進行建設，一方面，利用國家權威進行重新分配。在「聯俄與仇俄」討論中，錢端升將自己定位為「共和左派」。在《法國的政府》中，錢端升定義「左方共和」如下：「他們贊成國教分離，繼而不仇教；反對社會主義，而又贊成進步的社會政策；主張強有力的國防及外交政策，但又願意國際合作。他們是急進——社會主義及民主共和聯合的折中者」。這一定義大致與錢端升的折中思想和自我定位吻合。錢端升在 20、30 年代對經濟民主或國家社會主義未見有系統的表述。在 40 年代論及羅斯福的四大自由時，有相關陳述。詳參本文第四章第四節、第五章第二節。錢端升：《法國的政府》，上海：商務印書館，1934 年 5 月，第 27 頁。

都將經濟平等作爲他首要的政治關懷。他經常反覆強調，理想的國家應該是一個自由和經濟平等並存的國家，只有兩者之一是無法接受的。〔註275〕錢端升似亦可作如是觀。

第三、正所謂有得必有失。錢端升在分析時，有意識地尋找三國憲法中的「進步性」，從而忽略了憲法背後及現實政治中權力角逐的殘酷。這是他的治學方法「法律形式主義」的漏弊。作爲一個政治學家，錢端升若能將上述三國與中國國內政治相互參照，或能避免一二。

總的來說，錢端升對三國憲法史和修憲過程的評述，大致與事實相差不遠，尤其在論述修憲背景和比較新舊憲之異同時，其學識的淵博，一如其在《法國的政府》和《德國的政府》二書中對兩國憲法史那樣，如數家珍，娓娓道來，充分展現了他廣博的憲政學識。然就其結論和評價言，不免讓人感覺偏向理想、忽略當時三國現實政治。這固與其治學方法如強調憲法的延續性，和未能實地觀察密切相關，但亦不能排除其有主觀願想在內。

二、法、德政府的研究

研究民國時期的中國政治學，錢端升是一個不可或缺的重要人物。這不僅因爲他在 1948 年當選爲中央研究院院士和在 1947～1948 年訪學美國哈佛大學一年，開課授業和後在 1950 年出版《中國政府與政治，1912～1949》（英文）。更重要的是，在民國時期，共有五本著譯入選大學叢書，其地位和影響力不言而喻。

五本著譯包括：一、王世杰與其合著的《比較憲法》、二、譯作《英國史》；三、與薩師炯等合編的《民國政制史》；四、《法國的政府》；五、《德國的政府》。在五本著譯當中，後二者才是錢端升個人意義上的學術結晶。在目前錢端升研究當中，關注主要集中於王世杰與其合著的《比較憲法》，對他的《法國的政府》和《德國的政府》等研究，仍未引起學界重視。〔註276〕箇中可能原因，

〔註275〕王汎森：《傅斯年：中國近代歷史與政治中的個體生命》，北京：三聯書店，2012 年 5 月，第 229 頁。

〔註276〕如杜剛建和范忠信兩先生，將《法國的政府》和《德國的政府》歸類爲「譯著」。杜剛建、范忠信：《基本權利理論與學術批判態度——王世杰、錢端升與〈比較憲法〉》，王世杰、錢端升：《比較憲法》，中國政法大學出版社，1997 年 12 月，第 3 頁。按：杜、范序中，《法國政府》、《德國政府》和《民國政治史》，分別應爲《法國的政府》、《德國的政府》和《民國政制史》。

一方面是上述著作以教科書形式出現，不太爲人注目；一方面是其研究方法使然，讀起來十分枯燥。

本文以爲，要對 30 年代錢端升的政論作出評析，若不結合他的學術研究，很有可能失之偏頗。歷史比較法雖強調價值中立，但事實上，錢端升在此二書中不乏對德、法二國政治的個人評價，這種評價恰恰與當時中國現實政治密切相關。就《法國的政府》和《德國的政府》二書而言，是錢端升在大量閱讀法、德文原著基礎上，經過精心抉擇和深思熟慮而寫成的，集各家之大成，具有學術原創性，似不能視爲一般意義上的教科書。

在《自選集》中，他對《德國的政府》一書自我評價甚高：

此書原爲譯述 1919 年威瑪憲法下德國政制和政治生活而作，參考德文資料和德文原著較多，基礎較厚，在我所著淺薄不足稱道的書籍中，尚不失爲有價值的一本。〔註277〕

錢端升對法、德兩國政府的研究，再加上他對西方議會委員會之理解，構成了他政治思想最深邃的底色。他對西方民主政治弊端的瞭解，正如五四新文化運動期間，部分《新青年》同人那樣，越對傳統有深入的理解，則批判越深入鞭闢。亦因錢端升對西方民主有深刻認知，越感到當時中國實不宜太快行憲，只能採循序漸進之法。這點從他的治學方法可窺見。只要國際形勢能維持一個相對的和平，他的憲政漸進思想是不會驟變的。與丁文江一樣，出於國難和預見二戰即將爆發，錢端升才不得已主張獨裁極權，而二戰爆發又與德國轉向獨裁緊密相連。因此，無論主張暫緩憲政，還是轉向獨裁極權，均與錢端升對西方民主政治的研究有不可分割之關係。

此外，就錢端升在清華大學、北京大學、中央大學和西南聯合大學開設的「憲法」、「英國憲法史」和「中國政府」等課程而言，他對各國憲法和政府的運作是十分熟悉的。他所關注的不僅是各國憲法條文中權利，也十分關注它的實際運作，尤其是各國憲法中限制自由權條文的實施。如在 1938 年 1 月 7 日的一份考卷中，出題如下：「（二）憲法中關於人民各種權利義務的條文究竟能有多大法律上的效力？……（三）詳論戒嚴法和自由權不相容之理。（四）略述 Dicey 所論英人的（1）人身自由；（2）討論自由；（3）集合自由」。又在 1939 年 12 月 11 日另一份考卷中出題如下：「（三）什麼叫做人權？人權

保障有怎樣意義？怎樣而保障方可有效？」〔註278〕從這些試題亦可局部窺見他當時所關注的政治議題。

就西方政治學發展而言，19 世紀的歷史學家和政治學家均希望能從歷史中獲得經驗教訓。在談到寫作《美國的民主》時，托克維爾說：「儘管在書中我很少談到法國，但沒有那一頁與法國無關，也就是說，法國時時都在我眼前……如果沒有比較，大腦就不知何去何從」。〔註279〕錢大都先生也說：「父親進行研究的目的，主要是想通過研究尋求一個適合中國的民主自由的道路」。〔註280〕

在錢端升看來，法貴在能實行，一旦法律的神聖性被破壞，則無法復原，民初的議會政治就是殷鑒。因此，他一方面從事政治學和憲法學的教育，一方面反對驟然施行民主政治，認爲當時之急爲政府充權（empowerment），以實現各種現代化措施，這均建基於他認爲國民黨是一個民主的政黨這一事實之上。他的看法頗近梁啓超的開明專制論，一方面增加政府權力，干涉社會發展，一方面強調法治和公民教育的重要性。

《法國的政府》研究。法國自 1789 年大革命後，政治一直搖擺在君主和共和制之間。錢端升指出，法國共和制之所以虛弱，是因爲拿破崙三世後政局，君主派勢力遠超共和派。若不是君主派因在擁護波旁王朝、奧爾良還是拿破崙後裔上分成三派，君主派一早就能得勢。在 1871 年舉行的國民會議上，贊成共和者只有 250 人，而贊成君主者則有 500 餘人。「如果這五百餘人都屬一派，那共和早已推翻」，所以 1875 年憲法「對於政體本是含糊其辭的；幸而在將要通過的時候，有人突然提出一修正案，把國家元首正名爲『共和國的總統』」，結果修正案以 353：352，僅以一票之微通過。〔註281〕

因此，法國第三共和幾乎是在難產狀態下誕生的。後來君主派屢次嘗試恢復君主制全告失敗，均是保守派內部不團結所致。與此同時，新的敵人出現，也對君主派造成了分裂和困擾。戰後世界社會主義潮流蓬勃發展，〔註282〕不

〔註278〕《錢端升檔案》，北京大學校史館，C2-44a-44c279。

〔註279〕〔美〕羅伯特‧古丁、漢斯——迪特爾‧克林格曼主編：《政治科學新手冊》，北京：三聯書店，2006 年 5 月，第 85 頁。

〔註280〕錢大都口述、陳遠整理：《我的父親錢端升》，劉瑞琳主編：《溫故 6》，廣西師範大學出版社，2005 年 12 月，第 140 頁。

〔註281〕錢端升：《法國的政府》，上海：商務印書館，1934 年 5 月，第 9 頁。

〔註282〕布賴斯指出，當 1848 年第三次革命推倒奧爾良王朝的時候，社會主義已經傳播很廣，並且那一年六月所發生的巴黎暴動也大半是社會主義所造成的。〔英〕

但對法國共和制，也對資產階級造成了威脅。教皇為抵制新潮流，「訓令教徒協力反對之外，不必再非議共和」。〔註283〕於是法國政黨和政團在國體仍在搖擺期間，又增添了新的紛爭，加上宗教舊怨，形成五花八門的政治流派。除了君主派三分外，共和派也在國體問題上取得勝利後，也因保守、溫和和激進分成三派。〔註284〕法國第三共和這條船就這樣在左搖右擺中，有時甚至在進兩步退一步的情況下躑躅前進。

由於政黨特多，「法國內閣的易於動搖是有名的」。據錢端升統計，在1870年9月2日至1933年10月24日的63年內，共有85個內閣，而總理僅有47人，內閣總人數超過1,500人，每人平均入閣三次，其中布里安最高出任總理10次。〔註285〕以內閣如此更換頻率來說，政治穩定性可想而知。所幸的是，法國擁有較為完善的文官制度〔註286〕和強鄰德國環伺，外交不至於受黨派太大影響，國內亦能維持一定的團結。

法國中央行政權的衰弱，從縱向的歷史角度分析，源於拿破崙三世濫權；及後繼任的梯也爾（Thiers）與國民會議衝突，因此總統權力大為削減。從橫向的現實政治分析，源於君主派和共和派之間勢力互不相讓，形成法國行政權的虛弱。與30年代中國一樣，出於對君主專制的恐懼，法國的行政權十分虛弱。錢端升引用梅恩的話說：「現代的高位者莫過於法國總統的可憐。法國舊日的國王御尊位，復握治權。立憲國的君主雖不握治權而御尊位。美國總統雖不御尊位，而握治權。惟法國的總統則既不御位，復無治權！」〔註287〕言論雖有誇張之處，但也道出了實情。對照國民政府主席林森的職權，除法國總統十分尊貴外，基本大同小異。〔註288〕

詹姆斯・布賴斯著、張慰慈等譯：《現代民治政體（上）》（1935年），吉林人民出版社，2003年1月，第219頁。

〔註283〕錢端升：《法國的政府》，上海：商務印書館，1934年5月，第15頁。

〔註284〕錢端升：《法國的政府》，上海：商務印書館，1934年5月，第14、15頁。亦見〔英〕詹姆斯・布賴斯著、張慰慈等譯：《現代民治政體（上）》（1935年），吉林人民出版社，2003年1月，第218頁。

〔註285〕錢端升：《法國的政府》，上海：商務印書館，1934年5月，第80～83頁。

〔註286〕錢端升：《法國的政府》，上海：商務印書館，1934年5月，第83頁。

〔註287〕錢端升：《法國的政府》，上海：商務印書館，1934年5月，第49頁。

〔註288〕法總統雖如梅恩所言無治權，但他的經濟待遇還是十分豐厚的，年俸有百八十萬法郎，他還可以住愛麗舍宮（L'Elysee）和朗部賢（Rambouillt）；還有同樣金額的旅行公費及維持宮中生活費用；國家歌劇院有總統廂；總統旅遊時花車所到之處，地方官吏必郊迎，軍隊必受檢閱。因此，「就他身體的尊嚴及地位的高崇而論，法國總統尚有君主的氣象，非美之總統可同日而語」。錢端

　　法國政府不但行政權虛弱，連議會效率也很低下。《法國的政府》所顯現的不僅是一個虛弱的中央政府，同時也顯示了一個七拼八湊的國會。事實上，法國中央行政政權的低落，就是國會各種各樣黨派的力量的反映。行政、立法部門不僅各自內部亂離，兩者在外部，又不能互相積極制衡，反而消極牽制、甚至破壞。

　　法國政府之所以搖擺在君主和共和制度之間，而英國能獲得穩定的政治發展，其中一個原因是它們之間政治發展的分野所致。錢端升指出，

> 英國的等級會議因有與國王抗爭的機會而進入能立法、能通過
> 預算案的國會；法國的等級會議從一六一四年迄一七八九年從不召
> 集，及至路易十八世厄於財政之支絀而召集等級會議時，則革命已
> 成不可免的步驟，而等級會議也無從由循英國人的舊道。〔註289〕

這個分野後來逐漸擴大，英國逐漸發展出穩定的責任內閣制。法國雖亦是責任內閣制，但剩下的強大保皇勢力，在失去國王後，未能團結一致，反而分化成各種政黨和政團，加上社會主義的出現，進一步分化了法國的政黨。而共和派出於缺乏一個強大對手，其內部也形成分裂，法國左右兩翼始終未能發展出類似英美的兩黨制度。追溯原因，本文以為，在於英國在歷史發展過程中，內閣制初期由國王護駕，後期由議會庇護，法國則缺乏國王的護祐。事實上，英國也曾在 1782～1784 年間，至少遭遇過五次「憲政危機」。這是國家權力由國王過度到議會期間所必經的動盪，英國渡過了這些難關後，相對一帆風順。

　　如上述，英國內閣制發展，前期受國王、後期受議會影響，在過渡期間，引起國王與議會之間的緊張關係，內閣制自然不穩，直到議會大多數政黨出現，才取代了這種形勢。因此，大多數政黨的出現，是形成責任內閣制的關鍵之一，這恰恰是法、德兩國所缺乏的。1933 年的德國雖曾出現一個大多數政黨，然其上臺迹近革命，加上缺乏類似英國的憲政傳統。因此，儘管希特勒的國會擁有類似英國議會那樣除「將男人變作女人」之外的權力，但他的做法卻是將其敵對黨派完全清除或吞併，走上了一條與英國完全不同的道路。

　　《德國的政府》研究。《德國的政府》出版前一年希特勒上臺，隨即廢除

升：《法國的政府》，上海：商務印書館，1934 年 5 月，第 53 頁。
〔註289〕錢端升：《法國的政府》，上海：商務印書館，1934 年 5 月，第 2 頁。

《威瑪憲法》，錢端升被迫幾乎在每章結尾追加一個補記，以至德國學者柯偉林不無諷刺地說，此書真可謂「生不逢時」。〔註290〕不過，錢端升在前言中表示，無須對德國轉向獨裁表示驚訝，因德國自1930年代以來，就處在一個獨裁化的過程中。儘管德國政治出現巨變，他還是樂觀地認為，它的行政組織、吏治精神、法院編制，及地方制度等仍未大變，希望該書仍能讓讀者對現代德國政府有一基本認識。

在其晚年《自選集》中，除了選取第一章憲法史外，還選了第二章人民權利及義務和第四章總統的權力，錢端升認為後兩章能說明魏瑪憲法的一些特色。本文亦以為，的確如此。按照錢端升的看法，《威瑪憲法》第一個特色是新穎。「一九一九年的憲法把德人的經濟生活列為專節，權利與義務並重，而社會化的經濟政策亦一一綱舉目張，則實為新的發展，而與歐戰前人權宣言不同其道」。〔註291〕

可能因加入經濟民主關係，《威瑪憲法》讓人有頗有民主之感，〔註292〕這點蘇聯新憲法也是。然回看《德國的政府》的描述，《威瑪憲法》似乎並非我們想像中的民主。在第二章中，錢端升陳述了種種對個體權利的制約。在個人自由一節，「憲法更有非依法不受侵害云云之條文，則自由之實在範圍仍須視立法之範圍而後定，……在德國，為治安、衛生及風化起見，身體家宅自由，向可以受法律之限制」；關於言論自由，「在原條（第一一八條）中本已受了不少的限制，而況國家為保持安全，而暫時停止各種的人權（第四八條）時，最易受影響者又莫過於意見自由。所以關於德人的意見自由權，我們實無從作非分的奢望」；關於集會權，「露天的集會和公眾的安寧有直接危害時可以禁止，此則不啻留下一剝奪自由的線索」。關於宗教，錢端升也認為，「新憲法仍未建立教國真正分離的局面」。〔註293〕錢端升之所以關注宗教自由，是認為它與言論自由在本質上不分軒輊，同屬思想自由範疇。

〔註290〕〔德〕柯偉林著、陳謙平等譯：《德國與中華民國》，江蘇人民出版社，2006年9月，第177頁。

〔註291〕錢端升：《德國的政府》，上海：商務印書館，1934年4月，第23、37頁。

〔註292〕關於《魏瑪憲法》的新近研究，詳參鄧麗蘭：《西方思潮與民國憲政運動的演進》，南開大學出版社，2010年5月。作者在《後記》中說：「比照民國憲法性文本，發現它們大規模抄襲《魏瑪憲法》的現象，這啟動了我對西方憲政模式與各種民國憲政方案的對比」。同上，第101頁。

〔註293〕錢端升：《德國的政府》，上海：商務印書館，1934年4月，第31、32～33、36頁。

　　就《魏瑪憲法》總體而論，錢端升認為對自由權最大的威脅是「德憲近
似柔性的憲法」。憲法中並沒有設立特殊的司法解釋機關，「法律之合憲與否
全由立法者自決」。〔註294〕國會只要有大多數政黨出現，便會出現類似英國的
內閣，可自由變更任何法律，這也是後來希特勒上臺後做的第一件事情。

　　至於憲法第 48 條可臨時停止各種人權，這是《魏瑪憲法》賦予總統應
付突發事變之權。錢端升認為此條政治性質太重，法院事後雖可糾正，但唯
一制衡還是政治力量，即國會。若「總統（即政府）與國會的意見能趨於一
致，則第四十八條二段所賦與〔予〕總統之權常可常為侵害人權的功〔工〕
具」。〔註295〕後來的希特勒就是如此幹的，這是《魏瑪憲法》的一大漏洞。
不過，此一漏洞在憲法初期並不彰顯。或者說，憲法設計者根本無暇及此，
主要的原因是，當時德國政黨如雨後春筍，黨派眾多。

　　就德國民主政治發展而言，遠較法國遲緩。直到 1918 年革命，1919 年
才頒佈《魏瑪憲法》。像法國一樣，德國的民主也是突變式而非英國式的緩
進。因此，德國的黨派和內閣問題小如法國類似。據錢端升統計，白夏德門
政府（1919.2.13）成立，以迄什拉顯爾政府辭職（1933.1.28），「政府凡二十
有一，每個政府之平均壽命八月尚缺一日，僅比法國第三共和國之內閣長二
月。最長的二次米鳥勒政府亦僅　年零九月；最短的二次斯特勒衰門政府則
僅七個星期」。〔註296〕因此，德國每次「政府之組成有時竟如難產之嬰孩」。
〔註297〕

　　與法國不同的是，德國總統擁有實權。〔註298〕錢端升指出，自 1924 年
以來，國內秩序較好，共和政體也較穩固，「故總統利用四十八條停止人權之
舉頗不多見」。但自 1931 年後，「因國社及共產兩黨常喜憑藉暴力擾亂秩序之
故，限制人權的命令又見頻繁起來」。〔註299〕從《威瑪憲法》施行到希特勒上
臺前，德國兩位總統共頒佈了 233 道行政命令。〔註300〕在很大程度上，這些

〔註294〕錢端升：《德國的政府》，上海：商務印書館，1934 年 4 月，第 38～39 頁。
〔註295〕錢端升：《德國的政府》，上海：商務印書館，1934 年 4 月，第 40 頁。
〔註296〕錢端升：《德國的政府》，上海：商務印書館，1934 年 4 月，第 130 頁。
〔註297〕錢端升：《德國的政府》，上海：商務印書館，1934 年 4 月，第 113 頁。
〔註298〕德國總統之所以能發揮憲法賦予它的功能，還有一個主因，是德國政黨特多，
　　　　國務員受政黨政治影響，不能發揮它應有的功能。錢端升：《德國的政府》，
　　　　上海：商務印書館，1934 年 4 月，第 111～112 頁。
〔註299〕錢端升：《德國的政府》，上海：商務印書館，1934 年 4 月，第 41、42 頁。
〔註300〕錢端升：《德國的政府》，上海：商務印書館，1934 年 4 月，第 101 頁。

命令維持著德國政治的穩定性。這點《新編劍橋世界史》亦指出，「實際上，他（按：指興登堡）已全然靠緊急法令來進行統治」。〔註301〕

三、法、德政府研究之影響

在《德國的政府》中，錢端升不無感歎地說：

> 在亂離之世，強有力之政府不啻是解除內憂外患之必要條件，若取法國之制，則總統等於廢偶，內閣則受制於國會而不能有積極之設施；在多難之德國此實等於自殺政策。德人之所要求者，即如何而總統可以有力抵制國會的跋扈而同時又不至破壞議會之精神；換言之，如何而可以兼有法美之長而無其弊。〔註302〕

> 從德總統行使緊急命令權的歷史中，我們或許可認定議會政治
> ——至少純粹的議會政治——之不宜於亂世罷！〔註303〕

這番話中的德國，若改成中國，就是活生生30年代中國的困境，這是錢端升主張暫緩憲政的背後原由之一。更重要的是，錢端升還指出，領袖制與議會政府在天然上是存有矛盾的。他說：「在純正的議會政府制之下，領袖制是極不相宜的；因為如單有一個大員向國會負責，不是他受元首的操縱，便是他自己擅權自尊；這都是不利於議會政府之制的」。〔註304〕

錢端升所言「純正的議會政府制」，即責任內閣制。〔註305〕「元首」指總統，單一大員指內閣首腦。他在論及德憲第57、58條時說，這兩條憲法雖傾向於責任內閣制，但受過去宰相制影響，因之有總統制之設。易言之，當時德國政制採取的是所謂「半總統制」，即「領袖制及合議制的調和」，這點當時「憲法議會中的議員亦自承」。〔註306〕因此，內閣制加上像過去德國宰相那樣的元首，易產生上述流弊。在錢端升看來，德憲欲兼美法之長，似難以望企。

〔註301〕〔英〕伊麗莎白·維斯克曼：《第十六章 德國、意大利和東歐》，《新編劍橋世界近代史》，第12卷，中國社會科學出版社，1999年1月，第643～644頁。
〔註302〕錢端升：《德國的政府》，上海：商務印書館，1934年4月，第85頁。
〔註303〕錢端升：《德國的政府》，上海：商務印書館，1934年4月，第101頁。
〔註304〕錢端升：《德國的政府》，上海：商務印書館，1934年4月，第111頁。
〔註305〕「責任內閣制亦稱議會內閣或議會政府制」。王世杰、錢端升：《比較憲法》（增訂本），上海：商務印書館，1937年6月，第387頁。
〔註306〕錢端升：《德國的政府》，上海：商務印書館，1934年4月，第111頁。

　　總的來說，法、德與民國初年至 30 年代的中國國情雖各有不同，但三國所面臨的困境，卻有相似之處，均爲突變式實行憲政國家，其值得比較和研究之處甚多。法國在路易・拿破侖專制後，因對專制有恐懼而採取了總統虛位制，中國亦因袁世凱稱帝，再加上武人干政，對總統制畏懼有加，如 30 年代大部分輿論均反對「純粹總統制」。

　　就德、法兩國政制而言，大致相近。不同的是，德國在責任內閣制之外，還採用了領袖制，即「半總統制」。德憲表面上賦予總統第 48 條特權，但骨子裏仍採議會制，只要某一政黨取得國會多數一致，總統就得非讓其負全責不可。〔註 307〕這是德國《魏瑪憲法》的奧秘，當議會不能形成多數內閣，造成混亂時，總統有權利用憲法第 48 條，強制穩定政局。至於這是《魏瑪憲法》設計者，鑒於德國戰敗及懲於法國議會多黨政治的混亂，在構思憲法時，有意進行上述設計，還是如錢端升所言，鑒於過去德國歷史傳統（宰相制）而有總統制，恐怕傳統與現實的考慮兩者均有之。總統強制穩定政局的後果是嚴重的，當憲法第 48 條強行將不穩定的因素壓制下去的過程中，有可能將議會中一些正常的衝突壓制下去，最後問題積累所至，一發不可收拾，1933 年希特勒上臺部分原因可能種因於此，不過這已是題外話。

　　錢端升對法德兩國的政制研究，影響了他在 30 年代中國應採用何種政制的提出。在 1931～1934 年「九・一八」事變至「剿匪」完成期間，蔣介石政府對輿論控制十分嚴厲（如 1933 年刺殺羅隆基失敗，1934 年史量才被暗殺等），社會對「純粹總統制」存有反感，故有極大可能出現「半總統制」。在錢端升看來，「半總統制」既有上述流弊，自不能不反對之，因此他明確主張「責任內閣制」。〔註 308〕應該說，這是他結合當時國內現實政治——即汪蔣合作和團結西南（詳參本文第四章第五節）——之結果。可見學理的分析及國內、外政治均影響了他對國事意見的提出。

四、法、德政府研究之評價

　　《法國的政府》和《德國的政府》二書，應該是錢端升計劃撰寫《比較政治制度》的二章節。一方面可能由於對法、德國政府研究太過投入，結果

〔註 307〕錢端升：《德國的政府》，上海：商務印書館，1934 年 4 月，第 109 頁。
〔註 308〕錢端升：《評立憲運動及憲草修正案》，《東方雜誌》，第 31 卷第 19 號，1934
　　　　 年 10 月 1 日，第 12 頁。

計劃受阻；一方面由於受日本侵略影響，被迫中斷各國政府學的研究。終其一生，《比較政治制度》一書終未曾完成。

在《德國的政府》中，錢端升自序說：「這本書雖僅十六七萬言，然以貧困交襲，變故頻仍之故，自十八年多月動筆之日起，迄完成之日止，幾達四年之久」。序言作於 1933 年 9 月，4 年前即 1929 年。然實際上，若包括搜集材料時間在內，更可上溯至 1925 年底。1925 年 12 月 1 日，他致函章士釗云：「升近竊思研求德國新政，周鯁生兄爲言先生於該項書籍，搜羅甚富。竊欲假而讀之。而尊府適以被毀聞，不識尚有存者否」。〔註 309〕

關於《法國的政府》一書，曾與錢端升共事的清華大學教授陳之邁認爲：

在中文書裏現在還沒有法國政府良好的教材；這本書是足以補此缺憾的。在這本書裏錢先生沒有用很多所謂原始材料（與《德國的政府》不同——原注），但英法文的普通書籍及專門著作幾被參考無遺（此頁附有十三頁的參考書目，九成以上都是法文的——原注），並徵取材的廣博。加之，錢先生爲學嚴謹的態度使此書所敍的事實正確無僞，完全可以徵信。即此一端便使這本書有他不可磨滅的價值。〔註 310〕

據此，筆者統計了一下書後每章的參考書目，臚列如下：

	《法國的政府》	參考文獻（本）
第一章	憲法及憲法史	23
第二章	政黨	14
第三章	總統	46
第四章	內閣及中央行政組織	
第五章	參議院	44
第六章	眾議院	
第七章	國會職權的行使	
第八章	法律及法院	15
第九章	地方政府及屬地政府	32

〔註 309〕錢端升：《壬子》，《甲寅周刊》，第 1 卷第 28 號。此信亦見《章士釗全集》，第 6 卷，文匯出版社，2002 年 2 月，第 83 頁。
〔註 310〕陳之邁：《錢端升：〈法國的政府〉；邱昌渭：〈議會制度〉（書評）》，《社會科學》，1935 年第 1～4 期，第 1146～1147 頁。

其他	雜誌、法令會刊、討論法政府的全部之書	23
	總共	197

	《德國的政府》	參考文獻（本）
第一章	憲法史	15
第二章	德人的基本權利與義務	14
第三章	政黨	28
第四章	萊希總統	7
第五章	萊希政府及萊希行政	12
第六章	萊希院	5
第七章	經濟院	11
第八章	國會	41
第九章	國會的職權	
第十章	法律及法院	11
第十一章	聯邦政府	26
第十二章	各邦政府	23
第十三章	地方政府	11
其他	定期刊物、法律匯編、憲法譯注	30
	公法及憲法	26
	總共	260

經過對比，書目無重複之處。從中可見所參閱之書籍十分驚人（分別為 13 頁和 17 頁）。由於所列參考書目幾乎全為法、德文，英文著作寥寥可數。筆者不懂法、德文，無法判斷具體情況。

在《法國的政府》參考書目頁，錢端升注明該書的優劣、或出版情況，或性質、或有否英譯本等。應當說，錢端升所選大多均為當時名家手筆，或經典專著。這些評注包括：「常新出版」、「簡明而述及實在情形」、「最佳且最有權威」、「有英國譯本」、「甚佳，但太舊」、「比較的研究。極佳，但嫌陳舊」、「最有權威」、「比較淺易」、「亦甚有權威」、「頗有理論」、「這為總的。但每屆國會終了後即有出版」、「每次會期出一次」、「常有出版，為參院官文書之一」、「尚未出版，涉及法國會的內部組織」等等。

從而讓不論初學還是專業研究者，均有一大概之指針。這些簡短的說

明，即在當代，亦有很高參考價值。若非精心細讀及深諳該研究領域，很難寫出這評注。至於《德國的政府》的參考書目頁，上述評注則完全欠奉，可能的原因是，錢端升將大量精力投入了寫作。

　　就本文所見，錢端升對法、德兩國的政黨下的功夫可能是最大的，尤其是對此二國的政黨淵源和流變，如數家珍，娓娓道來，不但讓人目不暇給，且有五花八門之感。在很大程度上，在近代民主國家，其政黨或政團的流派及其變化決定了政府的運作模式。因此，若要對該國政治有一確切之瞭解，則不能不下功夫釐清各黨派之間的關係。錢端升亦說：

　　　　我們如果欲明瞭法國的政局，我們只有仔細探求各領袖的政治
　　主張。探知他們的主張，方能懂得黨派的形勢。瞭解黨派的形勢，
　　方能認識法國的政局。〔註311〕

德國亦是如此。值得注意的是，錢端升並沒有因法、德兩國的政黨政治而對多黨制有所批評。他指出，

　　　　英美向來是兩黨對峙的國家，所以英美人論到法國政黨時，不
　　特嫌她們太多，並且希望它們能漸漸合併成兩個大黨。不過我們要
　　知道，兩黨制不見得一定好，黨派多也不見得一定不好，英美人的
　　偏見本是毫無根據的。〔註312〕

這一方面固是錢端升治學方法注重客觀所致，一方在他看來，制度優劣與否，還須視乎運用是否得人。1927年9月，王世杰出版獨著版《比較憲法》。同年12月10日，錢端升發表《王世杰氏的比較憲法（書評）》一文指出，一本良好教科書應備的條件是，須「以許多名家著作爲根據，參以著者自己的意見，加上精細的抉擇和簇新的編制」。〔註313〕將這個評價轉借來評價錢端升《法國的政府》、《德國的政府》，最貼切不過。從二書內容和所附參考書目言，錢端升大量引用了德文、法文原著，不但參考了許多名家著作，還加上個人研究心得，具有一定的學術原創性，尤其是《德國的政府》，引用了不少原始材料。

　　至於內容方面，如對德國和法國的憲政史和政黨來龍去脈陳述十分清

〔註311〕錢端升：《法國的政府》，上海：商務印書館，1934年5月，第48頁。
〔註312〕錢端升：《法國的政府》，上海：商務印書館，1934年5月，第48頁。
〔註313〕錢端升：《王世杰氏的比較憲法（書評）》，《現代評論》，第7卷第157期，1927
　　　　年12月10日，第17頁。

晰，剪裁也簡約適中；〔註314〕對各政黨的敘述不但態度平和，評價也頗爲中
肯，並沒有因法、德兩國的政黨政治混亂而增煩厭之情。陳之邁也高度評價
《德國的政府》說：「此書的取材異常豐富，觀乎書後所附十七頁的參考書目
便知作者學問的淵深，除法律命令等材料外，德、法、英文中的重要典籍幾
瀏覽無遺，實爲我國著作界中所罕見」。〔註315〕

　　此二書美中不足的是，政黨缺乏相應的流變圖示；對政黨的陳述也較著
重政綱，讓人有眼花撩亂之感。英國憲法學家詹寧斯曾表示，他原計劃繼《內
閣制政府》和《英國議會》後，有意撰寫第三部《政黨政治》，但因「單是對
各個政黨的作用和選舉方法加以分析是不夠的。每一個政黨都代表著影響到
當前政治感情的種種傳統。……處理政治感情的東西也不像處理憲政機構那
樣容易。……〔所以〕至今依然只是一個野心」。〔註316〕

　　若從詹寧斯標準來看，錢端升對法國和德國政黨流派的陳述顯得膚淺和
粗糙，但我們也不能因此責怪錢端升，釐清政黨流派本身已是一件不容易的
事情，更何況隱藏在背後的政治感情。按詹寧斯的標準來看，這樣細膩的分
析，只能在專著中才能處理。

　　此外，《法國的政府》也並非完璧無瑕，本文或可補充一點。錢端升認爲
法國總統權力給削弱，其一原因是第一任總統梯也爾（Thiers）與國民會議的
衝突。〔註317〕但在實際上，應爲錢端升沒有提及的第二任總統麥克馬洪與國
會的衝突，其影響且遠超梯也爾。

　　錢端升所言的第一次衝突，是指在1873年，法國付清了德國最後一筆賠
款後，梯也爾聲望達到頂峰。隨著形勢的變化，梯也爾逐漸傾向共和，引起
君主派的不滿，以368：344票通過了對他的不信任案。〔註318〕關於這次衝突，

〔註314〕當時最負盛名的英國政治學家布賴斯就因爲法國政黨太多，「若詳細敘述，必
　　　　致繁冗可厭」，所以美國和瑞士等國均有獨立的「政黨」一章，法國則沒有獨
　　　　立成章。布賴斯所言繁冗固是原因，但不易釐清法國政黨派系之間的關係恐
　　　　怕是另一原因。〔英〕詹姆斯·布賴斯著、張慰慈等譯：《現代民治政體（上）》
　　　　（1935年），吉林人民出版社，2003年1月，第251～252頁。
〔註315〕陳之邁：《錢端升：〈德國的政府〉；Herbert Kraus：The Crisis of German
　　　　Democracy（書評）》，《清華大學學報（自然科學版）》1934年8月29日。
〔註316〕〔英〕英埃弗爾·詹寧斯：《第二版序言》，《英國議會》，北京：商務印書館，
　　　　1963年2月。
〔註317〕錢端升：《法國的政府》，上海：商務印書館，1934年5月，第45頁。
〔註318〕樓均信主編：《法蘭西第三共和國興衰史》，北京人民出版社，1996年4月，
　　　　第39～40頁

錢端升的結論似亦有商榷餘地。從君主派角度來說，理應維持總統權力越大越好，將來只要換個名稱，就能復辟。因此，當君主派在議會佔據多數和局面在控時，似無必要將總統權力削弱。

第二次總統與國會的衝突，比第一次更激烈。這次兩派形勢逆轉，君主派的麥克馬洪出任第二任共和國總統後，大肆進行復辟活動。與此同時，君主派內部又鬧矛盾，兩派勢力此消彼長，君主派在 1876 年參院選舉中院取得微弱多數（154：146），共和派則在眾院取得壓倒多數（340：190）。按照議會慣例，議會中多數派首領甘必大理應組閣，但由於共和派內訌，麥克馬洪先後邀請君主派杜福爾和保守共和派西蒙組閣。由於西蒙傾向議會，1877 年5 月 16 日，麥克馬洪致函西蒙，要求去職，史稱「五・一六危機」。

西蒙去職後，隨即引起議會報復。《法蘭西第三共和國興衰史》一書指出，麥克馬洪解散眾議院的行動雖是合法的，但卻是十分荒謬的。它開創了踐踏議會民主的惡例，這實際上是一次反共和派的政變。此後，在共和派的努力下，二元制消失，總統權力削弱，實現了以議會爲中心的一元制統治，〔註319〕毋庸贅言，這次危機的影響是十分深遠的。

第六節　中國現代政治學史上地位之估衡

一、中國現代政治學奠基人之一

張桂琳先生在《中國現代政治學的奠基人——錢端升》一文中譽錢端升爲「中國現代政治學的奠基人」，其所據是錢氏與王世杰合著的《比較憲法》一書及在《清華週刊》上發表的《政治學》一文。她認爲，前者「率先運用『法律形式主義』的研究方法，將政治學研究聚焦於對各國憲法的研究，開啓了我國比較政治研究的先河」；後者「建構了中國現代政治學研究的基本框架，奠定了其科學化、體系化的發展方向」，並認爲《政治學》一文「可以被視爲錢端升撰寫的最精鍊的當代政治學概論」。〔註320〕此前，另外兩位學者劉劍君、劉京希也認爲：「錢端升先生是中國現代政治學的開創者。中

〔註319〕樓均信主編：《法蘭西第三共和國興衰史》，北京人民出版社，1996 年 4 月，第 54～55 頁。

〔註320〕張桂琳：《中國現代政治學的奠基人——錢端升》，《光明日報》，2000 年 7 月18 日；亦見《政治學》，2000 年第 5 期。

國政治學的發展，特別是比較政治的興起，首先應歸功於錢端升先生的貢獻」。〔註321〕

　　針對上述張桂琳和劉劍君、劉京希的看法，拙著《錢端升的美國政治學背景析論》，〔註322〕提出質疑（本節內容主要源自該文，但有所增訂）。拙著認爲，從清末以來，已有各種不同冠名「比較憲法」書籍面世，「先河」之說，有一筆抹殺1927年王世杰《比較憲法》獨著版及更多前賢之嫌。如比王世杰更早的還有北京法政大學的《比較憲法講義》、〔註323〕左潞生編撰的《比較憲法》等。〔註324〕《費鞏文集》編者就指出，梁啓超在1899年即發表《各國憲法異同論》，開了中國比較憲法研究之先河。〔註325〕以上僅就《比較憲法》而言，至於比較政治制度，相信有更多前賢。

　　至於《政治學》一文爲演講稿，由錢端升的學生章熊筆記，約2,800字。從錢端升教學需要而言，是經過思考探索的。至於影響力若何，就很值得商榷。1927年，王世杰獨著版《比較憲法》出版。其版權頁後正在印刷或編著《現代社會科學叢書》欄中廣告中，有錢端升的《政治學》、《比較政治制度》二書目。聯繫到這篇演講，二者之間關係顯然易見。然不論二者關係如何，這篇文章的影響力有限。第一、它很短，沒有完全展開。如它雖有提及各種研究方法，但僅存目。第二、它發表在《清華週刊》上，與1923年商務印書館刊行張慰慈編纂的《政治學大綱》，發行到第9版相較，兩者影響力不可同日而語。

　　就「開創者」而言，在錢端升歸國前，高一涵、張慰慈、李劍農、王世杰等其他法學家、政治學家或在大學執教，或有專著面世。以張慰慈爲例，智效民指出，即使連錢端升的學生、前北大國際政治系主任、中國政治學會顧問趙寶煦教授，也在文章中多次把張慰慈及其著作列在首位，說明張慰慈是中國政治學研究的先驅者，在政治學領域具有舉足輕重的地位。智效民甚

〔註321〕劉劍君、劉京希：《錢端升與中國政治學的發展》，《文史哲》，1998年第3期。
〔註322〕潘惠祥：《錢端升的美國政治學背景析論》，《中國政法大學學報》，2009年第5期。
〔註323〕北京法政大學編：《比較憲法講義》，不分卷鉛印本一冊〔出版年月地不詳〕，《復旦大學圖書館古籍簡目初稿》，第5冊子部，1956年，第44頁。
〔註324〕左生編撰：《比較憲法》〔出版年月地不詳〕，施延鏞編：《中國叢書綜錄續編》，北京圖書館出版社，2003年，第97頁。
〔註325〕《費鞏生平與著述》，見《費鞏文集》編委會編：《費鞏文集》，浙江大學出版社，2005年，第618頁。

至認為，張慰慈是中國政治學的開拓者。〔註326〕

不過，從影響力來說，錢端升是後來居上。原因如下：一、張慰慈後棄學從政。二、錢端升治學所長為政府學與行政學，是當時中國迫切所需者。三、《政治學大綱》這一類教材書不易成為學術專著，除非有創造性的發明。四、錢端升個人勤奮，除主編《民國政制史》外，所著《法國的政府》、《德國的政府》大量引用法文、德文原著，尤其後者更大量引用原始材料，具有原創性。

至於「法律形式主義」，更值得商榷。錢端升留學哈佛時，恰逢剛卸任的美國政治學會會長洛厄爾掌校期間（1909–1933）。日本學者內田滿表示，洛厄爾政治學最顯著的特徵，「可以標榜為脫離形式主義，注目於『活動著的政府』」，他甚至將這一點形容為「洛厄爾政治學的第一特徵」。〔註327〕

洛厄爾1856年出生，17歲進入哈佛，21歲畢業，24歲繼續在哈佛法律研究院深造。在研究法律同時，也著手政治學研究，這具體表現在1889年《政府諸論》和1896年《歐洲大陸的政府和政黨》的出版，前者則令其聲名鵲起，後者影響深遠。〔註328〕1897年，洛厄爾被哈佛聘為非專任講師。3年後即1900年轉為專任教授，1901年成為哈佛政府學系中心人物，1908年被選任為美國政治學會會長。1909年，哈佛校長埃利奧特（Charles W. Eliot）退休，洛厄爾繼之，直到1933年退休。〔註329〕

從這份簡歷可見，在擔任美國政治學會會長前後，洛厄爾一直就在哈佛政治學系任教，卸任後就擔任校長，不論其個人影響力還是其著作，應當說對當時哈佛政治學系和師生的影響均十分巨大。這種影響力對錢端升來說，更是明顯。

除洛厄爾外，後來當上美國總統的威爾遜對錢端升也影響甚巨。內田滿指出，「威爾遜的『在實際中營運著的憲法』與『書本上的憲法』的對比，是傚仿自白芝浩的『活生生的現實（living reality）』與『紙張上的說明』的對比

〔註326〕 智效民：《中國政治學的開拓者——張慰慈》，《胡適和他的朋友們》，雲南人民出版社，2004年，第44頁。

〔註327〕 〔日〕內田滿著、唐亦農譯：《早稻田與現代美國政治學》，上海：復旦大學出版社，2003年10月，第244頁。

〔註328〕 Henry Aaron Yeomans, *Abbott Lawrence Lowell,* Cambridge, Mass: Harvard University Press, 1948, p.52.

〔註329〕 〔日〕內田滿著、唐亦農譯：《早稻田與現代美國政治學》，上海：復旦大學出版社，2003年10月，第244頁。

而來的」，儘管威氏在實際操作上，「並沒有爲觀察聯邦議會政治的現實活動而造訪過首都」。〔註330〕但實際上，威爾遜認識到，「實際運作的憲法極其明顯地與書本中記錄的憲法有著顯著的不同」。這與洛厄爾的「政府的實際機構只有通過對實際活動著的政府進行檢討和驗證才能得到理解」和古德諾的「實際的政治制度僅作爲法律條件的研究結果不可能得到眞正的理解」〔註331〕的看法一致。

　　錢端升的博士論文前言亦清楚指出，他所關注的對象包括：第一、成文法和規則，並且借用威爾遜的術語表述——即「字面的理論」。第二、不成文法和規則，亦即戴雪所言的「慣例」。〔註332〕可見他對洛厄爾和威爾遜的觀點，不但十分熟悉，且掌握精義所在。

　　張桂琳和劉劍君、劉京希三先生，由於對民國時期政治學發展和錢端升的著作缺乏瞭解，因此只根據公開出版物《自選集》作了想當然的推論及將其部分貢獻局部放大。可能鑒於中國政治學發展的坎坷過程和現代中國需要一位標誌性的人物來促進發展，錢端升作爲 1948 年中央研究院院士，被推上了至高無上的奠基人地位。然就歷史事實而言，在民國政治學人才輩出的年代，這樣的說法有弄巧成拙之虞。

　　就以模仿美國政治學會、1932 年成立的中國政治學會爲例，是眾多民國的政治學家們共同努力的成果，錢端升雖有參與其成立及其中，但他在中國政治學會的地位，始終沒有取得像美國歷任政治學會會長，如古德諾、洛厄爾、梅里亞姆等那樣壓倒性的地位（overwhelming status）。因此，將之視爲奠基人之一較妥。

二、歷史比較研究法的推介

　　錢端升對中國現代政治學，其一最大貢獻是，歷史比較研究方法的介

〔註330〕 〔日〕內田滿著、唐亦農譯：《早稻田與現代美國政治學》，上海：復旦大學出版社，2003 年 10 月，第 248、249 頁。

〔註331〕 〔日〕內田滿著、唐亦農譯：《早稻田與現代美國政治學》，上海：復旦大學出版社，2003 年 10 月，第 21 頁。

〔註332〕 "It has been the writer's aim to present first the written laws and rules — as Mr. Wilson would say, the "literary theory", — and second unwritten and rules — or Mr. Dicey would say, the "conventions"- of or concerning the committees." T. S. Chien, *Parliamentary Committees: A Study in Comparative Government*, pp. ii-iii. 在具體事例上，錢端升指出，美國上下兩院均規定每一常務委員會（standing committees）的主席須由兩院選舉，但在實際操作上，沒有一個院遵守此項議事規則。論文中有不少此類例子，不再枚舉。同上，p.170.

紹。民國時期的政治學研究，特別注重方法，與 19 世紀興起的科學主義密切相關。19 世紀有兩大思潮席卷歐洲：一爲歷史主義，一爲科學主義。美國政治學自誕生起，即受歐陸影響，自亦不例外。在宏觀層面，從歷史主義轉向科學主義。德國蘭克史學強調利用政府檔案，歷史學獲得了相較以往更堅固的基礎。政治學作意圖成爲一門「政治的『科學』」（Political Science），與歷史學結盟是順理成章的事。在很大程度上，政治學可以說是從歷史學脫胎而來。近代西方早期政治學家，一般身兼歷史學家就是這個原因。這點亦可從蘭克史學本身結合了歷史與政治看出。隨著美國政治學越來越關注當下發生的政治事件，加上其他各學科的牽引，最終與歷史學越走越遠。當代英國政治思想史研究劍橋學派十分注重歷史語境，從某種角度來說，可以說是「認祖歸宗」了。

關於科學的定義，丁文江在《科學化的建設》中指出，

> 在知識界裏科學無所不包。所謂「科學」與「非科學」是方法問題，不是材料問題。凡世界上的現象與事實都是科學的材料。只要用的方法不錯，都可以認爲科學。所謂科學方法是用論理的方法把一種現象或事實來做有系統的分類，然後瞭解牠們相互的關係，求得它們普遍的原則，預料牠們未來的結果。所以我們說這一種知識是真的，就等於是說科學的，說一件事業有系統，合理，就等於說這是科學化的。〔註333〕

丁文江的定義，頗爲清晰。還可以補充一點的是：科學的知識，它可以被證僞（falsify），即它可被重複研究。若不能重複研究，則不能被證僞。在方法論上，錢端升認爲，歷史比較法是科學的方法。他對布賴斯《近代平民政治》的推崇，亦是從這個角度出發。但對政治學能否作爲一門科學，他在《清華週刊》上發表的《政治學》一文，則有所保留。〔註334〕

三、中國現代行政學的奠基人之一

由於錢端升強調一個強有力的法治政府，除比較政治制度外，還十分關

〔註333〕〔美〕費俠莉著、丁子霖等譯：《丁文江：科學與中國新文化》，北京：新星出版社，2006 年 1 月，第 177 頁。原載丁文江：《科學化的建設》，《獨立評論》，第 7 卷第 151 號，第 10 頁。
〔註334〕錢端升：《政治學》，《清華週刊》，第 24 卷第 17 號總 366 期，1926 年 1 月 1 日，第 1～6 頁。

注政府的效率問題，亦即行政研究。錢端升爲此分別在中央大學和西南聯合大學成立行政研究所，由於材料所限，相關分析從略。但可指出的是，兩所研究室的研究成果有：一、在中央大學期間，錢端升與他的學生們，薩師炯、郭登皥、楊鴻年、呂恩萊、林瓊光、馮震等合作編寫了《民國政制史》上、下兩冊。〔註335〕二、在西南聯大期間，分別刊行了陳體強和施養成的《中國外交行政》〔註336〕和《中國省行政制度》。〔註337〕除此以外，龔祥瑞、樓邦彥合著的《歐美員吏制度》〔註338〕也是在錢端升的指導下完成。可以說，錢端升對近現代中國行政學發展，有舉足輕重的作用，將之譽爲中國現代行政學的奠基人之一，應當之無愧。

　　關於憲法學與行政法的關係，龔祥瑞在《比較憲法與行政法》中說：「行政法是關於行政的法律，它調整著行政機構的組織和職能。行政法是憲法基礎上的部門法之一。從其基本內容看，在一定的意義上可以說，行政法是憲法的一部分」。易言之，行政法是憲法學細節的補充兼組成部分。龔氏還表示：「研究任何一門科學，都必須有它本學科的科學方法。我們研究外國憲法、憲政制度和行政法的方法是比較的方法」。〔註339〕可見，錢端升對現代中國政治學的貢獻之一，是將美國的政府學、行政學及其研究方法推介到中國。這點他在《自選集》中開場白第一句亦說：「我的一生與政治學結有不解之緣。我不到二十歲就鑽進政治學的書堆裏，其後就是學習、研究和講授政治學和從事政法教育工作。在政治學的研究中，我以各國政治制度及其運行做〔作〕爲我的主要課題」。〔註340〕清楚道出了錢氏治學的旨趣與意向，前述授予中研院院士資格也說明了他對中國近現代政治學發展的貢獻。

〔註335〕錢端升、薩師炯等：《民國政制史（上）》，上海：商務印書館，1937 年 6 月。
　　　　　錢端升、薩師炯等：《民國政制史（下）》，重慶：商務印書館，1939 年 3 月。
〔註336〕陳體強：《中國外交行政》，重慶：商務印書館，1943 年。
〔註337〕施養成：《中國省行政制度》，重慶：商務印書館，1946 年 10 月。
〔註338〕錢端升：《序》，龔祥瑞、樓邦彥合著、錢端升校：《歐美員吏制度》，上海：世界書局，1934 年。
〔註339〕龔祥瑞：《出版說明》，《比較憲法與行政法》，北京：法律出版社，1985 年，第 10 頁。
〔註340〕錢端升：《自序》，《自選集》，第 1 頁。